U0903457

加快建设灾后美好新家园　加快建设西部经济发展高地

加快建设灾后美好新家园 加快建设西部经济发展高地 系列建设实录丛书

《扶贫开发　阳光工程》编委会名单

SICHUAN

JIAKUAI JIANSHE ZAIHOU MEIHAO XINJIAYUAN
JIAKUAI JIANSHE XIBU JINGJI FAZHAN GAODI

加快建设灾后美好新家园
加快建设西部经济发展高地 系列建设实录丛书

扶贫开发 阳光工程

四川省推进扶贫开发纪实

四川出版集团 四川人民出版社

“两个加快”的坚韧历程 起立起跳的四川答卷

中共四川省委书记
四川省人大常委会主任 刘奇葆

近几年，四川走过了极为特殊、极其艰难的不平凡历程。省第九次党代会以来，特别是省委九届四次全会以来，省委站在新的起点科学谋划全省跨越发展战略，明确提出了在科学发展观指导下加快发展、又好又快发展的工作总体取向，确立了建设“辐射西部、面向全国、融入世界的西部经济发展高地”的战略定位和“一主、三化、三加强”的基本思路。针对“5·12”汶川特大地震后的特殊形势，省委作出了“加快建设西部经济发展高地，加快建设灾后美好新家园”的战略部署，团结带领全省各族人民主动作为、砥砺奋斗，实现了原地起立、发展起跳的再生跨越，创造了抗震救灾的奇迹、灾后重建的奇迹和加快发展的奇迹，谱写了从悲壮走向豪迈的精彩篇章。历经劫难的天府四川，经济发展方式加快转变，发展势能加速聚集释放，现代化国际化程度极大提升，正由西部经济大省向全国经济强省迈进。

一、灾后恢复重建规划任务胜利完成，地震灾区发生了脱胎换骨的巨大变化

过去几年，灾后恢复重建是全省的中心工作。在党中央的坚强领导和全国党政军民的大力支持下，我们万众一心、攻坚克难，加快推进灾区恢复重建和发展振兴，奋力夺取了灾后恢复重建的全面胜利。到2011年9月，纳入国家规划的39个重灾县重建任务胜利完成，纳入本省规划的103个一般受灾县重建任务基本完成，实现了“家家有房住、户户有就

业、人人有保障、设施有提高、经济有发展、生态有改善”的重建规划目标，实现了“再还人间一个锦绣巴蜀”的庄严承诺，四川人民从悲壮走向豪迈。

我们重整满目疮痍的河山，建起了脱胎换骨、更加美好的新家园。灾后恢复重建是百年大计。我们坚持把统筹谋划、科学规划作为首要前提，加强对重建工作的全面领导、系统指导和全程督查，确保重建不是简单复制，而是更高水平的建设和发展。如今的灾区，城乡整体布局全面优化，坚持全域全程、开门开放搞规划，集中了全国乃至世界的智慧，通过重建弥补了过去建设中的一些缺陷和遗憾。如今的灾区，民生事业显著提升，540多万户、1200多万人的城乡住房优先建成，高标准、高质量重建和修复了各类学校8283所、医疗卫生机构2292个，新建了一批布局合理、功能完善的社会福利院、社区服务中心、文化中心，人民群众生产生活方式发生历史性变迁。如今的灾区，新村落别具一格，充分体现了“三打破、三提高”的规划建设理念，融入山水田园风光，突出地域民族特色，生动展现了社会主义新农村的新景象。如今的灾区，新城镇拔地而起，遭受重创的38个城镇重建一新，北川新县城在胡锦涛总书记亲自命名的永昌镇异地重建，汶川县水磨镇被联合国誉为“全球灾后重建最佳范例”，一个个安居乐业、生态文明、安全和谐的新家园呈现在世人面前。

我们重振遭受重创的经济，展开了起立起跳、发展振兴的新希望。灾后恢复重建不是简单的重复、简单的再生，而是一个质的飞跃。我们把恢复重建与推进工业化、城镇化和社会主义新农村结合起来，与产业结构优化升级结合起来。在重建中，规划建成了一批关系长远的交通、水利、能源、通信等重大项目，基础设施得到明显改善。产业发展实现重大突破，恢复和新建了一批产业园区、产业集中发展区，引进了一批重大产业项目和优势企业，建成了一批特色农产品生产基地，旅游业成为灾区发展的新亮点。生态修复和环境保护力度加大，重大地质灾害治理取得成功经验。重建后的灾区，主要经济指标全面超过震前水平，可持续发展能力显著增强，基础设施条件实现了根本性跨越，产业发展实现了再生性跨越，经济建设和民生事业实现了整体性跨越。

我们重塑悲伤破碎的心灵，开启了面向未来、感恩奋进的新生活。我们不仅重建了一个山河壮美的物质家园，也重建了一个意义深远的精神家园。劫后重生的灾区人民，不等不靠，互帮互助，感恩奋进，重新燃起了生活的希望。废墟上重建的美好家园，成为开展爱国主义教育的基地、建设社会主义核心价值体系的基地、开展民族团结进步宣传教育的基地和展示中国发展模式、发展道路勃勃生机的窗口。这场艰苦卓绝的斗争，深刻改变了四川人的形象，四川人不仅会生活，而且还会战斗；深刻改变了四川人的理念，四川人不仅能吃苦，而且还能创新；深刻改变了四川人的期望，四川不仅要在西部领先，而且要在全国力争上游。灾后恢复重建催生人们精神上的这种变化，影响更为深远、意义更为重大。

我们重构抗灾救灾的模式，走出了以人为本、科学御灾的新路子。在市场经济条件下进行这样大规模、高难度的重建，世界上没有先例，也没有现成的方案可以借鉴。我们积极创新重建理念，科学确立重建目标，统筹推进各项重建任务，确保重建工作又好又快地持续推进。四川省的灾后恢复重建，是一种民生优先与整体推进相协调的和谐型重建，是一种功能恢复与跨越提升相统一的发展型重建，是一种质量安全与廉洁高效相兼顾的阳光型重建，是一种自力更生与对口支援相衔接的合力型重建，是一种政府主导与市场运作相促进的开放型重建，是一种精神家园与物质家园相同步的人文型重建。在重建过程中，我们积极创新工作方式，破解了一个又一个的重建难题。特别是整个重建投入1.7万亿元，国家重建基金、对口支援、港澳援助、社会捐赠、特殊党费等落实资金3400多亿元，我们通过招商引资、银行贷款、整合财政资金、群众和企业自筹等方式解决了1.3万多亿元的资金缺口。这种科学御灾的模式，就是在党的领导和政府的主导下，自力更生、多方援助与市场机制相结合的御灾模式，充分发挥了社会主义制度的优越性、受灾群众的主体性和社会各界的积极性，汇聚了推进灾后恢复重建的强大合力。

二、西部经济发展高地建设加快推进，四川经济出现了转折性、跃升性的变化

近年来，面对特大地震灾害和国际金融危机的严重影响，四川省委、省政府鲜明提出“两个加快”的基本任务，毫不动摇地推进经济发展，不失时机地推进省委九届四次全会确定的重大工作部署落实。遭受世所罕见的巨大灾难，四川省经济发展没有耽误、重大工作没有耽误、民生事业没有耽误。四川省经济发展呈现出新的态势和趋势，不但有“量”的扩张，而且更有“质”的提升，出现了一些带有转折性、跃升性的变化。

我们坚持把加快发展作为工作取向，实现了规模与速度双高的跨越发展。改革开放以来，四川经济社会发展取得了巨大成就，2007年GDP突破1万亿元。但我们清醒地认识到，发展不足、发展水平不高仍然是四川最大的问题，提出在科学发展观指导下加快发展、又好又快发展，加快领跑西部、追赶全国的发展步伐。2008年以来，我们化危为机、主动作为，每年都针对宏观经济形势的新变化，确立相应的工作基调和着力重点，把握经济工作主动权，在经济总量扩大后仍然保持快速增长，实现了规模和速度双双高位攀升，

在困境中划出了一条“止滑提速—巩固回升—高位求进”的坚强曲线。2008年至2011年，全省经济总量4年翻一番，突破2万亿元；地方公共财政3年翻一番，突破2000亿元；固定资产投资3年翻一番，突破1.5万亿元；经济增速由长期徘徊在全国中游水平跃升到全国前列，标志着四川省经济已迈上了新的更高台阶。

我们坚持主要在扩增量中调结构，实现了总量与质量共增的优化发展。坚持调存量与扩增量并举、主要在扩增量中调结构，大力引进和培育高端、现代产业，充分发挥后发优势，实现了局部的跨越和赶超，从整体上调整优化了产业结构。传统农业正向现代农业跨越，建成了一批农业现代产业基地、现代畜牧业强县，农业产业化经营水平不断提高。四川省工业规模已达到全国第8位，连续几年工业增速保持在全国前列，传统产业比重偏高的经济结构正在改变，特色优势产业和战略性新兴产业加快发展。一批万亿产业带和千亿产业园区正加速培育，大企业、大集团培育取得进展。地方公共财政收入占GDP的比重持续上升，超过与四川省经济规模相当的中部省份和部分东部省份，长期的“吃饭财政”正在实现向“发展财政”的历史性转变。

我们坚持打基础利长远增后劲，实现了当前与未来兼顾的蓄势发展。抓住机遇加大投资力度，开工建设了一大批基础设施和产业发展的重大项目，推动重大生产能力的形成和布局取得突破。西部综合交通枢纽正在形成主体骨架，高速公路和铁路的通车、在建里程已双双突破6000公里，居全国前列，“蜀道难”状况正在加快改变。“再造一个都江堰灌区”工程加快实施，开工建设亭子口、武引二期、向家坝、小井沟、升钟等一批重大水利工程。点亮四川省藏区的电网工程已全面启动。深入实施充分开放合作战略，承接重大产业转移领先西部，招商引资取得突破。一大批重点园区、重点产业和产业集群正在崛起，发展活力持续迸发。把加快新型工业化新型城镇化作为重大战略任务，促进“两化”互动发展，城乡统筹综合配套改革取得突破性进展，天府新区正式开工建设，各地都科学规划了城市新区，开辟了城市和产业发展的新空间。生态建设和环境保护扎实推进，长江上游生态屏障建设和防灾减灾能力得到加强，实现了经济增长与环境保护相协调。这些工作有力奠基了四川长远发展，也在很大程度上重塑了“四川经济版图”。

我们坚持在优化布局中培育多点支撑，实现了“一极”与“多点”并进的协调发展。坚持“一主、三化、三加强”的基本思路，实施以工业强省为核心的发展战略，推动一批区域性中心城市和“四大城市群”加快发展，大力发展各具特色的区域经济，促进“五大经济区”协调发展，调动和激发了各地加快发展的积极性，打开了广阔的发展空间。成都经济区“一极”的率先发展势头继续强化，带动四川省、辐射西部的能力显著增强。除成都市之外，其他地区的发展也明显加快，2012年将有10个左右的市（州）GDP达到或接近1000亿元，全省经济增长将呈现多点支撑的发展新格局。这些地区迅速崛起，主要得益于交通物流条件大力改善，开放合作打开局面，主导产业各具特色，“通道经济”效应正在显现。川南地区发展重化工，打造“中国白酒金三角”，承接产业转移成果丰硕，加快拓展南向开放通道。攀西地区围绕钒钛、稀土、水电等战略资源，相继开工建设了一批重大产业项目，安宁河谷流域加快开发。川东北天然气开发力度加大，革命老区加快脱贫致富。在川西北藏区规划建设饲草基地和高标准优质牧场，特色效益农业和现代畜牧业发展加快，大力实施藏区旅游带动发展战略，打造稻城亚丁等精品景区。目前，随着新一轮西部大开发的深入实施，特别是成渝经济区启动建设，为区域经济发展注入了新的强大动能，四川省各具特色、优势互补、分工协作、良性互动的区域协调发展格局正在形成。

我们坚持把改善民生贯穿始终，实现了富民与强省同步的和谐发展。坚持把改善民生作为发展经济的动力和目的，将改善民生与扩大内需结合起来，处理好强省与富民的关系，努力让人民群众从发展中得到更多的实惠。全省城乡居民收入水平与全国的差距5年缩小5.2个百分点；农民人均纯收入与全国的差距5年缩小7.2个百分点。在遭受特大地震灾害的情况下民生投入不减，坚持不懈实施“十项民生工程”，一大批涉及群众就业、子女入学、看病就医、百姓安居、道路畅通、环境治理、社会保障等民生难题得到妥善解决和明显改善。在藏区实施“三大民生工程”，在彝区完成“三房”改造的基础上启动实施“彝家新寨工程”。大力推进高原藏区、秦巴山区、乌蒙山区和大小凉山彝区等“四大片区”连片扶贫开发，新农村建设成片推进取得阶段性成效，人民群众生产生活条件持续改善，为四川省同步实现全面小康目标打下了坚实基础。加强社会管理创新和新形势下群众工作，在全国率先探索构建“大调解”工作体系，积极化解各类矛盾纠纷，加强社会治安综合治理，保持了四川省社会和谐稳定。

三、乘势而上，高位求进，推动西部经济发展高地建设取得新的更大发展

在长期发展的基础上，经过近几年的努力，四川发展已经站在一个新的更高起点上，正加快由西部经济大省向全国经济强省迈进。回顾艰辛奋斗历程，我们更加深刻地认识到，推动四川发展，必须把中央的精神和四川的实际结合起来，把科学发展的要求具体化，努力增强工作的预见性和主动性。立足省情抓发展，始终牢记“三个最大”的基本省情，在遭遇百年不遇的特大地震灾害的情况下，都毫不放松地扭住发展第一要务，夺取了

抗震救灾和加快发展的双胜利。跳起摸高抓发展，拓宽视野和眼界，跳出盆地看四川，打破“西部宿命”束缚，革除“恐高”、“怕快”心理，敢于树立更高的目标，不甘落后，紧跟全国，直追东部，不断缩小发展差距。不失时机抓发展，辩证分析和把握形势，善于从不利中发现有利因素，危中求机、化危为机，变被动为主动，抓住时机增创发展新优势。爬坡破难抓发展，鲜明崇尚实干，倡导“四个特别”，爬坡过坎、攻坚克难，通过破解发展中的一道道难题，打开发展新局面。着眼民生抓发展，一切为了群众，一切依靠群众，无论是救灾、重建还是发展都坚持民生优先，创造了安定有序的社会环境，凝聚起了推进四川各项事业发展的强大合力。

四川建设西部经济发展高地正处于高位求进、加快发展的新阶段。我们要抢抓机遇而不贻误良机，击鼓奋进而不踌躇不前，坚持把促进科学发展作为履行职能的第一要务，紧扣科学发展主题和加快转变经济发展方式主线，认真贯彻党中央、国务院的重大决策部署，牢牢把握“稳定增势、高位求进、加快发展”的工作基调，着力扩大内需，稳定工业经济发展势头，切实加强“三农”工作，大力推进新型城镇化进程，深化统筹城乡综合配套改革，进一步扩大开放合作，努力保障和改善民生，加强社会建设和管理创新，维护安定和谐的社会局面，不断增创新优势、取得新突破、创造新业绩，推动四川经济社会发展实现更大跨越。

目录 CONTENTS

前 言

扶贫开发是建设中国特色社会主义伟大事业的一项历史性任务。新世纪初特别是2008年以来，中共四川省委、四川省人民政府率领全省各族人民坚持不懈地与贫困作斗争，扶贫开发实现了新的跨越。为到2020年建成全面小康社会，2011年12月，四川省委、省政府对扶贫开发又作出了重大战略部署，新一轮扶贫开发攻坚战已经打响。

一

四年来，投入各类扶贫资金240多亿元，扶贫开发成就巨大。一是贫困居民大幅减少。全省贫困居民由2007年的548.48万人减少到2011年的242.70万人（含返贫和新增贫困居民），贫困发生率由8.92%下降到3.87%。二是生产生活条件显著改善。全省建成一大批扶贫新村；人畜饮水工程累计解决了贫困地区382.05万人、556.19万头牲畜饮水困难；移民搬迁项目使全省5.24万户、22.61万贫困居民走出了高寒山区、深山区、石山区和水淹区，摆脱了地域致贫的桎梏。三是生活水平明显提高。贫困地区农民年人均纯收入从2007年的2994.37元增长到2011年的5072.72元，年均增长14.24%；贫困居民住房难、行路难、饮水难、用电难、上学难、就医难等问题得到较大缓解，生活水平日益提高。四是社会事业全面发展。贫困村教育、文化、广播、电视、电话等普及率大有提高，群众文化生活日益丰富；医疗卫生大为改善，看病难、看病贵的状况大有缓解。五是产生了良好国际影响。先后有66个国家的128名司局级以上官员到四川省实地考察，大加赞赏：“四川扶贫开发成就令人震惊！”扶贫开发的巨大成就，为促进全省“两个加快”、政治稳定、文化繁荣、民族团结、社会和谐发挥了重要作用，作出了重大贡献。

二

四年来，着力实施“六大”扶贫重点工程，加快了贫困居民解决温饱、脱贫致富步伐。一是新村扶贫工程。累计投入资金39.23亿元，建设扶贫新村3302个；扶贫新村水、电、路等基础设施进一步改善，农民生存条件优化，总体上出现了新设施、新产业、新生活、新环境、新风尚“五新”格局。二是劳务扶贫工程。累计投入资金2.09亿元，开展劳务转移培训贫困农民工26.35万人，其中输出25.56万人；开展实用技术培训770.50万人次，提高了贫困居民的自我发展能力。三是产业扶贫工程。累计投入财政扶贫产业化项目资金10.64亿元，扶持产业化扶贫项目682个，产业化项目推动了贫困农户105.52万户增收。四是村道扶贫工程。累计投入财政扶贫资金2.65亿元，新建、改建村道4169.92千米，缓解了贫困村群众行路难问题。五是社会扶贫工程。中央、省级机关直接投入及物资折款13.10亿元、引进各类资金近26.78亿元，投入扶贫开发。浙江省、珠海市加大对口帮扶力度，其他社会扶贫势头良好。六是外资扶贫工程。累计完成世界银行/英国国际发展部第四期扶贫项目（以下简称“第四期世行扶贫项目”）投资4亿元，覆盖全省6个国家扶贫开发工作重点县（以下简称“重点县”）519个村的10.85万户、44.23万人；其他外资扶贫项目成效显著。

三

四年来，着力开展“八项”扶贫改革试点，推进了扶贫开发向纵深发展。一是连片扶贫开发试点。累计投入20多亿元专项扶贫资金、整合其他资金120多亿元，实施各类连片扶贫开发片区123片，改善了试点片区贫穷落后面貌。二是贫困村互助资金试点。累计投入财政扶贫资金2.38亿元，新增加106个县的1580个贫困村互助资金试点村。互助资金试点，不仅缓解了贫困村生产资金缺乏问题，而且有力地推动了贫困地区新农村建设。三是阿坝州扶贫开发和综合防治大骨节病试点（以下简称“阿坝试点”）。累计投资27.90亿元，开展阿坝试点，病区群众防病治病能力明显增强。四是汶川特大地震灾区贫困村恢复重建试点。累计投入30.91亿元资金，完成汶川地震灾区1224个贫困村灾后恢复重建，帮助12.33万人脱贫致富。五是大小凉山综合扶贫开发试点。实施大小凉山综合扶贫开发试点，404个村开展了以彝家新寨为重点的新村建设，贫困村面貌焕然一新。六是巴中革命老区扶贫试点。2009年，开展了巴中革命老区扶贫试点。首批试点区域覆盖通江县和巴州区，2010年，扩大到南江县、平昌县，试点成效明显。七是彩票公益金革命老区扶贫试点。2009年投入彩票公益金资金4250万元，在宣汉县、平昌县试点，整合其他资金1.02亿元，试点效果十分明显。八是农村最低生活保障制度和扶贫开发政策有效衔接试点（以下简称“两项制度”）。通过在全省36个重点县试点，进一步准确识别了扶贫对象。

四

四年来，着力创新“六个”扶贫开发机制，增强了扶贫开发活力。一是创新监督机制。在全省实施扶贫资金项目公示、公告、公开的“阳光工程”，坚持各项扶贫资金项目，从省到市、县、乡、村都实行“三公开”，加大社会各界监督力度，让群众充分享有知情权、决策权、监督权。二是创新瞄准机制。自2008年起，全省普遍推广宜宾市扶贫“首扶制度”，累计惠泽3302个贫困村的6.67万户、25.27万绝对贫困人口，平均每户得到2187元补助性扶持。三是创新投入机制。以村为载体，将财政扶贫资金、以工代赈资金、信贷扶贫资金、涉农资金以及其他资金整合在一起，形成“大扶贫”格局。四是创新参与机制。在全省扶贫新村建设项目中，普遍推广遂宁市扶贫新村“竞争入围”经验，激发了群众参与扶贫开发的主动性和积极性。五是创新工作机制。形成思想早发动、任务早明确、措施早制定、责任早落实、资金早报账“五早”工作新机制，克服了一些地方“今年资金明年干，后年再把效果看”的现象，加快了扶贫开发进程。六是创新奖惩机制。把扶贫开发目标任务列入省、市、县三级政府年度目标管理，把社会扶贫列入省政府年度专项目标管理，实行奖惩挂钩。同时，对新村建设、贫困村互助资金等项目实行“以奖代补”。

五

为确保到2020年实现“全面、全域、全程”小康目标，省委、省政府对新10年扶贫开发作出了重大战略部署。一是绘制了美好蓝图。省委、省政府颁布了《四川省农村扶贫开发纲要（2011—2020年）》（以下简称“新10年扶贫纲要”），先后印发了《秦巴山区（四川部分）扶贫开发规划纲要（2011—2015年）》《大小凉山综合扶贫开发规划总体思路（2010—2020年）》等多个专项规划，绘制了新10年扶贫开发的美好蓝图。二是明确了奋斗目标。到2015年，基本稳定解决扶贫对象温饱问题，贫困居民显著减少。到2020年，稳定实现扶贫对象不愁吃、不愁穿，保障其义务教育、基本医疗和住房；贫困地区农民人均纯收入增长幅度高于全省平均水平，基本公共服务主要领域指标接近全省平均水平，扭转发展差距扩大趋势；实现贫困村向新农村、小康村转变，贫困户向宽裕户、小康户转变，与全省同步达到全面建成小康社会目标。三是确立了主战场。把集中连片特殊困难地区的秦巴山区、乌蒙山区、大小凉山彝区、高原藏区作为全省新一轮扶贫开发攻坚的主战场。四是出台了新举措。在省委扶贫开发工作会议上，省委书记刘奇葆明确提出，实施“五调整”、“五突破”、“五挂钩”、“五不变”等，以确保打好打赢新一轮扶贫开发攻坚战！

四川省扶贫和移民工作局局长　何大清

第一章
重大决策部署

扶贫开发是建设中国特色社会主义伟大事业的一项历史性任务。四川省委第九次党代会特别是九届四次全会以来，省委、省政府对扶贫开发作出了一系列重大决策部署。把扶贫开发作为“三农”工作、民生工程的重中之重来抓，并列入了绩效考核，加快了扶贫开发的进程。

丨第一节丨

四川省委关于扶贫开发的重要论断

2007年12月—2011年11月期间，省委召开了6次全会，几乎每次都对扶贫开发作了重大部署；2008—2012年的五年间，省委每年的1号文件都安排了扶贫开发工作；同时，把扶贫开发列入了省的“十二五”规划纲要。

一、四川省委九届四、五、六、八次全会关于扶贫开发的论断

（一）九届四次全会：《关于深入学习贯彻党的十七大精神的决定》（2007年12月29日）

切实抓好“十大惠民行动”、民族地区教育发展十年行动计划和富民安康等工作。按照“五有”的目标和要求，启动实施民生工程，重点做好就业促进、扶贫解困、教育助学、社会保障、医疗卫生、百姓安居、道路通畅、环境治理等工作，更好地解决广大群众特别是困难群众的切身利益问题。

加快完善社会保障体系。扩大城镇职工基本养老保险覆盖面，扩大城镇居民基本医疗保险试点范围，完善失业、工伤、生育保险制度。积极探索建立农村养老保险制度。扩大农村低保覆盖范围，提高城乡低保水平。健全城乡社会救助体系。坚持开发式扶贫方针，加大扶贫开发投入。支持民族地区、革命老区和贫困地区发展。强化防灾减灾和灾后重建工作。加快健全廉租住房制度。

（二）九届五次全会：《关于扎实做好抗震救灾工作加快重建美好新家园的决议》（2008年7月13日）

尽快恢复灾区正常的经济社会秩序，力争用三年左右时间完成灾后恢复重建的主要任务，完成城乡住房修复重建，基本公共服务和基础设施恢复到灾前水平，使灾区群众的基本生活生产条件达到或超过灾前水平，经济社会发展达到或超过灾前水平，并为五年发展振兴、十年全面小康奠定坚实基础。

（三）九届六次全会：《中共四川省委关于统筹城乡发展开创农村改革发展新局面的决定》（2008年10月24日）

坚持开发式扶贫方针，实现农村最低生活保障制度和扶贫开发政策有效衔接。实行新的扶贫标准，把农村低收入人口纳入扶贫政策范围。对没有劳动力或劳动能力丧失的贫困人口实行社会救助。加大对贫困地区、革命老区、民族地区发展扶持力度，提高农村贫困人口自我发展能力。制定和实施“藏区牧民定居行动计划”，到2012年基本解决未定居牧民群众和有简陋固定居所牧民群众定居问题；实施“帐篷新生活行动”，改善牧民群众在游牧过程中的生活条件。扎实开展阿坝州扶贫开发和综合防治大骨节病试点工作。制定和实施“彝区三房改造行动计划”。

（四）九届八次全会：《中共四川省委关于制定国民经济和社会发展第十二个五年规划的建议》（2010年11月17日）

扶持民族地区、革命老区和贫困地区跨越发展。

贫困人口显著减少。

扶持民族地区、革命老区和贫困地区加快发展。全面实施藏区、彝区等民族地区跨越发展规划，扎实推进藏区“三大民生工程”和彝区综合扶贫开发工程，加快交通、饮水、供电、通信等基础设施建设，积极发展特色农牧业、文化生态旅游和优势资源开发等产业，加快民族地区社会事业发展，增强自我发展能力。编制实施革命老区发展规划和扶贫规划，大力改善群众生产生活条件，着力增强造血功能，促进革命老区和贫困地区加快发展。

着力解决边远山区和贫困地区教师队伍不稳定和短缺问题。

实施贫困地区、民族地区和革命老区人才支持计划。

加大扶贫开发力度。以解决民生问题和发展问题为核心，加大扶贫投入，大力实施扶贫开发攻坚工程和整村推进计划，加快解决集中连片特殊困难地区的贫困问题，实现农村低保制度与扶贫开发政策有效衔接。继续实施十项民生工程，加大财政转移支付力度，完善对口支援帮扶机制，基本解决上学、就医、住房、交通等突出民生问题。广泛开展社会扶贫，完善扶贫开发工作机制。提高贫困人口生活水平和自我发展能力，努力缩小发展差距。

着力抓好灾区扶贫帮困，实施新村扶贫、劳务扶贫、连片扶贫等扶贫工程，加快贫困村向小康村跨越。

二、2008—2012年四川省委1号文件关于扶贫开发的论断

（一）川委发〔2008〕1号：《中共四川省委　四川省人民政府关于加强农业基础建设加快农村经济发展　大力促进农民增收的意见》（2008年1月26日）

继续抓好扶贫开发。深入实施十年扶贫开发规划，全年新解决20万农村绝对贫困人口温饱

问题，改善60万农村低收入贫困人口生产生活条件。逐步提高扶贫标准，大力实施开发式扶贫，继续推进新村扶贫、产业扶贫、劳务扶贫、移民扶贫和社会扶贫。加快发展贫困地区教育事业，逐步对贫困家庭、困难群体子女实行免费职业教育。加强以交通、水利为重点的基础设施建设，切实解决贫困地区行路难、吃水难等民生问题。按照总体规划，推进阿坝州扶贫开发和综合防治大骨节病试点。实施好以工代赈扶贫项目、富民安康工程。大力动员和引导社会力量参与定点扶贫工作。

（二）川委发〔2009〕1号：《中共四川省委　四川省人民政府关于2009年抓好重大项目建设促进农业发展农民增收的意见》（2009年2月4日）

进一步推进农村扶贫开发。完善扶贫政策体系，探索农村最低生活保障制度和扶贫开发政策有效衔接，实行新的扶贫标准。因地制宜实施新村扶贫、劳务扶贫、产业扶贫、沼气扶贫和村道扶贫工程，扶持80万农村贫困人口改善生产生活条件，增加经济收入，提高自我发展能力。积极实施农村产业扶贫重点项目和以工代赈扶贫重点项目。着力推进阿坝州扶贫开发和综合防治大骨节病试点工作，继续开展贫困村互助资金、贫困村灾后恢复重建等试点。认真实施民族地区“牧民定居行动计划”、“帐篷新生活行动”和彝族地区“三房改造行动计划”。充分发挥行业扶贫作用，继续组织社会各界参与扶贫事业。

（三）川委发〔2010〕1号：《中共四川省委　四川省人民政府关于进一步加大统筹城乡发展力度 加快推动农业农村发展上新台阶的意见》（2010年1月20日）

继续推进农村扶贫开发。坚持开发式扶贫方针，加大扶贫开发投入力度，加强贫困地区基础设施建设。把促进农村贫困人口增收放在重要位置，帮助80万农村贫困人口改善生产生活条件，圆满完成《四川省农村扶贫开发规划2001—2010年）》确定的目标任务。推进扶贫开发与农村低保“两项制度”衔接，制定《四川省农村扶贫开发纲要（2011—2020年）》和相关扶贫政策。继续推进阿坝州扶贫开发和综合防治大骨节病、甘孜州包虫病防治工作，抓好各项扶贫工程和扶贫试点。支持贫困村扶贫互助社发展，建立健全互助资金风险补助机制。抓好地震灾区贫困村的扶持工作，突出抓好39个极重和重灾县的贫困村、特困户的扶持工作。加快解决特困群众住房困难。积极推进藏区“牧民定居行动计划”、“帐篷新生活行动”和彝族地区“三房改造行动计划”，高度重视抓好革命老区和彝族地区重点县的扶贫开发工作，提升扶贫开发水平。

（四）川委发〔2011〕1号：《中共四川省委　四川省人民政府关于贯彻〈中共中央、国务院关于加快水利改革发展的决定〉的实施意见》（2011年2月17日）

环境保护、建设、农业、林业、畜牧业、扶贫移民、气象、工商、税务、金融等部门和单位，要抓紧研究和认真落实加快水利改革发展的具体措施，形成推动水利改革发展的合力。

（五）川委发〔2012〕1号：《中共四川省委　四川省人民政府关于全面加强农业科技创新推广确保农业农村发展迈上新台阶的意见》（2012年2月22日）

深入推进新村建设。实施新村建设整体性安排。在县域新村建设总体规划的指导下，加快完成新村建设规划。安排专项资金支持新村基础设施建设。扎实推进渠江流域以新村建设为重点的新农村建设，做好重大工程移民安置、农村危房改造与新农村建设结合工作。强力推进彝家新寨建设，全面完成牧民定居行动计划。加快推进新农村综合体建设，提升建设水平。

全面推进扶贫攻坚。实施《四川省农村扶贫开发纲要（2011—2020年）》。抓好农村最低生活保障制度和扶贫开发政策的有效衔接。坚持集中连片开发，加大专项扶贫投入，大力推进我省藏区、秦巴山区、乌蒙山区及大小凉山彝区连片扶贫开发。完成阿坝州扶贫开发和综合防治大骨节病试点。继续推进革命老区扶贫开发。创新扶贫开发机制，深入推进“领导挂点、部门包村、干部帮户”活动，积极开展行业扶贫、社会扶贫、省内对口定点扶贫和东西扶贫协作工作。

三、四川省十一届人代会第四次会议通过的《四川省国民经济和社会发展第十二个五年规划纲要》关于扶贫开发的论断（2011年1月24日）

第十九章　加快民族地区、革命老区和贫困地区发展

按照到2020年与全省同步实现全面小康的总体目标要求，以基础设施建设、民生改善和特色产业发展为重点，大力推进民族地区跨越发展和革命老区、贫困地区加快发展。

第一节　推动民族地区跨越发展

贯彻落实支持民族地区发展政策，实施藏区、彝区等民族地区发展规划，实现民族地区跨越发展和长治久安。加快以交通、水利、供电、城乡公共设施等为重点的基础设施建设，切实解决饮水难、行路难、用电难、就业难、通信难等突出问题。加快民族地区社会事业发展，大力实施民族地区教育第二个十年行动计划、民族地区卫生发展十年行动计划，有效防治艾滋病、包虫病、大骨节病。积极发展生态文化旅游、特色农牧业和优势资源开发等特色产业。大力推进藏区民生工程。抓住中央支持藏区发展的重大历史机遇，集中解决制约藏区发展最突出、最紧迫的问题，在民生改善、社会事业发展、生态环境保护、基础设施建设、产业培育等方面取得重大突破。加快推进大小凉山综合扶贫开发，培育发展优势特色产业，促进安宁河谷地区跨越发展。到2015年，民族地区城乡居民收入接近全省平均水平，基本公共服务水平大幅提高，基础设施建设明显加强，重点产业和特色经济粗具规模。

第二节　加快革命老区和贫困地区发展

支持革命老区发展，设立革命老区专项扶持资金，加快基础设施建设和社会事业发展，切实改善生产生活条件，促进基本公共服务均等化。积极推进产业培育，壮大特色优势产业，不断增强自我发展能力。深入推进开发式扶贫，努力增加扶贫投入，不断创新扶贫开发和对口帮

扶机制，大力实施扶贫攻坚工程。有序推进移民扶贫，整合资源、连片推进特殊困难地区扶贫开发，加快新农村和小康户建设。

民族地区、革命老区和贫困地区重点工程：

民族地区教育发展第二个十年行动计划。重点实施学前教育、义务教育、高中阶段教育校舍建设和教师周转宿舍的建设，以及寄宿制学生生活补助、学校装备、教师培训、民族文字教材等。

民族地区“9+3”免费教育计划。继续组织藏区当年未升学的初中毕业生和高中毕业生自愿到内地85所职业学校免费接受职业教育，帮助“9+3”职业教育毕业生实现就业。在彝区就地组织免费职业教育。

民族地区卫生发展十年行动计划。建立健全公共卫生服务体系、医疗服务体系、医疗保障体系和药品供应保障体系，加强包虫病、艾滋病等重点疾病综合防控。争取到2015年，基本完成州、县、乡、村四级卫生服务机构基础设施建设、基本的卫生人员配置和技术培训，并同步进行设备配备。

牧民定居行动计划暨帐篷新生活行动。到2012年，基本完成藏区10万户牧民定居房及生产设施建设，完善配套公共设施，推广使用新型帐篷和篷内生活设施。

彝家新寨工程。实施扶贫搬迁和农村危房改造，建成1475个彝家新寨，配套完善公共设施，倡导健康文明生活方式。

民族地区交通建设。加快甘孜州“两路一隧”（国道318、317线改造和雀儿山隧道建设），阿坝州国道317线、省道302和303线，凉山州国道108线、省道216和307线等藏区、彝区干线公路建设，提高民族地区对外通道和骨干路网的通行能力和服务水平。

民族地区水利工程。加快建设玛依河、白松茨巫引水工程及渠系配套，加快推进洛须、打火沟等引水工程及新华、大海子等水库工程建设，有效缓解干旱缺水问题。

民族地区电网建设工程。城乡中低压配网建设，变电站、输电线路及城镇电网工程，以及220千伏、500千伏输变电线路等建设，基本实现藏区无电人口全覆盖。

革命老区开发建设工程。培育一批特色农业示范园区，建设一批优势资源开发利用项目，打造雪山草地、川陕苏区、将帅故里等红色旅游区。

贫困地区扶贫开发工程。继续实施阿坝州扶贫开发和综合防治大骨节病试点工程，易地搬迁2.50万人。加强大小凉山综合扶贫开发，新建和改造新村1451个，改善12.11万户60.55万人的居住条件。加快推进甘孜州“两江一河”千桥工程。加强秦巴山区（四川部分）连片扶贫开发步伐。

| 第二节 |

《四川省农村扶贫开发纲要（2011—2020年）》

在四川省深入实施西部大开发战略、全面建设小康社会的关键时期，省委、省政府印发了省的新10年扶贫纲要，回顾了四川省扶贫事业取得的巨大成就，明确了全省新一轮扶贫开发攻坚任务，进一步动员各方面力量，坚决打好新一轮扶贫开发攻坚战。这对于维护群众的根本利益，推动贫困地区与全省同步实现全面小康目标，具有十分深远的意义。

中共四川省委文件

川委发〔2011〕21号

中共四川省委　四川省人民政府
关于印发《四川省农村扶贫开发纲要（2011—2020年）》的通知

各市（州）、县（市、区）党委和人民政府，省直各部门：

经省委、省政府同意，现将《四川省农村扶贫开发纲要（2011—2020年）》印发给你们，请结合实际认真贯彻执行。

中共四川省委
四川省人民政府
2011年12月31日

—1—

四川省农村扶贫开发纲要（2011—2020年）

为进一步加快贫困地区发展，促进共同富裕，实现到2020年与全国同步建成全面小康社会的奋斗目标，根据《中国农村扶贫开发纲要（2011—2020年）》总体部署，结合我省农村实际，特制定本纲要。

前　言

（一）扶贫事业取得巨大成就

改革开放以来，特别是实施《中国农村扶贫开发纲要（2001—2010年）》和《四川省农村扶贫开发规划（2001—2010年）》以来，各级党委、政府坚决贯彻落实党中央、国务院和省委、省政府的决策部署，积极领导、组织和动员社会各界广泛参与扶贫开发事业，带领贫困地区广大干部群众苦干实干，克服汶川特大地震等严重自然灾害带来的不利影响，扶贫开发工作取得了巨大成就。2000年底至2010年末，全省贫困居民占农村居民总数比重已经从15.22%下降到5.48%；贫困地区农民年人均纯收入从1262元增长到4209元，年均增长12.80%，高于全省、全国同期平均增长水平。同时，贫困地区基础设施和生产生活条件明显改善，社会事业和公共服务不断进步，最低生活保障制度全面建立，农村贫困居民生存和温饱问题基本解决。《四川省农村扶贫开发规划（2001—2010年）》确定的目标任务圆满完成，为促进全省经济发展、政治稳定、文化繁荣、民族团结、社会和谐发挥了重要作用、作出了重大贡献。

（二）扶贫开发是长期历史任务

各级党委、政府要充分认识到，我国目前仍处于并将长期处于社会主义初级阶段，经济社会发展总体水平还不高，区域发展不平衡问题突出，制约贫困地区发展的深层次矛盾依然存在。我省农村贫困问题“面大、人多、程度深”特点突出，因灾因病致贫、返贫现象突出，贫困代际传递问题突出，集中连片特殊困难地区（以下简称连片特困地区）发展相对滞后，“插花”贫困现象依然存在，扶贫开发任务仍然十分艰巨。党中央、国务院对未来十年农村扶贫开发高度重视，作出重大战略部署，为扶贫开发指明了前进方向和路径；国家经济保持平稳较快发展，综合国力明显增强，社会保障体系逐步健全，为扶贫开发创造了有利环境和条件；西部大开发战略持续深入推进、革命老区和民族地区跨越发展、成渝经济区区域规划实施、汶川地震灾区发展振兴等，为扶贫开发提供了新的机遇和支持；贫困地区具备一定自我发展能力，在实践中创造了许多行之有效的经验，广大干部群众企盼尽快脱贫致富奔小康的愿望强烈，为扶贫开发增添了强大信心和动力。全省扶贫开发已经从以解决温饱为主要任务的阶段转入到巩固温饱成果、加快脱贫致富、改善生态环境、提高发展能力、缩小发展差距的新阶段。

（三）深入推进扶贫开发意义重大

扶贫开发事关巩固党的执政基础，事关国家长治久安，事关社会主义现代化大局。深入推进全省扶贫开发，是建设中国特色社会主义事业的重要任务，是深入贯彻落实科学发展观的必然要求，是坚持以人为本、执政为民的重要体现，是统筹城乡区域发展、保障和改善民生、缩小发展差距、促进全省人民共享改革发展成果的重大举措，是推进全省跨越发展、全面建设小康社会、构建社会主义和谐社会的迫切需要。各级党委、政府必须以更大的决心、更强的力度、更有效的举措，打好新一轮扶贫开发攻坚战，确保全省人民共同实现全面小康。

一、总体要求

（四）指导思想

高举中国特色社会主义伟大旗帜，以邓小平理论和“三个代表”重要思想为指导，深入贯彻落实科学发展观，全面实施《中国农村扶贫开发纲要（2011—2020年）》，开展贫困综合治理；

逐步提高扶贫标准，逐年加大投入力度，把连片特困地区作为主战场，把增加扶贫对象收入、尽快稳定解决温饱并实现脱贫致富作为首要任务；坚持政府主导，坚持统筹发展，更加注重转变经济发展方式，更加注重科教扶贫，更加注重增强扶贫对象自我发展能力，更加注重基本公共服务均等化，更加注重解决制约发展的突出问题，努力推动贫困地区经济社会更好更快发展。

（五）工作思路

坚持以科学发展为主题，以解决突出民生问题为核心，以新村建设为载体，以产业发展为支撑，以能力提升为根本，实行扶贫开发与新农村建设相结合、常规扶贫与连片特困地区扶贫相结合、扶贫开发与防灾减灾相结合、扶贫政策与农村低保制度相结合、扶贫开发与发展特色产业相结合、项目扶持与提高发展能力相结合、专项扶贫与强农惠农扶贫相结合、自身努力与争取支持相结合、政府主导与社会各界帮扶相结合。概括起来，就是建设新村、发展产业、脱贫致富、实现小康。

（六）工作方针

坚持开发式扶贫方针，实行扶贫开发和农村最低生活保障制度有效衔接。把扶贫开发作为脱贫致富的主要途径，鼓励和帮助有劳动能力的扶贫对象通过自身努力摆脱贫困，做到应扶尽扶；把社会保障作为解决温饱问题的基本手段，逐步完善社会保障体系，做到应保尽保。

（七）基本原则

——坚持政府主导，分级负责。省、市、县各级政府对本行政区域内的农村扶贫开发工作负总责，把扶贫开发纳入当地经济和社会发展战略及总体规划，实行扶贫开发目标责任制和考核评价制度。加大对革命老区、民族地区、边远山区等贫困地区扶持力度，省上重点支持秦巴山区、乌蒙山区、大小凉山彝区、高原藏区四大连片特困地区（以下简称“四大片区”）。各市（州）、县（市、区）均要自行确定扶贫重点区域，根据不同区域、不同情况、不同群体特点，因地制宜制定扶贫政策，编制扶贫规划，实行差异化的扶持措施，解决存在的突出矛盾和问题，确立各具特色的扶贫开发和发展模式。

——坚持部门协作，合力推进。省直有关部门要根据全省扶贫开发总体部署，结合各自职能，在制定政策、编制规划、分配资金、安排项目时主动向贫困地区倾斜，形成扶贫开发合力。广泛动员社会各界参与扶贫开发，不断完善参与机制、拓展参与领域、提高参与水平、注重参与实效。强化政策措施，鼓励先富帮后富，推动实现共同富裕。

——坚持自力更生，艰苦奋斗。坚持政府主导、群众主体、部门帮扶、社会参与，切实发挥市、县政府扶贫开发直接责任主体、工作主体和群众扶贫开发主体作用。建立激励机制，充分激发贫困地区、扶贫对象主动性和创造性，艰苦奋斗，苦干实干。加强引导，更新观念，尊重扶贫对象主体地位，提高自我管理水平和自身发展能力，立足自身实现脱贫致富，改变贫穷落后状况。

——坚持统筹兼顾，科学发展。坚持以人为本、民生优先，立足当前、着眼长远，既解决当前突出民生问题，又解决制约长远发展根本问题，实现贫困地区经济、社会、文化各项事业科学协调发展。坚持扶贫开发与推进城镇化、建设社会主义新农村相结合，与生态建设、环境保护相结合，充分发挥贫困地区资源优势，发展资源节约型、环境友好型产业，增强防灾减灾能力。提倡健康科学生活方式，促进经济社会发展与人口资源环境相协调。

——坚持改革创新，扩大开放。适应社会主义市场经济要求，创新扶贫开发工作体制机制。实行开发与开放相结合，扩大对内对外开放，共享减贫经验和资源。继续搞好扶贫开发试点，积极探索开放式扶贫新途径。

二、目标任务

（八）总体目标

到2015年，基本稳定解决扶贫对象温饱问题，贫困居民显著减少。到2020年，稳定实现扶贫对象不愁吃、不愁穿，保障其义务教育、基本医疗和住房；贫困地区农民人均纯收入增长幅度高于全省平均水平，基本公共服务主要领域指标接近全省平均水平，扭转发展差距扩大趋势；实现贫困村向新农村、小康村转变，贫困户向宽裕户、小康户转变，与全省同步达到全面建成小康社会目标。

（九）主要任务

1. 新村建设。一是建设扶贫新村。结合社会主义新农村建设，在贫困地区开展扶贫新村建设，每村总投入不低于300万元，其中，财政性扶贫资金投入不低于100万元。二是建设扶贫新村聚居点。到2015年，山区、丘陵、平坝区聚居度分别达到20%至25%、25%至30%、30%至35%，全面完成农村困难家庭D级危房改造；到2020年，聚居度分别达到40%至50%、50%至60%、60%至70%，全面完成农村困难家庭C级危房改造，贫困地区群众居住条件得到显著改善。三是完善配套设施。完成庭院绿化、垃圾收集站点、公共排污设施、沼气池及污水处理等人居配套建设，完成村内道路、饮水安全、教育医疗、科技文化、就业社保、商业服务网点等新村配套建设。其中，饮水安全方面，到2015年贫困地区农村饮水安全问题基本得到解决，到2020年农村饮水安全保障程度和自来水普及率进一步提高；生产生活用电方面，到2015年解决贫困地区无电行政村用电问题，大幅度减少偏远地区和民族地区无电人口数量，到2020年全面解决无电人口用电问题。

2. 特色产业。到2015年，力争实现1户贫困户有1项增收项目，因地制宜培育形成粗具规模的特色优势产业，打造“跨村联乡”特色产业，产业有专业合作组织或产业化经营龙头企业带动；不断壮大农民增收支柱产业，主攻农民增收重点区域，拓宽农民增收发展空间，优化农民增收的政策环境，努力促进农民收入持续稳定增长。到2020年，初步构建“跨乡联县”特色支柱产业体系，农民户户能依托特色产业增收。

3. 公共服务。一是努力提高教育水平。到2015年，贫困地区学前三年教育毛入园率有较大提高，巩固提高九年义务教育水平，高中阶段教育毛入学率达到80%，保持普通高中和中等职业学校招生规模大体相当。到2020年，基本普及学前三年教育，义务教育水平进一步提高，普及高中阶段教育和职业教育，加快发展远程继续教育和社区教育。二是健全医疗卫生服务体系。到2015年，贫困地区县、乡、村三级医疗卫生服务网基本健全，县级医院的医疗服务能力和水平明显提高，每个乡（镇）有1所政府举办的卫生院，每个行政村有1所以上卫生室；新型农村合作医疗参合率稳定在95%以上，全面开展门诊统筹补偿，逐步提高农村居民重大疾病保障水平；逐步提高儿童重大疾病防治保障水平，艾滋病、结核病、包虫病等重大传染病和地方病得到有效控制；每个乡（镇）卫生院有1名全科医生。到2020年，贫困地区与非贫困地区群众相比获得基本公共卫生和基本医疗服务更加均等。三是加强公共文化建设。到2015年，基本建立广播影视公共服务体系，实现已通电20户以下自然村广播电视全覆盖，基本实现广播电视户户通，力争实现每个县拥有1家数字电影院，每个行政村每月放映1场数字电影；行政村基本通宽带，自然村和交通沿线通信信号基本覆盖。到2020年，完善广播影视公共服务体系，全面实现广播电视户户通；自然村基本实现通宽带；健全农村公共文化服务体系，基本实现重点县有图书馆、文化馆，乡（镇）有综合文化站，行政村有文化活动室。以公共文化建设促进农村廉政文化建设。

4. 能力提升。一是劳动力培训。到2015年，提高农村实用技术和劳动力转移培训水平；大力实施新型农民培训，农民科学文化素质进一步提高；扫除青壮年文盲，培养一批农村青年致富带头人。到2020年，所有农村外出务工人员均具有普通高中或中等职业学校学历。二是促进人口素质提升。做好人口和计划生育工作，到2015年，力争国家扶贫开发工作重点县（以下简称重点县）人口自然增长率控制在5.60‰以内，妇女总和生育率在1.80左右；到2020年，重点县低生育水平持续稳定，逐步实现人口均衡发展。

5. 社会保障。到2015年，农村最低生活保障制度、“五保”供养制度和临时救助制度进一步完善，实现新型农村社会养老保险制度全覆盖。到2020年，农村社会保障和服务水平进一步提升。

6. 基础设施。一是农田水利建设。到2015年，贫困地区基本农田和农田水利设施有较大改善，保障人均基本口粮田。到2020年，农田基础设施建设水平明显提高。二是交通道路建设。到2015年，提高贫困地区县城通三级及以上高等级公路比例，具备实施条件的建制村通水泥（油）路，稳步提高贫困地区农村客运班车通达率。到2020年，实现具备条件的建制村全部通水泥（油）路，推进村内道路硬化，实现具备条件的建制村全部通班车，全面提高农村公路服务水平和防灾抗灾能力。

7. 林业生态。到2015年，贫困地区森林覆盖率比2010年底增加1.50个百分点。到2020年，森林覆盖率比2010年底增加2.50个百分点。

三、对象范围

（十）扶贫对象

以年人均纯收入在2300元的国家扶贫标准以下的具备劳动能力的农村居民为扶贫开发工作主要对象。建立健全扶贫开发对象识别机制，做好建档立卡工作，实行动态管理，确保扶贫开发对象得到有效扶持。有条件的地方可根据当地实际制定高于国家和省扶贫标准的地区扶贫标准，对该标准覆盖范围内的贫困居民给予扶持。

（十一）连片特困地区

将国家和省确定的“四大片区”作为全省扶贫攻坚主战场。加大投入和支持力度，加强对跨市（州）片区规划的指导和协调，集中力量，分批实施。各市（州）对所属连片特困地区扶贫攻坚负总责，在国家和省的指导下，以县为基础制定和实施扶贫攻坚工程规划。省直各部门和市（州）、县（市、区）政府要加大统筹协调力度，集中实施一批教育、卫生、文化、就业、社会保障等民生工程，大力改善生产生活条件，培育壮大一批特色优势产业，加快区域性重要基础设施建设步伐，加强生态建设和环境保护，着力解决制约发展的瓶颈问题，促进基本公共服务均等化，从根本上改变连片特困地区面貌。各市（州）可自行确定若干连片特困地区，统筹资源给予重点扶持。

（十二）重点县和贫困村相对集中地方

做好重点县和贫困村相对集中地方的扶贫开发工作。坚持“大稳定、小调整”原则，以市（州）为单位，根据实际对重点县进行调整，实现重点县数量逐步减少。对摘掉重点县“帽子”的县，国家和省的支持政策不变、力度不减。根据连片扶贫开发要求，深入调查摸底，对“四大片区”内既不属于重点县又未进入国家连片特困地区的20个县（市、区）的贫困村相对集中的地方和 “四大片区”外县（市、区）的贫困村相对集中的地方，合理确定省级多村连片扶贫开发地区，可实行多村连片扶贫开发。特别要注重综合治理县、乡、村结合部地区的小区域贫困问题。

四、专项扶贫

（十三）新村建设

结合社会主义新农村建设，突出全域、全程、全面小康的要求，自下而上制定新村建设规划，分类推进，分期分批实施，有条件的探索试点新农村综合体建设，加快全省新农村建设进程。以县为平台，叠加相关政策和项目，统筹各类涉农资金和社会帮扶资源，集中投入，狠抓生产生活基础设施建设，实施水、电、路、气、房和环境改善“六到农家”工程，建设公益设施较为完善的农村社区，大力改善群众生产生活条件。发展特色支柱产业，重点加快发展特色效益农业，建设现代农业产业基地、产业园区、标准化示范园，增加贫困群众收入，提高自我发展能力。加强新村建设后续管理，健全新型社区管理和服务体制，合理布局学校、卫生院、就业社保及商业网点等，巩固提高扶贫开发成果，把乡风文明、村容整洁、管理民主的要求体现到新农村建设中。坚持不懈开展城乡环境综合治理，改善人居环境。加强农村精神文明建设，培育新型农民，不断提高农村文明程度和发展水平。在新村建设中坚持新村“竞争入围”和扶贫“首扶制度”，做到选准最困难的村、扶持最贫困的户、办好群众最急需办的事。

（十四）产业扶贫

充分发挥贫困地区生态环境和自然资源优势，推广先进实用技术，培植壮大特色支柱产业，大力推进旅游扶贫。促进产业结构调整，支持龙头企业、农民专业合作社、专业大户和互助资金组织发展，大力推动农业产业化经营，带动农民发展现代农业、带动农民持续稳定增收。

（十五）劳务扶贫

完善劳务扶贫计划，以促进扶贫对象稳定就业为核心，对农村贫困家庭未继续升学的应届初、高中毕业生参加劳动预备制培训给予一定的生活费补贴；对农村贫困家庭新成长劳动力接受中等职业教育给予生活费等特殊补贴。对农村贫困劳动力特别是农村青年开展实用技术培训，拓宽致富渠道；加强职业技能培训，提高公共就业服务水平，引导从事非农产业，开辟新的增收门路；开展增强创业经营管理能力及后续发展能力培训，逐步使其由数量型向素质型、体能型向技能型、农村型向城市型转变。加大对农村贫困残疾人就业创业的扶持力度。

（十六）易地搬迁

坚持自愿原则，对生存条件恶劣地区扶贫对象实行易地扶贫搬迁。引导其他移民搬迁项目优先在符合条件的贫困地区实施，加强与易地扶贫搬迁项目的衔接，共同促进改善贫困群众的生产生活环境。充分考虑资源承载条件，因地制宜，有序搬迁，改善生存与发展条件，着力培育和发展后续产业。有条件的地方引导向中小城镇、工业园区、新村建设聚居点移民，创造就业机会，提高就业容量。加强统筹协调，切实解决搬迁群众在生产生活等方面的困难和问题，确保搬得出、稳得住、能发展、可致富。

（十七）以工代赈

大力实施以工代赈，有效改善贫困地区生产生活条件。加强基本农田（草场）、小型农田水利设施、乡村组道路建设，提高耕地（草地）质量，稳步增加有效灌溉面积。开展水土保持、农村饮水安全工程建设、小流域治理和片区综合开发，增强抵御自然灾害能力，夯实发展基础。

（十八）老区建设

对贫困地区、革命老区县给予优先、重点扶持。按照“创造条件、加快发展、缩小差距、脱贫致富”的总体要求，充分发挥特色资源优势，努力增强“造血功能”，培育自我发展能力。加强基础设施建设，大力发展特色产业，推进老区跨越发展。

（十九）扶贫试点

创新扶贫开发机制，针对特殊情况和问题，继续开展灾后恢复重建、阿坝州扶贫开发和综合防治大骨节病试点、藏区牧民定居行动计划暨帐篷新生活行动、大小凉山综合扶贫开发，以及藏区扶贫开发和综合防治包虫病等其他特困区域和群体扶贫试点，扩大完善连片扶贫开发、彩票公益金扶贫、贫困村互助资金、农村金融创新等试点。结合实际，积极探索非政府组织参与政府扶贫项目及低碳扶贫等新的扶贫试点。

五、行业扶贫

（二十）明确部门职责

各行业部门要把改善贫困地区发展环境和条件作为本行业发展规划的重要内容，在资金、项目等方面向贫困地区倾斜，并完成国家和省确定的本行业的扶贫任务。完善定点扶贫、对口帮扶考核机制，增强扶贫帮困实效。

（二十一）完善基础设施

推进贫困地区土地整治，加快中低产田土改造，开展土地平整和高标准农田建设，提高耕地质量。推进灌区续建配套与节水改造和小型农田水利建设，发展节水灌溉，扶持修建小微型水利设施，抓好病险水库（闸）除险加固工程和灌溉排水泵站更新改造，加强主要江河的中小河流治理、山洪地质灾害防治及水土流失综合治理。积极实施农村饮水安全工程。加大牧区游牧民定居工程实施力度。加快贫困地区通乡、通村道路建设，积极发展农村配送物流业。继续推进水电新农村电气化县、小水电代燃料工程建设和农村电网改造升级，实现城乡用电同网同价。普及信息服务，优先实施重点县村村通有线电视、电话、互联网工程。加快农村邮政网建设，推进电信网、广电网、互联网三网融合。

（二十二）发展特色产业

加强农、林、牧、渔产业指导，发展各类专业合作组织，完善农村社会化服务体系。立足贫困地区资源禀赋，制定和完善产业发展规划，加大支持力度，推动特色农业发展。加快建设现代农业产业基地，实行规模化经营、标准化生产和产业化发展。大力培育龙头企业，发展农民专业合作组织。完善龙头企业与农户的利益联结机制，推广“龙头企业+农户”、“农民专业合作组织+农户”、“龙头企业+农民专业合作组织+农户”等组织模式。强化与市场对接，注重加工配套，推进精深加工，延伸产业链，增加农产品附加值，逐步培育区域主导产业，打造优势特色农产品品牌，培育特色产业园区。把旅游发展与扶贫开发、特色农业产业培育和小城镇建设紧密结合，大力推进乡村旅游、红色旅游、生态旅游、现代农业观光旅游和民族特色旅游扶贫，促进产业结构调整，带动和帮助贫困农户发展生产。围绕主导产品、名牌产品、优势产品，大力扶持建设各类批发市场和专业市场。按照国家和省的主体功能区规划，合理开发当地资源，积极发展新兴产业，承接产业转移，调整产业结构，增强贫困地区发展内生动力。

（二十三）开展科技扶贫

积极推广良种良法，加强科技培训和科普宣传。围绕特色产业发展，加大科技攻关和科技成果转化力度，推动产业升级和结构优化。培育一批科技型扶贫龙头企业。建立完善符合贫困地区实际的新型科技服务体系，加快科技扶贫示范村和示范户建设。继续选派科技扶贫团、科技副县（市、区）长和科技副乡（镇）长、科技特派员到重点县工作。

（二十四）发展教育文化事业

推进边远贫困地区适当集中办学，加快寄宿制学校建设。加大培训力度，提升教师队伍素质，实施边远艰苦地区教师周转宿舍建设工程。加大对边远贫困地区学前教育的扶持力度，逐步提高农村义务教育家庭经济困难寄宿生生活补助标准。免除中等职业教育学校家庭经济困难学生和涉农专业学生学费，继续落实国家助学资助政策。实施民族地区教育发展第二个十年行动计划，深入推进“9+3”免费教育计划。推动农村中小学生营养改善工作。关心和支持特殊教育发展，加大对各级各类残疾学生扶助力度。积极开展贫困地区进城务工劳动力就业培训。继续推进广播电视村村通、农村电影放映、文化信息资源共享和农（牧）家书屋等重大文化惠民工程建设。加强基层文化队伍建设。

（二十五）改善公共卫生和人口服务管理

扩大新型农村合作医疗保险覆盖面，提高新型农村合作医疗和医疗救助保障水平。进一步健全贫困地区基层医疗卫生服务体系，改善医疗与康复服务设施条件。加强妇幼保健机构能力建设。加大艾滋病、结核病、包虫病等重大传染病和地方病防控力度，完善以村为单位的艾滋病感染者和病人管理服务体系。继续实施城市医师支援农村卫生工程，组织城市医务人员在农村开展诊疗服务、临床教学、技术培训等多种形式的帮扶活动，提高县级医院和乡（镇）卫生院的技术水平和服务能力。大力实施民族地区卫生发展十年行动计划。加强贫困地区人口和计划生育工作，坚持计划生育和扶贫开发相结合，进一步完善农村计划生育家庭奖励扶助制度、“少生快富”工程和计划生育家庭特别扶助制度，加大对计划生育扶贫对象的优先优待扶持力度，加强流动人口计划生育服务管理。

（二十六）完善社会保障制度

逐步提高农村最低生活保障和“五保”供养水平，切实保障没有劳动能力和生活常年困难农村居民的基本生活。健全自然灾害应急救助体系，完善受灾群众生活救助政策。加快新型农村社会养老保险制度覆盖进度，加强社会保障服务体系和服务设施建设。加快农村养老机构和服务设施建设，支持贫困地区建立健全养老服务体系，逐步解决广大老年人养老问题。加快贫困地区社区建设，做好新村聚居点规划，扩大农村危房改造试点，帮助贫困户解决基本住房安全问题。完善农民工就业、社会保障和户籍制度改革等政策。

（二十七）重视能源和生态环境建设

加快贫困地区可再生能源开发利用，因地制宜发展小水电、太阳能、风能、生物质能，推广应用沼气、节能灶、固体成型燃料、秸秆气化集中供气站等生态能源建设项目，带动改水、改厨、改厕、改圈和秸秆综合利用。提高城镇生活污水和垃圾无害化处理率，加大农村环境整治力度。加强草原保护和建设，加强自然保护区、森林公园等建设和管理，大力支持天然林保护、退耕还林、退牧还草、防沙治沙等生态建设工程，加快水土流失综合防治步伐，加强水土保持监督管理，完善生态效益补偿机制。采取禁牧、休牧、轮牧等措施，恢复天然草原植被和生态功能。加大泥石流、山体滑坡、崩塌等地质灾害防治力度，重点抓好灾害易发区内的监测预警、搬迁避让、工程治理等综合防治措施。

六、社会扶贫

（二十八）继续做好中央国家机关定点扶贫工作

继续争取中央国家机关、企事业单位、民主党派在川定点扶贫，做好协调服务工作。加强与在川定点扶贫的中央国家机关、企事业单位、民主党派的联系，主动争取扶持，并把争取到的各类扶贫项目、资金管好用好，用出效益。及时总结推广定点扶贫好的经验和做法。为在川定点扶贫工作组提供必要的工作、生活条件，确定专门部门和人员做好协调服务工作。

（二十九）继续做好东西部协作扶贫工作

加强浙江对口我省藏区、珠海对口彝区的扶贫协作工作，不断探索双方协作的新方式，拓展协作新领域、提升协作层次、扩大协作规模，实现东部地区人才、资金、技术、管理优势与贫困地区资源、市场优势的有机结合。受援地要主动加强协调服务，争取在资金支持、产业发展、干部交流、人员培训以及劳动力转移就业等方面有所突破。继续做好东西部学校结对帮扶工作，鼓励和引导各种层次、不同形式的民间交流与合作，特别要注意在互惠互利的基础上推进企业之间的相互合作和共同发展。切实加强与汶川地震灾区援建省（市）的联系合作，探索建立长效合作机制，既参与扶贫开发又实现发展共赢。

（三十）继续做好省内党政机关、企事业单位定点帮扶工作

省直党政机关、企事业单位要继续开展定点帮扶工作，转变机关作风，密切党群、干群关系，支持贫困地区开发建设。各定点帮扶单位要制定帮扶规划，积极筹措资金，定期选派优秀中青年干部到重点县、重点村挂职、蹲点扶贫，直接帮扶到村、到户，努力为贫困地区群众办好事、办实事。继续开展领导挂点、部门包村、干部帮户活动。市、县、乡党政机关和有关单位要切实做好定点帮扶工作，发挥党政领导定点帮扶的示范效应。继续开展省内大中城市和发达市、县对贫困地区特别是藏区、彝区、地震灾区的对口帮扶工作。各市（州）、县（市、区）要结合情况，组织开展区域性结对帮扶工作。

（三十一）广泛开展社会扶贫

充分发挥民主党派、工商联、群众团体、大专院校、科研院所、驻川解放军和武警部队等社会各界在扶贫开发中的重要作用。坚持把地方扶贫开发所需与部队所能结合起来。部队应本

着就地就近、量力而行、有所作为的原则，充分发挥组织严密、突击力强和人才、科技、装备等优势，积极参与地方扶贫开发，实现军地优势互补。动员企业和社会各界参与扶贫。大力倡导企业社会责任，鼓励企业采取多种方式，推进集体经济发展和农民增收。加强规划引导，鼓励社会组织和个人通过多种方式参与扶贫开发。积极倡导扶贫志愿者行动，构建扶贫志愿者服务网络。鼓励工会、共青团、妇联、科协、侨联等群众组织以及海外华人华侨参与扶贫。

七、国际合作

（三十二）开展国际交流合作

通过走出去、引进来等多种方式，创新机制，拓宽渠道，加强国际反贫困领域交流。借鉴国际社会减贫理论和实践，开展减贫项目合作，共享减贫经验，共同促进减贫事业发展。积极开展与扶贫有关的国际组织、区域组织和非政府组织的交流，让国际社会和海外华人了解我省农村的发展状况和贫困问题，争取国际社会对我省扶贫攻坚工作的关注和支持。省直有关部门和相关组织要结合自身的特点和优势，积极扩大和发展与国际社会在扶贫方面的合作。

（三十三）建立和完善有效的外资引进机制

重视引进外资项目前期准备工作质量，运用参与式工作方法提高引进外资项目的成功率。逐步建立贫困地区风险投资基金，用以设计符合国内外投资者、资助者思路的各类扶贫项目。引进的外资项目要足额落实配套资金，并采取多种方式、通过多种渠道逐步建立和完善外资项目还贷准备金制度。

（三十四）加强外资项目管理

认真总结多年来国际交流合作的成功经验，强化外资项目的实施。外资项目设计要符合贫困地区实际情况，执行中要严格按规定程序运作，管理上要广泛学习和借鉴国际国内在扶贫开发方面的成功经验和行之有效的方法，努力提高外资项目的经济效益，增强受益地区和贫困农户的偿还能力。

八、政策保障

（三十五）政策体系

深入贯彻国家扶贫战略、扶贫政策体系和省“十二五”规划，制定实施连片特困地区专项扶贫规划。充分发挥专项扶贫、行业扶贫和社会扶贫的作用，增强扶贫开发的综合效益。将扶贫开发与社会保障有机结合，与新农村建设有机结合，与地方经济社会发展规划有机结合。重大决策要参考贫困影响评估，重大项目要进行贫困影响评估并提出应对措施。在贫困地区进行资源性开发的项目法人，负有对所在区域扶贫帮困的责任，让当地共享资源开发的成果。

（三十六）财税支持

积极争取中央加大对四川扶贫开发的财政资金投入，严格按照有关要求安排使用中央财政扶贫资金，财政扶贫资金主要投向连片特困地区、重点县和贫困村。省级财政和市、县财政要逐年增加扶贫开发投入，加大扶贫开发力度。加大对民族地区、革命老区和贫困地区的一般性转移支付力度。积极争取中央集中彩票公益金支持扶贫开发事业的力度。对贫困地区属于国家鼓励发展的国内投资项目和外商投资项目，进口国内不能生产的自用设备，以及按照合同随上述设备进口的技术及配件，在规定范围内依法免征关税；对外商投资在贫困地区的优势产业项目进口的自用设备、配件、备件，在规定范围内依法免征关税。企业用于扶贫事业的捐赠，符合税法规定条件的，可按规定在征缴所得税税前扣除。

（三十七）投资倾斜

加大对贫困地区民生工程、基础设施、产业发展、社会事业、公共服务和生态环境等投入力度，加大对村级道路建设、农业综合开发、土地整治、小流域与水土流失治理、农村能源建设等的支持力度。按规定取消中央安排的公益性建设项目县以下（含县）以及连片特困地区市（州）级配套资金。各级政府都要加大对连片特困地区的投资支持力度、涉农资金对贫困地区的倾斜支持力度，加大对贫困地区新村建设和新农村综合体建设支持力度。

（三十八）金融服务

认真落实国家扶贫贴息贷款政策。积极推动贫困地区金融产品和服务方式创新，推广发展贫困村互助资金，为扶贫对象发展生产提供资金支持。继续实施残疾人康复扶贫贷款项目。尽快实现贫困地区金融服务全覆盖，不断拓宽扶贫龙头企业和贫困地区、贫困群众生产融资渠道。提供更有效的支付结算金融服务。鼓励和支持贫困地区县域法人金融机构将新增可贷资金70%以上留在当地使用。积极发展农村保险事业，鼓励保险机构在贫困地区建立基层服务网点。完善中央财政农业保险保费补贴政策。针对贫困地区特色主导产业，鼓励发展特色农业保险。加强贫困地区农村信用体系建设，积极稳妥推广小额信贷扶贫方式。

（三十九）产业扶持

认真落实国家西部大开发各项产业政策。国家和省的大型项目、重点工程、新兴产业优先向具备条件的贫困地区安排。引导劳动密集型产业向贫困地区转移，加大力度支持新型实用技术、高科技农业产业、农作物和畜禽新品种在贫困地区的推广和普及。加强贫困地区市场建设，畅通贫困地区农用物资和农产品流通渠道。支持贫困地区资源合理开发利用，完善特色优势产业支持政策。

（四十）土地使用

按照国家耕地保护和农村土地利用管理有关规定，新增建设用地指标要优先满足贫困地区易地扶贫搬迁建房需求，合理安排小城镇和产业聚集区建设用地。鼓励贫困地区加快土地承包经营权依法有序流转，推行规模化、集约化、标准化经营。加大土地整理力度，在项目安排上向有条件的重点县倾斜。在符合国家和省主体功能区定位及保护生态环境的前提下，支持贫困地区合理有序开发利用矿产资源。

（四十一）生态建设

在贫困地区继续实施天然林保护、退耕还林、退牧还草、水土保持、沙化及石漠化治理等重点生态建设工程。建立生态补偿机制，适度提高补助标准，并重点向贫困地区倾斜。减少资源开发对生态环境造成的破坏，加大重点生态功能区生态补偿力度，积极探索碳汇交易机制。重视贫困地区的生物多样性保护。

（四十二）人才保障

组织教育、科技、文化、卫生等行业人员和志愿者到贫困地区服务。制定大专院校、科研院所、医疗机构为贫困地区培养人才的鼓励政策。引导大中专毕业生到贫困地区就业创业。选派机关干部到贫困地区挂职、任职，对长期在贫困地区工作的干部要制定鼓励政策。对贫困地区各类专业技术人员在职务、职称等方面实行倾斜政策。发挥创业人才在扶贫开发中的作用。加大贫困地区干部和农村实用人才的培训力度。

（四十三）重点群体

把对少数民族、妇女儿童和残疾人的扶贫开发纳入规划，统一组织，同步实施，同等条件下优先安排，加大支持力度。继续加大对人口较少民族帮扶力度，加快脱贫致富步伐。关注留守老人、留守妇女和留守儿童，组织发动贫困家庭妇女积极参与全国妇女“双学双比”活动，关心支持留守妇女创业增收，采取措施保障留守儿童入园入学，加强身心健康教育和服务。制定实施农村残疾人扶贫开发纲要（2011—2020年），提高农村残疾人生存和发展能力。

九、组织领导

（四十四）强化扶贫开发责任

坚持省负总责、市（州）统筹、县抓落实的管理体制，建立片为重点、工作到村、扶贫到户的工作机制，实行党政一把手负总责的扶贫开发工作责任制。按照“任务到县、村为单元、分批实施、竣工验收”要求，层层落实目标责任。各级党委、政府要进一步提高认识，强化扶贫开发领导小组综合协调职能；原则上连片特困地区所在市（州）及重点县党委书记应担任扶贫开发领导小组组长。加强领导，统一部署，加大省、市、县工作统筹和资源整合力度，扎实推进各项工作。进一步完善对有关党政领导干部、工作部门和重点县的扶贫开发工作考核激励机制，把扶贫开发工作成效作为衡量贫困地区各级干部政绩和提拔使用的重要依据，各级组织部门要积极配合。鼓励和支持有条件的地方探索解决城镇化进程中的贫困问题。

（四十五）加强基层组织建设

坚持把推进扶贫开发与加强基层党组织建设有机结合起来，充分发挥贫困地区基层党组织的战斗堡垒作用。按照思想政治素质好、带富能力强和协调能力强的“一好双强”标准，突出引领发展能力，选好配强乡、村两级领导班子，特别是村党支部书记，增强农村基层组织引领发展能力，带领群众脱贫致富奔小康。以富民强村为目标，以强基固本为保证，积极探索发展壮大集体经济、增加村级集体积累的有效途径，拓宽群众增收致富渠道。鼓励和选派思想好、作风正、能力强、愿意为群众服务的优秀年轻干部、退伍军人、高校毕业生到贫困村工作，帮助建班子、带队伍、抓发展、促和谐。带领贫困群众脱贫致富有突出成绩的村干部，可按有关规定和条件优先考录为公务员。突出创新基层党组织设置方式和活动方式，努力实现党的组织和工作“双覆盖”；着力强化农村党员队伍发展、教育、管理与培训。全面落实“一定三有”政策，进一步健全工作机制，实行“四议两公开”工作法，完善村务公开、党务公开制度，规范村级重大事务决策程序，落实村干部民主评议、监督制度和经济责任专项审计制度。

（四十六）加强扶贫机构队伍建设

各级扶贫开发领导小组要加强对扶贫开发工作的指导，研究制定政策措施，协调落实各项工作。各市（州）扶贫开发领导小组每年要向省扶贫开发领导小组报告工作。要进一步强化各级扶贫机构及其职能，加强队伍建设，改善工作条件，提高管理水平。贫困程度深的乡（镇）要有专门干部负责扶贫开发工作。贫困地区县级领导干部和县以上扶贫部门干部的培训要纳入各级党政干部培训规划。各级扶贫部门要适应新阶段扶贫开发新要求，坚持理论与实践相结合，立足全局抓大事，开拓创新、廉洁从政。大力加强思想、能力、作风和廉政建设，提高执行能力。建设一支爱学习、讲团结，勇担当、敢创新，勤务实、守纪律，强本领、甘奉献的高素质扶贫干部队伍。

（四十七）加强扶贫资金使用监管

认真总结推广近年来创造的行之有效的扶贫资源整合、扶贫直接扶持到户、连片扶贫开发、项目资金管理、扶贫“阳光工程”等扶贫开发新机制。财政扶贫资金主要投向连片特困地区、重点县和贫困村，集中用于培育特色优势产业、提高扶贫对象发展能力和改善扶贫对象基本生产生活条件，逐步增加直接扶持到户资金规模。创新扶贫资金到户扶持机制，采取多种方式，使扶贫对象得到直接有效扶持。使用扶贫资金的基础设施建设项目，要确保扶贫对象优先受益，产业扶贫项目要建立健全带动贫困户脱贫增收的利益连接机制。完善扶贫资金和项目管理办法，合理配套扶贫开发项目费用，开展绩效考评。建立健全协调统一的扶贫资金管理机制，加强社会扶贫捐赠款物管理，建立有效监管机制。全面推行扶贫资金项目公开公告公示制，强化审计监督检查，拓宽监督管理渠道。坚持专户、专账管理，实行审批、公示、报账、招标、终身审计等财务管理办法，确保扶贫项目资金安全运行。坚持财务民主管理，全面落实项目农户的知情权、决策权、参与权和监督权。加大扶贫资金监管力度。坚决查处挤占、挪用、截留和贪污扶贫资金的行为。

（四十八）加强扶贫调研和宣传工作

切实加强扶贫理论和政策研究，对扶贫实践进行系统总结，逐步完善中国特色扶贫理论和政策体系。深入实际调查研究，不断提高扶贫开发决策水平和实施能力。把扶贫纳入基本省情教育范畴，作为各级领导干部和公务员教育培训的重要内容、学校教育的参考材料。各级宣传部门和新闻单位要继续加大扶贫宣传力度，广泛宣传扶贫开发政策、成就、经验和典型事迹，鼓舞斗志，凝聚人心，吸引更多的力量关注和参与扶贫，营造全社会参与的良好氛围。

（四十九）加强扶贫统计与贫困监测

建立扶贫开发信息系统，开展对连片特困地区和重点县的贫困监测。进一步完善扶贫开发统计与贫困监测制度，不断规范相关信息的采集、整理、反馈和发布工作，更加及时客观反映贫困状况、变化趋势和扶贫开发工作成效，为科学决策提供依据。

（五十）加强法制化建设

推动扶贫立法，结合新阶段新形势对扶贫开发提出的新要求，在调研论证的基础上，及时出台《四川省农村扶贫开发工作条例》，依法确定扶贫开发范围和目标、规范扶贫工作主体、推进减贫速度、保障扶贫对象权益、管理扶贫项目，使扶贫开发工作步入规范化、法制化轨道。

（五十一）加强统筹规划

各地要根据本纲要，制定具体规划或实施办法。在规划和实施中，要注重与《成渝经济区区域规划》、《汶川地震四川省贫困村灾后扶贫总体规划（2010—2015年）》、《汶川地震灾区发展振兴规划》、《秦巴山区（四川部分）扶贫开发规划纲要（2011—2015年）》、《大小凉山综合扶贫开发规划总体思路（2010—2020年）》、《四川省“十二五”革命老区发展规划》、《四川省藏区扶贫开发规划（2011—2015年）》、《乌蒙山区（四川部分）扶贫开发规划纲要（2011—2015年）》相衔接。

（五十二）加强组织实施

本纲要由省扶贫开发工作机构负责协调并组织实施。

附件："四大片区"县及重点县名单

"四大片区"县及重点县名单

片区	涉及市（州）	覆盖县数	国家连片特困地区县	"四大片区"内未进入国家连片特困地区县
秦巴山区	绵阳市 广元市 南充市 广安市 达州市 巴中市	32	（15个） 北川县、平武县，**朝天区**、**苍溪县**、**旺苍县**、剑阁县、青川县、元坝区，**仪陇县**，**宣汉县**、**万源市**，**通江县**、**平昌县**、**南江县**、巴州区。	（17个） 利州区，**阆中市**、**南部县**、**嘉陵区**、营山县、蓬安县、高坪区，**广安区**、岳池县、武胜县、邻水县、华蓥市，通川区、达县、开江县、大竹县、渠县。
乌蒙山区	泸州市 乐山市 宜宾市	9	（4个） **古蔺县**、**叙永县**，沐川县，**屏山县**。	（5个） 合江县，兴文县、筠连县、高县、珙县。
大小凉山彝区	乐山市 凉山州	13	（9个） **马边县**，**美姑县**、**布拖县**、**昭觉县**、**金阳县**、**喜德县**、**越西县**、**雷波县**、**普格县**。	（4个） 峨边县、金口河区，**甘洛县**、**盐源县**。
高原藏区	阿坝州 甘孜州 凉山州	32	（32个） **壤塘县**、**黑水县**、**小金县**、金川县、若尔盖县、阿坝县、理县、茂县、松潘县、红原县、马尔康县、汶川县、九寨沟县，新龙县、**色达县**、**石渠县**、**理塘县**、雅江县、**德格县**、**甘孜县**、炉霍县、德荣县、道孚县、巴塘县、白玉县、乡城县、稻城县、泸定县、丹巴县、九龙县、康定县，**木里县**。	
合计	12	86	60（其中重点县30个）	26（其中重点县6个）

注：黑体标注的县（市、区）为重点县。

第三节

四川省委领导在省委扶贫开发工作会议上的讲话

2012年2月下旬，四川省委扶贫开发工作会议在成都召开。这是一次事关全局、影响长远的重要会议。省委书记刘奇葆，省委副书记、省长蒋巨峰，省委常委、副省长钟勉作了重要讲话。刘奇葆书记的重要讲话，站在政治的、全局的、战略的高度，充分肯定了四川省新世纪头10年扶贫开发取得的巨大成就，深入分析了四川省新10年扶贫开发面临的严峻形势和重大机遇，明确提出了扶贫开发的总体要求、工作思路、目标任务和工作重点，为新10年四川省扶贫开发指明了前进方向和攻坚路径。

2012年2月27—28日，省委扶贫开发工作会议在成都市举行。

2010年3月20日，四川省委书记刘奇葆在凉山州金阳县丙底乡古尔村调研“彝区三房改造”实施情况。

一、刘奇葆同志在省委扶贫开发工作会议上的讲话（2012年2月27日）

这次省委扶贫开发工作会议，是在我省深入实施西部大开发战略、全面建设小康社会的关键时期召开的一次事关全局、影响长远的重要会议。会议的主要任务是，学习贯彻中央扶贫开发工作会议精神，回顾总结过去10年我省扶贫开发工作，研究部署今后10年新一轮扶贫开发攻坚，进一步动员各方面力量，抓住新的机遇，创新工作思路、增添工作举措，更加扎实有效地推进扶贫开发事业，为同步实现全面小康目标而不懈努力。

党中央、国务院高度重视扶贫开发工作，去年中央10号文件印发了新10年扶贫开发纲要，紧接着中央扶贫开发工作会议作出全面部署。胡锦涛、温家宝同志的重要讲话，突出科学发展主题，全面贯穿以人为本、执政为民理念，明确提出今后10年扶贫开发工作的指导思想、工作方针和目标任务。我们要认真学习、深刻领会，切实把思想和行动统一到中央的战略部署上来，加大工作力度，奋力打好新一轮扶贫开发攻坚战。下面，我讲几点意见。

（一）进一步统一思想，充分认识新一轮扶贫攻坚战的重要意义

坚持不懈地抓好新阶段扶贫开发，让贫困地区贫困群众与全省人民同步进入全面小康社会，是我们义不容辞的政治责任。我们一定要站在政治的、全局的、战略的高度，以更加长远

的眼光、更加宽广的视野，充分认识在新的历史起点上打好打赢我省新一轮扶贫开发攻坚战重大而深远的意义。

1. 充分肯定我省扶贫开发的巨大成就，以奋发有为的姿态迎接新使命

改革开放以来，特别是实施《中国农村扶贫开发纲要（2001—2010年）》以来，各级党委、政府坚决贯彻落实中央和省委、省政府决策部署，周密安排，精心组织，广泛动员，扎实推进，圆满完成扶贫开发各项目标任务。一是10年扶贫开发，点燃了贫困地区脱贫致富的希望之火。全省农村贫困居民由1041万人减少到340万人，贫困发生率由15.22%下降到5.48%；贫困地区农民年人均纯收入从1262元增长到4209元，年均增长12.80%，高于全省、全国同期平均增长水平。同时，广大农村贫困农民的“行路难”、“饮水难”、“用电难”、“上学难”、“看病难”问题基本解决，全省扶贫工作取得重要的阶段性胜利。二是10年扶贫开发，走出了一条符合我省实际的科学扶贫开发新路子。全省累计投入各类扶贫资金1200多亿元，深入实施了新村扶贫、产业扶贫、劳务扶贫等重点扶贫工程，创造性地开展了阿坝州扶贫开发和综合防治大骨节病、连片扶贫开发、贫困村互助资金、汶川地震灾区贫困村恢复重建等扶贫开发试点，探索形成了扶贫阳光工程、新村“竞争入围”、扶贫“首扶制度”、贫困村互助资金等具有全国影响的典型做法、成功模式和先进经验，初步形成了以专项扶贫、行业扶贫、社会扶贫为支撑的大扶贫工作格局。三是10年扶贫开发，激发了全省上下共同奋斗的强大精神力量。10年扶贫开发的巨大成就，极大地激发了全省人民特别是贫困地区广大干部群众自强不息、艰苦奋斗、战胜贫穷的雄心壮志和不等不靠、顽强拼搏、自力更生的进取精神，极大地彰显了社会主义制度的优越性，极大地增强了全省各族人民加快建设西部经济发展高地、推进我省经济社会发展新跨越的坚定信心和必胜信念。

2. 清醒认识新一轮扶贫攻坚的繁重任务，以只争朝夕的劲头应对新挑战

当前，我省扶贫开发面临的形势依然十分严峻，任务依然艰巨繁重，我们要对扶贫开发工作的长期性、艰巨性、复杂性和紧迫性有足够的认识。虽然贫困人口在持续减少，但贫困面大、贫困程度深的状况没有根本改变，返贫压力增大。按照2300元的国家扶贫新标准，全省还有农村贫困居民1356万人。同时，因灾因病致贫、返贫现象突出。虽然贫困地区农民收入增长较快，但区域、城乡和农村内部的收入差距仍在继续扩大，相对贫困问题日益突出。我省贫困地区农村居民人均纯收入仅为全省平均水平的80%和全国的70%左右。虽然部分贫困地区已经实现整体脱贫，但特殊困难区域和特殊贫困群体问题依然突出。特别是边远地区、少数民族地区、贫困地区的交通、饮水、上学、就医、住房等问题仍然困扰着当地群众。同时，贫困代际传递问题突出，连片特困地区发展相对滞后。

3. 充分把握重大机遇，以扶贫开发攻坚的新成效夺取全面小康新胜利

全面建设小康社会，重点和难点在农村，重中之重和难中之难在贫困地区。新阶段，我省扶贫开发拥有比过去更多的有利条件和发展良机。一是不断叠加的政策机遇。中央扶贫开发工

作会议全面部署《中国农村扶贫开发纲要（2011—2020年）》贯彻落实工作，秦巴山区、乌蒙山区及藏区的四川部分被纳入国家扶贫规划重点对象，中央财政扶贫资金和国家大型项目、重点工程将更多地向这些地区倾斜，这将为我省贫困地区加快发展提供宝贵机遇。同时，西部大开发战略持续深入推进、革命老区和民族地区跨越发展、成渝经济区和天府新区规划实施、汶川地震灾区发展振兴等重大部署，也会为扶贫开发提供广阔空间。二是业已形成的发展基础。国家经济的平稳较快发展、综合国力的显著增强和社会保障体系的逐步健全，为扶贫开发创造了极为有利的外部环境。就我省而言，经济总量迈上两万亿元台阶，地方公共财政收入超过2000亿元，这就从客观上为扶贫开发工作提供了更为广阔的空间和平台。当前，贫困地区的发展条件不断改善，具备一定的自我发展能力，在实践中创造了许多行之有效的经验，这为进一步推进扶贫开发奠定了坚实的基础。三是盼富求富的强烈期盼。随着扶贫政策的影响，贫困群众脱贫致富的愿望更加强烈，贫困地区干部群众脱贫致富的决心坚定、积极性空前高涨。我们必须充分把握大好机遇和有利条件，将扶贫开发工作作为我省“三农”工作的重中之重，作为加快推进全面小康社会建设的重中之重，以更大的决心、更强的力度、更有效的举措，再打一场扶贫开发攻坚战，推动贫困地区与全省同步实现全面小康社会目标。

（二）明确目标和思路，准确把握新一轮扶贫攻坚战的总体要求

消除贫困，改善民生，实现共同富裕，是社会主义的本质要求，是党和政府矢志追求的奋斗目标。经过多年的努力，扶贫开发已经从以解决温饱为主要任务的阶段，转入巩固温饱成果、加快脱贫致富、改善生态环境、提高发展能力、缩小发展差距的新阶段。今后10年全省扶贫开发的总体要求是：以邓小平理论和“三个代表”重要思想为指导，深入贯彻落实科学发展观，全面实施国家和省新10年农村扶贫开发纲要，把高原藏区、秦巴山区、乌蒙山区和大小凉山彝区等四大连片贫困地区作为主要战场，把稳定解决扶贫对象温饱、尽快实现脱贫致富作为首要任务，坚持政府主导、统筹发展，逐步提高扶贫标准，逐年加大投入力度，更加注重转变经济发展方式，更加注重增强扶贫对象自我发展能力，更加注重基本公共服务均等化，更加注重生态环境保护与建设，更加注重解决制约发展的突出问题，努力推动全省贫困地区经济社会更好更快发展。

围绕这个总体要求，今后10年全省扶贫开发的总体目标是：到2015年，稳定解决扶贫对象温饱，贫困居民显著减少。到2020年，稳定实现扶贫对象不愁吃、不愁穿，保障其义务教育、基本医疗和住房；贫困地区农民人均纯收入增长幅度高于全省平均水平，基本公共服务主要领域指标接近全省平均水平，扭转发展差距扩大趋势；实现贫困村向新农村、小康村转变，贫困户向宽裕户、小康户转变，与全省同步达到全面建成小康社会目标。我们不仅要解决贫困人口的基本生存问题，还要创造发展条件；不仅要解决增加收入的问题，还要提供基本的公共服务；贫困地区发展速度不仅要高于自己过去的水平，还要超过全省的平均水平。

1. 在扶贫开发目标上，要由主要抓解决和巩固温饱调整为促进贫困群众脱贫致富与贫困地区跨越发展相结合

在上个世纪，扶贫开发的主要目标是“解决贫困人口的温饱”问题。到新世纪头10年，扶贫开发的目标任务主要是“解决和巩固温饱”问题。目前全省基本解决农村人口温饱问题，扶贫开发已进入一个新的阶段，既具有更有利的基础和条件，也面临新的形势和期待。要求我们必须因势利导、与时俱进地调整扶贫开发目标，统筹衔接脱贫致富与全面小康目标，坚持把扶贫开发与加快区域发展结合起来，把提高农村贫困人口的自我发展能力作为着力重点，把连片特困地区作为主战场，既要稳定解决扶贫对象温饱、尽快实现脱贫致富奔小康，又要努力实现贫困地区在基础设施、产业发展、新村建设、公共服务等方面的跨越发展。

2. 在扶贫开发内容上，要由突出开发式扶贫调整为扶贫开发政策与农村最低生活保障制度有效衔接

开发式扶贫是扶贫工作多年来一直坚持和行之有效的工作方针，也是扶贫开发的一条基本经验。要继续坚持开发式扶贫方针，把扶贫开发作为脱贫致富的主要途径，引导帮助贫困地区和有劳动能力的贫困群众以市场为导向，发展商品生产，开发当地资源，通过自身努力摆脱贫困。同时，要实行扶贫开发政策与农村最低生活保障制度有效衔接，与实行新型农村合作医疗制度、新型农村社会养老保险制度等有机结合，把社会保障作为解决温饱问题的基本手段，加快推进城乡基本公共服务均等化进程，建立健全农村最低生活保障制度，逐步提高“五保”供养水平，逐步完善社会保障体系，为全省贫困人口提供基本生存保障。

3. 在扶贫开发范围上，要由重点抓贫困村调整为既抓重点片区攻坚又抓面上整体推进

要一手抓面上扶贫开发，一手抓集中连片区域扶贫攻坚。“四大片区”内属国家片区的60个县和另外6个重点县，以及纳入省秦巴山区规划、乌蒙山区规划、大小凉山扶贫开发规划的20个县，是全省新一轮扶贫开发攻坚的主战场，必须要集中力量，全力攻坚。需要特别指出的是，较过去相比，现在的片区扶贫有一个最大的不同点，就是不论是否是国家重点县，只要是进入了国家片区的县，都要扶持。特别是藏区32县，更是全部纳入扶贫支持的范围。因此，要着力抓好重点连片区域扶贫攻坚和全省扶贫开发面上整体推进，切实做好“四大片区”内外各类贫困地区的多村连片扶贫开发，注重综合治理县、乡、村结合部的小区域贫困，从整体上缓解贫困问题。

4. 在扶贫开发投入上，要由分散使用资金调整为集中力量扶贫攻坚

扶贫开发进入攻坚阶段，任务更为艰巨，尤其需要我们有效集中人力、财力和物力办大事、解难事。要加强对扶贫开发资金使用和扶贫资金项目的精细化管理，建立健全协调统一的扶贫资金管理机制。特别是要注意克服扶贫资金投入“天女散花”的做法，要攒指为拳、捆绑使用，力争用有限的资金每年都能扎扎实实地办成几件大事。财政扶贫资金、以工代赈扶贫资金、支援不发达地区资金、信贷扶贫资金，以及地方投入的扶贫资金等各类扶贫资金要相互整

合，统筹安排，主要投向连片特困地区、重点县和贫困村，集中用于培育特色优势产业、提高扶贫对象发展能力和改善扶贫对象基本生产生活条件。安排到贫困村特别是连片扶贫开发片区的水利、交通、能源、产业等其他涉农资金，要尽可能与扶贫资金结合起来使用，最大限度地提高和发挥各类资金在扶贫开发中的使用效益。

5. 在扶贫开发方式上，要由注重专项扶贫调整为专项、行业、社会“三位一体”综合扶贫

要坚持专项扶贫与行业扶贫、社会扶贫相结合，整合多种资源，充分调动和发挥政府、行业、群众、社会各方面作用，真正形成政府主导、部门主帮、社会主动、群众主体的扶贫开发新格局。在编制专项扶贫开发规划分年实施的同时，要充分发挥各行业各部门的职能和特点，积极促进贫困地区水利、交通、电力、国土资源、教育、卫生、科技、文化、人口和计划生育等各项事业的发展。要坚持全社会参与、合力推进，动员和组织社会各界，通过定点扶贫等多种方式支持贫困地区开发建设。要充分尊重贫困地区干部群众的主体地位，广泛调动他们的积极性、主动性、创造性，通过干部群众自强不息、苦干实干，依靠自身力量改变贫穷落后面貌。

（三）突出工作重点，大力提升新一轮扶贫攻坚战的整体水平

实现我省新一轮扶贫开发的奋斗目标，必须按照中央统一部署，结合我省实际，坚持“五个结合”，力争“五个突破”，切实提高全省扶贫开发的整体水平。

1. 坚持脱贫致富与全面小康相结合，力争在推动贫困地区跨越发展上实现新突破

解决贫困地区的问题，最根本的是要靠加快发展、科学发展。要按照“全域、全程、全面小康”的要求，统筹衔接脱贫致富与全面小康目标，加快推动贫困地区融入现代社会，紧跟全省加快发展、科学发展的步伐。要抓住国家继续重点支持西部地区基础设施建设的有利时机，切实改善贫困群众的基本生产生活生态条件，提高贫困地区综合生产能力。要加大贫困地区经济结构、产业结构调整力度，因地制宜发展战略性新兴产业，布局一批特色鲜明、优势突出、支撑有力的支柱产业，不断将资源优势转化为经济优势。要加快发展公共事业性服务，建立完善城乡统一的基本公共服务制度，不断提高贫困地区基本公共服务均等化水平，切实解决贫困群众最关心、最直接、最现实的利益问题。

2. 坚持重点突破与整体推进相结合，力争在推进连片区域扶贫开发上实现新突破

“四大片区”是新一轮扶贫开发攻坚的主战场。要集中实施一批教育、卫生、文化、就业、社会保障等民生工程，加快推进区域性重要基础设施建设，着力改善贫困地区交通状况，大力培育一批特色优势产业，从根本上改变连片特困地区经济社会面貌。特别要继续实施藏区牧民定居行动计划和帐篷新生活行动、“9+3”免费教育计划和卫生事业发展计划等“三大民生工程”，扎实推进阿坝州扶贫开发和综合防治大骨节病试点，大力推进以建设彝家新寨和防艾禁毒为重点的大小凉山彝区综合扶贫开发，进一步增强秦巴山区和乌蒙山区自我发展能力，力争使“四大片区”走在全国连片特困地区脱贫致富的前列。

3. 坚持扶贫搬迁与新村建设相结合，力争在贫困地区新村建设上实现新突破

新村建设是社会主义新农村建设的重要组成部分，是推进扶贫开发的综合载体。要把新村建设作为贫困地区最大的民生工程来抓，加强项目资金支持，科学有序组织推进。要更加注重功能完善、品位提升和风貌打造，着力提高村庄布局水平、村落规划水平和民居设计水平，不断改善农村居民的人居环境。要按照城乡基础设施一体化和基本公共服务均等化的要求，加快庭院绿化、垃圾收集站点、公共排污设施、沼气池及污水处理等人居配套建设，推进村内道路、饮水安全、教育医疗、科技文化、就业社保、商业服务网点等新村配套建设，积极推进“1+6”村级公共服务中心建设，促进公共服务由单一功能向综合服务转变。要采取适当的激励举措，引导贫困群众通过迁建、新建、改建、扩建等方式，进入新村生活，提高农村居民聚居度。到2020年，全省山区、丘陵和平坝区扶贫新村聚居度要分别达到40%至50%、50%至60%和60%至70%，全面完成农村困难家庭C级危房改造。

4. 坚持项目扶持与能力提升相结合，力争在提升贫困人口自我发展能力上实现新突破

增强贫困居民综合素质，提高自我发展能力，是扶贫开发的治本之策。要把能力建设置于项目建设之中，扎实推进贫困地区免费职业教育，加大种植业、养殖业、加工业和服务业等专业知识培训力度，加强劳务输出培训，成立农民专合组织和各类生产协会，推广发展小额信贷和贫困村互助资金，全面提升社会就业、科技致富、外出务工、自我组织、防病治病、当家理财、自立自强和发展创新“八大能力”。通过这“八大能力”建设，提高贫困居民基本素质，实现由被动救济到主动脱贫的转换。

5. 坚持政府主导与群众主体相结合，力争在提升扶贫开发整体合力上实现新突破

扶贫开发既是政府部门的职责所在，也是整个社会的共同义务。要把扶贫开发作为一项系统工程来抓，整合多种资源，发挥各方作用，形成整体合力。各级党委、政府要把扶贫开发工作摆上重要议事日程，纳入经济社会发展总体规划，建立扶贫投入增长机制，切实加大资金投入。要充分发挥各行业、各部门的职能特点，加大党政机关定点扶贫力度，深入开展“领导挂点、部门包村、干部帮户”活动，积极促进贫困地区各项事业发展。要坚持全社会参与、合力推进，广泛动员社会各界参与扶贫开发，充分发挥村委会、人民团体、慈善组织、专合组织等在扶贫开发中的积极作用。要把群众作为扶贫开发的建设主体、受益主体和监督主体，采用民办公助、以奖代补等方式，以群众为主体实施扶贫开发项目，依靠群众力量办成群众受益的事。

（四）研究完善政策机制，为落实新一轮扶贫攻坚战任务提供有力保障

我省贫困人口多，扶贫任务重。打好新一轮扶贫开发攻坚战，需要挖掘运用各种资源条件和有利因素，把政策的支持作用、规划的引领作用和机制的长效作用充分发挥出来，以强有力的保障推动扶贫攻坚任务落实。

1. 用好用活重大支持政策

近年来，中央出台了一系列有利于贫困地区和贫困群众加快发展的政策，尤其是国家支持西部大开发、支持藏区等民族地区跨越发展和长治久安等重大战略，在交通、水利、文化等行业发展和“三农”工作方面制定了许多具体政策措施。为打好新一轮扶贫开发攻坚战，中央又专门出台财税支持、投资倾斜、金融服务、产业扶持、土地使用、生态建设、人才保障、重点群体等八个方面的重大政策，支持力度前所未有，含金量很高。从最近国务院批复同意的《乌蒙山片区区域发展与扶贫攻坚规划（2011—2020年）》来看，国家对片区扶贫还有很大支持，包括对交通、水利等基础设施、产业发展、改善农村生活条件都有很多实质性的支持内容。要切实加强对政策的研究，认真梳理细化，结合实际找准对接点和突破口，争取更多项目和资金支持，使政策支持转化为扶贫开发的实在成效。这里特别讲一下增加财政扶贫投入问题。中央强调增加财政扶贫投入，我省新10年扶贫开发纲要明确提出“省级财政和市、县财政都要逐年增加扶贫开发投入”。要把财政扶贫投入作为硬性要求，不折不扣地抓好落实，推动更多的财政资金投向公共服务领域，投向农村贫困地区和困难群众，投向社会事业发展的薄弱环节，让广大人民群众共享改革发展成果、共享公共财政阳光。

2. 制定实施高水平规划

各地各有关部门要以对历史负责的态度，认真做好扶贫攻坚规划及新村建设等规划的编制、完善和实施工作。要注重规划工作的超前性，立足当前，着眼长远，坚持高起点、高标准，贫困地区扶贫攻坚规划目标不得低于2020年与全省同步实现全面小康社会的目标。要坚持规划编制的科学性，把扶贫攻坚规划与国民经济社会发展总体规划、行业规划、专项规划等衔接起来，把扶贫开发工作与推进“两化”互动、建设社会主义新农村结合起来，把充分发挥贫困地区资源优势与生态建设、环境保护协调起来，既要消除当前突出民生问题，又要解决制约长远发展的根本问题。要维护规划执行的严肃性，真正尊重规划，严格遵守规划，做到落实不打折、执行不走样，推动规划蓝图加快转变为贫困地区的发展现实。

3. 创新完善扶贫开发机制

制度机制管长远，管根本。要着力加强四个方面的体制机制创新完善。一是资源整合机制，加强各类资金整合，发挥多元投入、捆绑使用的整合效应。二是激励约束机制，实行扶贫开发工作与农民增收挂钩、经济发展挂钩、评先评优挂钩、效能考核挂钩、干部使用挂钩的“五挂钩”制度。三是改革试点机制，扩大完善连片扶贫开发、贫困村互助资金、农村金融创新等试点。四是重点县退出机制，建立重点县退出新机制，到2019年底前分期分批完成全省36个重点县“摘帽”任务。对摘掉“帽子”的县，坚持扶持政策不变、资金项目不变、扶贫规划不变、行业扶贫不变、定点扶贫不变的“五不变”规定。对没有按期“摘帽”的，要追究主要领导、分管领导的责任。

（五）切实加强领导，把新一轮扶贫攻坚战各项工作落到实处

扶贫开发事关群众切身利益，事关我省全面小康社会建设全局，事关国家长治久安，事关党的执政基础。各级党委、政府要以强烈的紧迫感、危机感和责任感，加大工作推进力度，狠抓各项措施保障，把中央和省委的决策部署落实到位。

1. 加大领导力度

各级党委、政府要高度重视扶贫开发工作，围绕新10年扶贫开发目标任务，将扶贫开发工作纳入当地经济社会发展总体规划，统一部署、统一协调、统一检查、统一落实。各级党政主要领导要坚持重大问题亲自研究、难点问题亲自协调、关键环节亲自过问，为开展扶贫开发工作创造良好环境。各级扶贫开发领导小组要加强统筹协调，各相关业务部门要密切协作配合，共同做好扶贫开发工作。要重视和加强扶贫机构和队伍建设，特别是“四大片区”的市（州）、重点县要保证有独立的扶贫机构，打造一支能力过硬、作风扎实、乐于奉献的扶贫干部队伍。

2. 落实工作责任

要坚持“省负总责、市（州）统筹、县抓落实”的管理体制，建立完善以“片”为重点、工作到村、扶贫到户的工作机制，实行党政一把手负总责的扶贫开发工作责任制。全省要突出以“四大片区”为工作重点，抓好规划编制和总体部署。省直相关部门要在政策和资源上，主动向贫困地区倾斜，积极完成扶贫开发任务。市（州）要对本地扶贫开发全面负责，统筹安排，精心实施。扶贫开发关键在县，重点县要以扶贫开发总揽农村工作全局，一村一村地扶贫，一户一户地脱贫。要把扶贫开发工作纳入地方各级领导班子和领导干部目标考核体系，把扶贫开发增收责任作为考察贫困地区工作的重要标准，作为干部选拔任用的重要依据，大力激励干部投身扶贫开发事业。

3. 加强基层组织建设

要结合开展“村学王家元”活动，扎实推进村级党组织带头人队伍建设，选好配强以村党支部为核心的基层班子，把群众公认的农村人才选出来，把农业技能人才引进来。要大力培养能够带头致富和带领群众致富的“双带型”干部，培养政治素质强和发展能力强的“双强型”干部，让优秀党员在支部中“唱主角”，让致富能手在班子里“挑大梁”。要积极探索在优秀青年、致富能人及务工人员中发展党员，不断改善农村基层的党员队伍结构。要采取“结对帮扶”、“党员示范户”等办法，深入开展创先争优活动，引导基层党员争脱贫先进、作致富模范。

4. 加强监督检查

要对扶贫开发实行专项目标管理，建立健全扶贫开发进展情况报告制度，对扶贫开发项目进行全程动态监管。要通过有效的督促检查，全面提高扶贫开发的工作效率，全面提高项目建设管理水平。要加强扶贫开发资金物资的管理，坚持重大扶贫项目集体讨论决定，从严执行扶贫开发和项目建设的纪律规定，把扶贫政策、资金、项目用在贫困地区，用到贫困群众身上。

同志们，扶贫开发事业是一项功在当代、利在千秋的伟大事业。我们一定要紧密团结在以胡锦涛同志为总书记的党中央周围，以邓小平理论和“三个代表”重要思想为指导，深入贯彻落实科学发展观，坚定信心，扎实工作，全力打好新一轮扶贫开发攻坚战，谱写扶贫开发事业发展新篇章，奋力夺取我省全面建设小康社会的新胜利!

二、蒋巨峰同志在省委扶贫开发工作会议上的讲话（2012年2月27日）

这次省委扶贫开发工作会议，主要任务是认真贯彻落实中央扶贫开发工作会议精神，全面总结我省过去10年扶贫开发工作取得的成效和经验，认真分析扶贫开发工作面临的新形势、新任务，对打好新10年扶贫开发攻坚战进行安排部署和全面动员。刚才，奇葆同志的重要讲话，充分肯定了过去10年我省扶贫开发工作取得的巨大成就，深入分析了新一轮扶贫开发攻坚所面临的形势，站在深入贯彻落实科学发展观、全面建成小康社会的高度，强调了开展新一轮扶贫开发攻坚战的重大意义，明确了目标思路和总体要求，提出了“五个结合、五个突破”的工作重点，并对研究完善政策机制、加强组织领导等方面提出了明确要求，具有很强的思想性、指导性和针对性，为全省谋划和实施新一轮扶贫开发攻坚战指明了方向和路径。各地各部门一定要认真学习领会，深入贯彻落实，切实把思想行动统一到这次会议的精神上来，统一到奇葆同志的重要讲话上来；要把扶贫开发工作摆上更加重要的议事日程，提高思想认识，狠抓薄弱环

2010年6月29日，四川省委副书记、省长蒋巨峰在达州市万源市八台乡天池坝村查看马铃薯高产示范基地。

节，强化组织领导，确保工作落实；要做好会议精神的宣传，着重宣传推进扶贫开发的重大意义、总体要求和具体政策，使广大群众积极参与扶贫开发工作实践，形成全社会参与扶贫开发工作的良好氛围。为认真贯彻落实好这次会议精神，确保扶贫开发取得更好的成效，下面我就实际工作中应注意的几个问题再讲点意见。

（一）抓好扶贫开发纲要的实施推进

去年，国家和省先后印发了新10年扶贫开发纲要，这是指导我们新10年扶贫开发工作的纲领性文件，各地各部门要深入研究、落实责任、严格实施，确保扶贫开发纲要提出的各项目标任务和重点工作全面落实到位。省扶贫移民局要牵头制定和细化年度计划与工作方案，建立完善相应的考核评估机制。省直有关部门要按照这次会议的工作部署，结合自身职能职责，进一步调整拓展工作思路，制定明确具体、切实可行的工作方案，扎扎实实为贫困地区多办实事、多作贡献。各市、县要结合本地实际，研究制定具体规划或实施办法，特别要注意在规划和实施中切实增强系统性和前瞻性，注重与“十二五”经济社会发展规划、成渝经济区区域规划、地震灾区贫困村灾后扶贫总体规划、地震灾区发展振兴规划及秦巴山区、大小凉山、革命老区、藏区、乌蒙山区等区域扶贫开发规划的衔接协调，使之相互促进、统筹推进、形成合力，创造性地开展工作。

（二）突出抓好产业发展和群众增收

产业发展是从根本上增强贫困地区“造血”功能、提高经济可持续发展能力的重要举措，增加群众收入是提高贫困地区群众生活水平、实现脱贫致富奔小康的根本出路。这两个问题紧密联系、至关重要，我们必须从全局、长远的高度，把这两项工作作为扶贫开发的首要任务抓紧、抓好、抓出成效。在产业培育与发展上，各地要按照主体功能区的要求，立足本地资源状况和发展基础条件，对接市场需求，科学合理确定产业定位，因地制宜选择一批产品有特色、市场前景好、具有比较优势的产业给予重点培育和扶持，比如近些年来广安市水淹区通过大力发展以日光温室产业为主的设施农业，走出了发展现代农业、转移就业、“三化”联动三条增收路径，水淹区群众人均纯收入从2006年的1122元增加到2010年的5135元，实现了收入翻两番，使项目区贫困人口大幅减少，连片扶贫成效显著；又比如广元市朝天区大力发展核桃产业，全区核桃栽植总量达21万亩，朝天核桃还通过了国家地理标识产品认证，核桃产业发展实现了新突破；再比如通江县大力发展食用菌、茶叶、畜牧、优质粮油等特色农业，我去年6月调研过的空山乡，积极培育以空山马铃薯为主的支柱产业，规模和收益相当可观。还有汉源县大力发展樱桃、花椒产业，茂县大力发展旅游、蔬菜产业，炉霍、红原两县结合实施“牧民定居行动计划”大力发展牧区生态型特色畜牧业，效果都很不错。这些地方既探索了本地培育和发展特色产业的好路子，也为全省实施产业化扶贫开发积累了宝贵经验，请各地结合实际推广借鉴。在群众增收上，关键还是培育发展好产业，建立起稳定的长效增收机制。在此基础上，要把扶贫开发与建设社会主义新农村紧密结合起来，大力推进民生工程实施，加快建设一批事关农牧民生计的项目，切实改善群众生产生活条件。要严格执行中央和省各项强农惠农政策，加大财政对贫困地区的转移支付力度，健全最低生活保障、城乡孤老、医疗救助、临时生活困难救助等社会救助体系，扎实推进新农保、新农合等工作，完善社会保障体系。当前，尤其要针对贫困地区实际，大力实施好《四川省农民收入促进计划》，加快发展现代种植业、现代畜牧业、现代林产业及其精深加工、配套服务等增收致富产业。现代种植业方面，这些年我们认真总结推广成都、广安等地现代农业发展经验，推进现代农业产业基地建设，马铃薯、茶叶、蔬菜产量分别居全国第一、二、三位，水果、食用菌、中药材等产量进入全国前列。其中，郫县通过大力发展花卉苗木产业，年产值已达10亿元以上，从业人员达10多万人，为带动当地农民增收致富发挥了重要作用。现代畜牧业方面，近些年我们在遂宁、资阳、眉山三市开展现代畜牧业试点，2009年开始大力推动试点提质扩面，并推进全省50个现代畜牧业重点县建设，实现了“农民增收、企业增效、产业增值”的试点目标。2010年在生猪价格持续下跌的情况下，遂宁、资阳、眉山三市农民人均畜牧业现金收入比2006年分别增长77.47%、80.82%、200.84%，大大高于全省平均增幅。现代林业方面，我省林地面积是耕地面积的3.80倍，全省90%以上的森林资源分布在山区，85%以上的农村人口和97%的农村贫困人口居住在山区，在山区通过发展现代林业促进农民增收大有文章可作，据估算，去年山区农民人均林业收入近千元，增收效果十分明显。同时，还要发挥好贫困地区旅游、矿产等特色资源优势，积极推进产业培育，壮大特色优势产业，不断增强自我发展能力。总之，各地要结合实际，认真研究、积极探索促进群众增收的好思路、好办法。

（三）大力实施连片扶贫开发

党中央、国务院对集中连片特殊困难地区扶贫攻坚高度重视，将六盘山区、秦巴山区等14个集中连片特困地区作为新阶段我国扶贫开发工作重点，对连片特困地区给予特殊支持。去年11月，我们在广安市召开了全省特殊困难区域连片扶贫开发现场会，总结推广各地连片扶贫开发的成功经验，并对下步工作进行了研究部署。从现在了解的情况看，各地都在加快启动实施，进展不错。在国家新10年扶贫开发纲要的指导下，我省新10年扶贫开发纲要确定把川东北秦巴山区、川南乌蒙山区、大小凉山彝区、川西北高原藏区“四大片区”内国家片区和国家重点县作为全省扶贫攻坚的主战场，各地各部门要根据不同片区的区位条件、资源禀赋、贫困成因和群众意愿等因素，科学规划片区发展目标和建设内容，并按照“一次规划、分类实施、分年建设”的原则组织实施。对扶贫开发要实行差异化的扶持措施，进一步加大对连片扶贫的支持力度，中央给予我省的财政扶贫资金新增部分主要用于连片特困地区，中央分配给我省的整村推进贫困村指标主要分配到连片特困地区，取消县及县以下连片特困地区各类公益性建设项目的资金配套，新增建设用地指标优先满足贫困地区易地扶贫搬迁建房需要。下来后，有关部门要对连片扶贫的政策支持问题进行系统研究。同时，对“四大片区”内既不属于重点县又未进入国家连片特困地区的20个县（市、区）的贫困村相对集中的地方和“四大片区”外县（市、区）的贫困村相对集中的地方，各地要从实际出发，确定若干连片特困地区，整合资源、集中力量给予重点支持，实行多村连片扶贫开发，尤其要注意解决各级行政区边缘结合部、水库淹没区、农牧交错区的小区域贫困问题，做到片区攻坚、重点突破，面上扶贫、整体推进。一级政府一级财政，各地对不属于国家、省重点扶贫的区域，也要加大支持力度，确保扶贫整体推进。

（四）充分发挥群众的主体作用

贫困地区群众既是扶贫开发的实施主体，又是直接受益者。要坚持群众路线，强化群众观点，落实好贫困地区群众的知情权、决策权、参与权和监督权，实行规划民议、项目民选、工程民建、质量民管，最大限度地调动群众参与扶贫开发的积极性和主动性。充分尊重群众意愿，对连片扶贫产业布局、项目选址和设计、公共服务设施建设等涉及群众利益的问题，要通过召开村民代表大会、走访农户和个别沟通等方式，多渠道倾听群众的意见和建议，充分尊重群众的自主权利。要集中群众智慧，虚心向群众学习，充分发挥贫困地区乡土专家、技术人员、回乡创业青年群众在思路谋划、方案设计等方面的积极作用。要广泛吸纳群众全程参与监督，做到严格程序、公开透明，让群众满意。比如对重大扶贫项目，可以借鉴灾后恢复重建中的做法，选聘一些建筑、造价、财会、招投标等方面的专家和普通群众，作为社会监督员参与资金管理和项目建设监督；对小微工程项目，可以借鉴巴中市“小农水”建设经验，采取民建民管的办法，项目实施中对施工队伍确定、项目监督、建后管理等问题都由群众全过程自主决策、自主实施、自主监管。在强调发挥群众主体作用的同时，各地也要注意加强群众思想引导，大力提倡自力更生、艰苦奋斗，坚决克服“等、靠、要”的依赖思想，让群众清醒地认识到，政府对扶贫开发是支持帮扶而不是包揽一切，特别是在项目建设中，要更多地采取以奖代补的方式，实行多干多补助、少干少补助、不干不补助，增强群众投入扶贫开发的责任意识和主动意识。

（五）切实加强扶贫资金的使用管理和扶贫项目的监督实施

这个问题贫困地区群众和社会各界十分关注，也事关各级党委、政府的形象，必须严格执行扶贫资金和项目管理的有关法规政策，确保阳光透明、公正规范实施。资金方面，省里明确，财政扶贫资金主要投向连片特困地区、重点县和贫困村，各类扶贫资金要按照“性质不变、渠道不乱、各记其功”的原则，整合项目，打捆使用，集中投入。在资金管理上，对中央和省里安排的各类扶贫专项资金，要按照“资金跟着项目走、项目跟着规划走、规划跟着贫困群众走”的原则，从计划分配到项目实施的各个环节实行全程跟踪管理，严格实行项目、资金管理部门和项目实施单位法人代表责任制。要建立完善资金管理专账核算制，对扶贫资金实行专账管理、专账核算、专款专用、封闭运行，确保扶贫项目资金规范运行。要严肃财经纪律，加强对扶贫资金管理使用情况的检查、审计和监督，全面推行扶贫资金项目公开公告公示制度，对检查、审计中发现以及群众反映的截留、挤占、挪用、贪污、挥霍各类扶贫资金等行为，一经发现，必须依法依纪依规从严查处。项目方面，要层层落实项目建设管理责任制，优化项目实施方案，严格执行有关技术规程和质量标准，遵循"先设计、后施工、再验收"制度，完善工程检查、回访等机制，切实保证项目进度和质量。要强化施工安全，选定具有相应资质等级的勘测、设计、监理和施工单位参与项目建设，严格执行安全生产的法律法规和规范，确保不发生大的事故。

三、钟勉同志在省委扶贫开发工作会议上的总结讲话（2012年2月28日）

这次省委扶贫开发工作会议，是在我省深入实施西部大开发战略、加快建设全面小康社会的关键时期召开的一次重要会议。奇葆、巨峰同志到会作了重要讲话，大家在讨论中一致认为，奇葆同志的重要讲话站在政治的、全局的、战略的高度，充分肯定了我省新世纪头10年扶贫开发取得的巨大成就，深入分析了我省新10年扶贫开发面临的严峻形势和重大机遇，明确提出了新阶段我省扶贫开发的总体要求、工作思路、目标任务和着力重点；巨峰同志的重要讲话，强调和阐述了新阶段我省扶贫开发需要把握的重要问题和重点工作。两位领导的重要讲话，突出科学发展主题，全面贯穿以人为本、执政为民理念，具有很强的理论性、针对性和指导性，为我省推进新阶段扶贫开发工作指明了前进方向和攻坚路径，各地各部门要认真抓好贯彻落实。

下面，我结合会议讨论情况，就贯彻落实奇葆、巨峰同志重要讲话和会议精神中的几个具体问题，再讲三点意见。

（一）统筹抓好重点区域和面上扶贫开发工作

奇葆同志强调，"在扶贫开发范围上，要由重点抓贫困村调整为既抓重点片区攻坚又抓面上整体推进"。我们要深刻领会这一重大工作部署，深入分析我省实际情况，进一步强化工作措施。

按照2300元的扶贫新标准，我省农村贫困人口总数为1356万人，贫困发生率为20.40%，181个县中176个县有扶贫任务。其中，列入省以上规划作为重点片区攻坚的86个县（包括60个纳入国家"三大片区"县，6个片区外国家扶贫开发工作重点县，20个纳入省秦巴山区规划、乌蒙山区规划、大小凉山连片扶贫开发规划的县）有贫困人口701万人，占全省贫困人口的51.70%，贫困发生率为24.20%。除此之外的90个县，有贫困人口656万人，占全省贫困人口的48.30%，贫困发生率为17.50%。由此可以看出，我省贫困状况具有贫困人口多、区域分布广、贫困程度深的特点，不仅重点区域扶贫任务很重，非重点区域扶贫任务同样十分繁重。因此，必须统筹抓好重点区域和其他区域的扶贫开发，整体推进、分类推进、协调推进全省扶贫开发工作。

按照中央扶贫开发工作会议精神和国家新10年扶贫开发纲要，14个连片特困地区是全国扶贫开发攻坚的主战场。具体到我省，就是纳入国家"三大片区"和片区外国家扶贫开发工作重点县的66个县，纳入省秦巴山区规划、乌蒙山区规划、大小凉山连片扶贫开发规划的20个县，共86个县，是我省新10年扶贫开发攻坚的重点地区和主战场，国家和省将从三方面加大帮扶力度实施攻坚：一是专项扶贫。国家和省安排的专项扶贫资金的增量部分，主要用于片区县和重点县。二是行业扶贫。针对改善重点区域基础设施和民生状况，国家和省将出台综合性和专项性扶持措施及支持政策，包括交通、水利、特色产业、社会事业和社会保障等方面，力度将越来越大。三是社会扶贫。通过组织对口帮扶等，加大力度推动重点县的扶贫开发。比如，国家安排浙江对口帮扶我省藏区、珠海对口帮扶我省凉山彝区扶贫，这次省上安排225个省直部门（单位）开展对口定点扶贫，等等。需要强调的是，虽然国家和省上对重点区域主战场实施这些重点支持，但扶贫开发的主体责任仍是市（州）、县。各有关市（州）要抓好统筹，县要抓好落实，把扶贫开发作为加快发展、改善民生的重要任务，作为加快农村全面小康进程的重要举措，切实加强领导，加大投入，采取有力措施积极推进。

从我省实际出发，在着力抓好重点连片贫困地区上述86个重点县扶贫开发的同时，丝毫不能放松其他90个县的扶贫开发。第一，要统一思想、提高认识。从全省来讲，丢掉了这90个县的扶贫开发，新10年扶贫攻坚目标和全省全面小康就不可能真正实现。对这90个县来讲，虽然贫困人口占全县总人口的比例相对较低，是小区域小集中的贫困，但这种"插花式"贫困现象如不能有效解决，即使到2020年县域总体上实现了全面小康，那也是覆盖不全面、质量不高的小康。因此，必须高度重视和抓好这90个县的扶贫开发。第二，要增强信心、落实责任。总体上看，这90个县的经济发展水平大都较86个扶贫重点县要高一些，其中不少县已有较好发展基础、经济有较强实力、财力安排上也有一定的可能。因此，这些县和所在市（州）集中力量分别抓好其"插花式"贫困人口的扶贫开发，是完全有能力、有条件的。只要这些市（州）和县的党委、政府下决心抓扶贫开发，在扶贫开发上安排更多的财力，在工作推进上投入更多精力，扶贫攻坚完全能够取得很好效果。第三，要强化措施、加大支持。这90个县要根据本地贫困人口状况，编制本行政区域扶贫开发规划，统筹衔接脱贫致富与全面小康目标，把扶贫开发作为县域城乡统筹发展、保障和改善民生的新亮点，把扶贫开发与加快区域发展结合起来、与新农村建设结合起来、与实施民生工程结合起来，变分散分类亮点为集中支持的重点和发展的新增长点。当然，在强调这90个县及所在市（州）要充分发挥主体作用的同时，省上也仍将对这90个县从"两化"互动、"三化"联动，从新农村建设、现代农业发展等方面给予支持，特别是对其中个别特殊连片困难区域予以专项重点支持。

（二）认真抓好对口定点扶贫工作

组织省直部门（单位）扎实做好对口定点扶贫工作，是省委常委会研究新10年扶贫开发工作时作出的一项重大决策，这次会议印发了《中共四川省委办公厅、四川省人民政府办公厅关于做好2012—2015年对口定点扶贫工作的通知（讨论稿）》和对口定点扶贫方案，会后将根据讨论意见进一步修改完善后下发执行。这里我着重强调三点。

1. 积极承担帮扶任务安排

这次对口定点扶贫共安排225个部门（单位）对口帮扶87个县。承担帮扶任务的包括115个省直部门（单位）、44个中央在川单位、21个高校、38户大型企业（其中在川开发水电的大型企业9户）和7个经济实力较强的市。87个受扶县中，66个为国家片区县和重点县，20个为省规划片区县，还有1个集贫困、重灾和大型库区为一身的汉源县。在安排这次对口定点扶贫中，注意了相关方面工作的衔接，避免一个单位同时帮扶不同的县。一是与全省“挂包帮”活动相衔接。已对上述87个县承担“挂包帮”任务的103个部门（单位）未作调整，继续将其作为对口定点扶贫县。省委宣传部等29个部门（单位）“挂包帮”县不在此次对口定点扶贫的87个县范围内，则另安排了对口定点扶贫县，在明年4月第一轮“挂包帮”活动帮扶结束前，需要同时对口2个县。这样，明年4月后开始的第二轮“挂包帮”活动就与2012至2015年对口定点扶贫顺利衔接一致。二是与“对口支援藏区”方案相衔接。对口援藏是对口定点扶贫工作的重要组成部分，又有其特殊性。根据省委办公厅、省政府办公厅《关于进一步保障和改善民生加强藏区群众工作的意见》和省委藏区工作领导小组具体安排，为加大藏区帮扶力度，在确定2个以上省直部门（单位）对口1个藏区县的同时，增加了7个经济实力较强的市对口支援藏区中的20个县。鉴于对口援藏有其特殊工作要求，因此，在对接省直部门（单位）和7个市对口援藏方案并纳入对口定点扶贫总方案后，相关具体工作由省委藏区工作领导小组专门部署。三是在川水电开发企业就近、就地安排帮扶县。为更好地把贫困地区的资源优势转化为经济优势，在这次对口定点扶贫中，安排了三峡集团公司金沙江开发有限责任公司等9户水电开发企业就近、就地对口帮扶雷波等13个县。希望各帮扶单位深刻认识中央和省委、省政府关于开展对口定点扶贫工作的重大意义，把对口帮扶作为光荣的政治任务承担起来，认真做好相关工作。

2. 准确把握帮扶工作要求

开展对口定点扶贫，要因地制宜、远近结合、标本兼治、科学实施，在整体推进中突出重点，切实增强帮扶实效。一要把贫困乡村和贫困群众作为帮扶的工作重点。帮扶单位要认真分析受扶县的贫困状况，突出重点工作和重点对象，推动办好群众最急需办的事，推动解决贫困农户行路难、饮水难、住房难、就医难、子女上学难等问题，让贫困群众直接受益。二要把稳定脱贫致富作为帮扶的主要目标。要深入分析市场和效益，结合当地资源条件、产业基础等实际，进一步推动受扶县调整产业结构，培育优势主导产业，促进龙头企业和农民专合组织加快发展，带动贫困群众持续稳定增收致富。三要把增强贫困群众自我发展能力作为帮扶的关键措施。要促进加强农业科技知识培训，抓好实用技术培训，强化农民转移就业技能培训，努力提高其就业增收能力。四要把量力而行、尽力而为帮助引进项目资金作为帮扶的有力举措。各帮扶单位要结合工作职能和部门优势，积极主动想办法帮助受扶县引进项目、引进资金，从而大力推进当地交通、水利等基础设施建设，培育特色优势产业，发展现代农业和农业产业化经营。五要把推进基层组织建设作为帮扶的重要任务。要配合当地党委、政府搞好贫困乡、村班子建设，提高其带领群众加快发展、脱贫致富的能力。要进一步推进村务公开，加强基层民主建设，充分调动广大群众投身扶贫开发、加快脱贫致富的积极性和主动性。六要把锻炼培养干部作为帮扶的内在要求。各帮扶单位要选派优秀干部到对口定点扶贫县及其乡、村蹲点扶贫，让他们在帮扶工作中进一步增进群众感情，增强群众工作本领，增加基层工作特别是农业农村工作经验。

3. 切实加强组织领导

省委、省政府高度重视对口定点扶贫工作，专门进行研究部署。承担对口帮扶任务的部门（单位）要将对口定点扶贫工作列入本部门（单位）工作计划，实行一把手负责制，主要领导要高度重视、亲自过问，分管领导要责任到位、具体督办。要制定具体帮扶规划，明确年度工作任务，定期研究帮扶工作，及时解决工作中的困难和问题。各市（州）、县党委、政府要加强与帮扶单位的衔接，把接受帮扶与自力更生结合起来，共同做好对口定点扶贫工作。省扶贫开发领导小组要加强对定点扶贫工作的督导检查，及时总结推广经验，对工作成效显著的要表扬鼓励。

（三）继续抓好扶贫开发基本思路和重点工作的落实

这些年，省委、省政府在扶贫开发中突出抓了一些重点工作的突破，形成了一些方向性的思路、原则性的要求和导向性的政策，完全符合中央扶贫开发工作会议精神，奇葆、巨峰同志在讲话中也再次作了强调，我们一定要继续坚持并在实践中不断完善，确保扶贫开发持续健康发展，取得更大成效。

1. 坚持扶贫开发与区域发展有机结合、相互促进

一个地区的贫困问题具有区域性、综合性和复杂性特征，局部经济增长难以拉动，单项扶贫措施难以奏效，常规工作手段也难以改变。特别要看到，国家大幅度提高扶贫标准，把更多的低收入人口纳入扶贫范围，实行扶贫开发与农村低保制度有效结合，形成“生存靠低保、发展靠扶贫”的分工布局，这实质上是把扶贫问题当作发展问题来解决，要求更高，任务更重。从扶贫开发攻坚的实践来看，在扶贫工作对象从上世纪突出贫困户、到本世纪前10年突出贫困村、再到新10年突出连片特殊困难区域这个演进发展过程中，我们前几年就开始着力推进连片

特殊困难区域的综合扶贫开发，把扶贫开发与区域发展结合起来，突出解决路、水、电等基础设施和特色优势产业培育问题，着力解决区域发展中的突出矛盾和瓶颈制约，用统筹发展的办法解决综合贫困问题。比如，我们开展了阿坝州扶贫开发和综合防治大骨节病试点、大小凉山综合扶贫开发试点、二滩水淹区连片扶贫开发试点、广安水淹区连片扶贫开发试点、巴中革命老区连片扶贫开发试点、万源革命老区连片扶贫开发试点，以及藏区“三大民生工程”整体推进，等等，收到了良好效果，得到了中央充分肯定。因此，要坚定不移地落实开发式综合扶贫方针，按照区域发展带动扶贫开发、扶贫开发促进区域发展的思路，继续坚持扶贫开发与区域发展有机结合，把扶贫工作放到区域发展的大局中来谋划和推进，把贫困地区基础设施、新村建设、产业发展、公共服务等与区域发展、城乡统筹、民生改善紧密结合，与完善社会保障体系有效衔接，最大程度地提高扶贫开发整体效果。

2. 坚持把新村建设摆在扶贫开发的突出位置

从我省地震灾区农村恢复重建的经验来看，通过抓农房重建，打造新型村落民居，既成为重建的亮点、成为灾区面貌最具标志性的变化，也成为灾区农村发展的新增长点。推广地震灾区重建经验，我们这些年在其他区域新农村建设中，在藏区牧民定居行动计划实施中，在大小凉山综合扶贫开发的彝家新寨建设中，以新村建设为抓手和平台，统筹抓好基础设施、产业发展、公共服务，极大地改善了贫困群众生产生活条件，加快了全面小康进程。新10年扶贫开发中，要继续深入贯彻省委、省政府关于“连片扶贫地区要把新村建设摆在优先位置”、“把新村建设作为贫困地区最大的民生工程来抓”的要求，变困难为机遇，把新村建设作为扶贫开发、民生工程、新农村建设、全面小康建设的综合性载体，搞好规划、全力推进，整合项目、集中支持，完善设施、配套功能，按照总体规划，分步有序实施，不降格以求，不降低标准，搞一个成一个，搞一片成一片，连线成片，片片相连，实现贫困村到小康村的跨越，推动贫困村成为新农村建设的新亮点和区域发展的新增长点。

3. 继续把“两个带动”要求落实到现代农业发展和农业产业化经营中

发展现代农业和农业产业化经营，是贫困地区贫困农户增收致富的现实途径和直接路径。在实施综合扶贫开发中，要围绕贫困农户参与和受益，落实和完善带动贫困农民发展现代农业、带动贫困农民持续稳定增收的“两个带动”要求，通过政府引导、龙头带动、专合组织联结，把贫困农民组织进现代农业产业体系中，确保他们在当地特色优势产业的培育发展中实现持续稳定增收。要不断创新机制，完善政策，切实防止用财政资金扶持对贫困户没有带动作用或带动作用不大的业主，与农民形成竞争、产生挤出效应。在扶贫项目实施中，一些到村到户项目能让群众干的就让群众自己组织起来干，从而让群众在建设过程中就直接受益。要按照“民有、民管、民受益”的原则，探索创新财政性资金投入扶贫开发形成资产转化为农民专业合作社资产、成为农民生产经营资本的多种途径，并通过出租、入股等形式让农民获取更多财产性收益，帮助贫困群众持续增收、脱贫致富。

2012年2月27日，在省委扶贫开发工作会议前，省领导与四川省获全国扶贫工作先进个人称号的扶贫工作者合影。

4. 继续加大扶贫项目资金投入整合力度

一要加大专项扶贫投入。认真落实省新10年扶贫开发纲要关于“省级财政和市、县财政要逐年增加扶贫开发投入，加大扶贫开发力度”的要求，把财政专项投入列入同级财政预算，确保做到逐年增加，努力实现大幅增加。二要整合项目资金。坚持突出重点、集中投入、整合资源、综合推进，做好扶贫规划与其他专项规划、行业规划的衔接，统筹安排实施扶贫及相关项目，按照“渠道不乱、用途不变、各负其责、各计其功”的原则，以项目为载体整合使用资金，形成互为主体、互相整合的格局，实现集中支持、综合支持和连续支持，达到资金集聚、项目配套、综合开发的整体效果，提高财政扶贫资金绩效。三要放大扶贫资金。通过实施“国家补助、单位帮扶、信贷支持、群众自筹、社会捐赠”的办法，充分发挥财政资金的集聚效应和杠杆作用，引导一切可用的财力、物力和人力等资源，加大对重点地区、重点村、贫困户的帮扶力度，加大金融支持力度，形成扶贫开发多元投入机制。四要加强扶贫资金管理。进一步完善规章制度，强化全过程的监管，确保各类扶贫资金真正用到贫困地区和贫困群众身上。要实行扶贫资金项目公开、公示、公告制度，接受群众和社会监督。要强化审计监督检查，确保扶贫资金安全运行。扶贫资金使用要厉行节约，杜绝铺张浪费。对挤占、挪用、截留和贪污扶贫资金的行为，要严肃查处，依法依纪追究。

同志们，推进扶贫开发意义重大、任务艰巨、使命光荣。我们要认真贯彻省委、省政府决策部署，统一思想、坚定信心、全力以赴，打好扶贫开发总体战和攻坚战，推进贫困地区跨越发展，为建设西部经济发展高地、建设全面小康社会作出新的更大贡献!

第二章

扶贫巨大成就

四川省各级党委、政府带领全省贫困地区广大干部群众，全面贯彻落实省委、省政府关于扶贫开发的一系列重大决策部署，深入推进扶贫开发。扶贫重点工程、扶贫改革试点、扶贫机制创新，出现了前所未有的好势头，全省扶贫开发取得了巨大成就。

第一节

扶贫重点工程

进入新世纪初，四川省开展了新村扶贫、移民扶贫、教育扶贫、卫生扶贫和牧区扶贫五项扶贫工程。2005年起，对扶贫工程作了调整。2008年以来，加大了新村、产业、劳务、村道、社会、外资“六大”扶贫工程力度，取得了突破性的成就。

一、新村扶贫工程

新村扶贫是四川省贫困地区广大干部群众的伟大创造。在总结过去成功经验的基础上，2008年来省委、省政府明确提出加大新村扶贫力度。通过艰苦努力，扶贫新村出现了新设施、新产业、新生活、新环境、新风尚的“五新”格局。

（一）起源与发展

1. 新村扶贫的产生。20世纪八九十年代，以国定、省定贫困县为单元开展农村扶贫，在当时是合理的、必要的，但是，到90年代中后期，情况发生了变化，扶贫“对象锁定不准”、扶贫“资金溢出严重”两大问题较为突出，贫困地区干部群众反映强烈。1996年12月,全省第12次扶贫开发工作会议提出“扶贫由扶县扶乡向到村到户转移”的战略转移。1997年初起，巴中、宜宾、凉山等地开始涌现扶贫新村，巴中市叫“文明新村”、宜宾市叫“美好新村”、凉山州叫“形象扶贫新村”。具有代表性的巴中文明新村，其建设的内容概括来说就是：一立五改三建三提升。“一立”，即围绕农民增收，建立村级特色产业；“五改”，即改水、改路、改厨、改厕、改圈；“三建”，即建池、建园、建家；“三提升”，即提升村党支部战斗力、提升村民主法制建设水平、提升村社两个文明建设程度。可以说，1997—1998年是四川新村扶贫的萌芽产生阶段。

2. 新村扶贫的发展。1999年1月，国务院副总理温家宝在省委、省政府领导谢世杰、甘道民、敬正书撰写的《四川省广元、巴中的扶贫开发情况》的专题调查上作了重要批示：“四川巴中地区扶贫攻坚的成就说明，只要找准路子，真抓实干，就能改变面貌。巴中的经验和他们在实践中形成的‘艰苦奋斗，苦干兴区，实干改变面貌，大干促进发展’的巴中精神，对全国扶贫工作具有普遍意义。”同年4月，省委、省政府在巴中召开全省第14次扶贫开发工作会议，组织与会代表参观巴中文明新村建设，要求贫困地区示范推广巴中文明新村扶贫经验。由此，新村扶贫热潮在全省贫困地区蓬勃兴起。各地结合1998年10月党的十五届三中全会关于到2010年把农村“建成富裕民主文明的社会主义新农村”的要求，对新村扶贫从内容到形式因地制宜地给予了新的丰富发展。可以说，1999—2000年是新村扶贫的示范推广阶段。

3. 新村扶贫的普及。2001年10月，根据国务院印发的《中国农村扶贫开发纲要（2001—2010年）》的部署，四川颁发了《四川省农村扶贫开发规划（2001—2010年）》（以下简称“省的扶贫规划”），这是指导新阶段四川农村扶贫开发的纲领性文件。省的扶贫规划科学全面地总结了5年中贫困地区以扶贫新村为载体建设社会主义新农村的成效和经验，从而确定在21世纪头10年全省分期分批建成1万个扶贫新村的目标任务，并对新村扶贫提出了“村为单元、综合规划、重点突破、整体推进”的新要求。特别是2009年以来，多村连片扶贫开发迅猛兴起，赋予了新村扶贫更大的活力。可以说，新世纪初以来是新村扶贫的全面普及提升阶段。

（二）类型与内容

1. 新村扶贫的类型。一是单村推进。在2007年特别是2006年前，新村扶贫是以单个行政村为单元进行规划、开展建设的。二是多村连片。2006年3月，省政府办公厅《关于印发升钟水库淹没区扶贫开发总体方案的通知》（川府办发电〔2006〕21号）提出，“统一规划和充分尊重群众意愿”，用三年左右时间解决升钟库区所在的南充市阆中市、南部县和广元市剑阁县的19个乡（镇）、128个村、889个社的2.14万淹没搬迁人口的贫困问题。这标志着新村扶贫由“单村推进”走向了多村连片扶贫开发。三是与和谐新村、灾后恢复重建村、新农村建设村相结合。2005年8月，国务院扶贫办、教育部等10部门联合发出《关于共同做好整村推进扶贫开发构建和谐文明新村工作的意见》（国开办发〔2005〕62号）。因此，新村扶贫第一次与其他形式相结合，当年全省部署启动100个“和谐新村试点”，由于和谐新村建设从基础设施、产业发展和人居环境扩大到了多个方面，所以，专项财政扶贫资金由一般村的50万元增加到100万元，但是，仍然以单村为单位展开。2008年“5・12”汶川特大地震后，全省39个极重和重灾县的2516个贫困村普遍“把扶贫开发和灾后恢复重建结合起来”。2009年9月，省委、省政府发出《关于以现代农业产业发展为支撑推进新农村建设示范片工作的意见》（川委发〔2009〕17号），由此，新村扶贫又与新农村建设结合起来。2010年，在全省55个省级新农村建设示范片县中，有50个为国家扶贫开发工作重点县和省定扶贫开发任务县，但是其中结合开展的295个贫困村仍然实行单村推进。同时，近年来还与藏区牧民定居、彝家新寨等结合起来。

2011年8月9日，国务院扶贫开发领导小组副组长兼扶贫办主任范小建在凉山州冕宁县彝海乡大盐井村调研，并向彝族群众赠送板凳。

2. 新村扶贫的内容。在2008年前单村推进的新村扶贫中，重点建设内容有三项：以公路为主的基础设施、以种养业为主的产业培育、以“五改三建”为主的住居环境改善。2009年以后，不论是单村推进还是多村连片，其内容都大有扩展，特别是多村连片扩大试点后更是如此。与原来的情况相比，其先后顺序也有所不同，即是新村建设、基础设施、产业培育、能力提升、公共服务、社会保障、生态保护。

3. 新村扶贫的特点。多年来的实践证明，新村扶贫工程的最大特点是扶贫资源的“捆绑式”、扶贫内容的“综合性”、扶贫方式的“一体化”。一是以贫困村为载体，围绕新阶段的扶贫目标任务，把扶贫的政策资源、投入资源、人力资源及其他物质资源“捆绑”起来，实施社区、区域开发，是对扶贫资源要素的优化性组合。组合资源，发展生产力，这是建设物质文明。二是以贫困村为载体，把农户脱贫与村社发展，生产生活条件改善与生态环境改善，解决农户吃、穿、住、行与解决教育、科技、文化、卫生以及社区服务等诸方面的需要“统筹”起来，是对扶贫内容的开拓性发展。提高素质，发展公益事业，这是建设精神文明。三是以贫困村为载体，广泛发动群众参与，充分听取基层干部和专业技术人员的意见，编制并实施群众参与式村级规划，匹配公告、公示、公开的扶贫“阳光工程”，使扶贫资源、内容、贫困群众的意愿“一体化”起来，是对扶贫方式的变革性创新。给贫困群众以充分知情权、积极参与权，这是建设政治文明。新村扶贫的产生、形成、发展、提升，有着客观的必然性和现实的重要意义。

国务院扶贫办副主任王国良在四川省扶贫移民局领导的陪同下，调研绵阳市北川县擂鼓镇贫困村灾后重建情况。

（三）成效与特色

全省160个有扶贫开发工作任务的县，2001—2010年建设扶贫新村1.02万个；2008—2011年建设扶贫新村3302个。扶贫新村效果十分明显，总体上出现了新设施、新产业、新生活、新环境、新风尚的“五新”格局。

一是“新设施”。四年中，3302个扶贫新村打人工机压井2.32万眼，建蓄水池7700口，修引水渠5100千米，建山坪塘4057座；新增蓄水量2897.37万立方米，新增灌面678万亩；改田改土36.71万亩；架输电线路877.49千米；修村内道路1.72万千米；改扩建教室、校舍4.46万平方米，改扩建村级活动室7.34万平方米。各地修建通村公路，硬化进村道路，兴办水电、广播、通讯等，让贫困村逐步共享信息文明，基础设施有了新的变化，新设施不断涌现。在灾后恢复重建中，省市县扶贫部门坚持把“灾后恢复重建与扶贫开发相结合”，选择不同条件的10个典型受灾贫困村开展灾后恢复重建村级规划编制试点，在此基础上编制完成全省重灾区2516个贫困村的《四川省贫困村灾后恢复重建总体规划》，并先后纳入了省和国家汶川地震灾后重建专项规划和总体规划，紧接着先后分3批在54个贫困村开展贫困村灾后恢复重建试点工作。到2011年9月，贫困村与其他地震灾区同步实现灾后恢复重建“三年任务两年基本完成”目标。广元市利州区三堆镇马口村作为汶川地震灾区灾后贫困村恢复重建的“样板”，其脱贫致富特别是“新设施”的经验在川、陕、甘三省4834个贫困村推广。而今的马口村，新公路、新农

凉山州雷波县海湾乡海湾村新村一景

田、新住房、新家具、新电器等，一应俱全。冕宁县冕山镇伍合村，过去到处是石头、长满野草和荆棘树，冬天到处是光秃秃的一片。2009年，伍合村开展了新村建设（彝家新寨），仅仅几个月，村容村貌就发生了翻天覆地的变化，家家通了电、户户通了水、全村通了路。彝族村民黑吉伍研说：“我们不仅上街方便了，就是收割庄稼也方便了，不仅基本实现了机械化，就连上农家肥这样简单的事，也是用机器了。”

二是“新产业”。四年中，3302个扶贫新村各类产业总投入64.39亿元，其中财政扶贫资金13.12亿元，建设扶贫产业项目683个。着眼增收、围绕市场、立足资源，村级特色产业有了新的发展，匹配其他增收措施，扶贫新村农民纯收入快速增长，增幅高于全省同期水平。南江县东榆镇槐树村，原来是一片片荒山、散落的土坯房以及让人“晴天一身灰、雨天一身泥”的土路。2009年，省委书记刘奇葆把该村作为自己的扶贫联系点，多次深入调研指导，帮助村民们建设新村、发展产业、增加收入，使槐树村成为当地脱贫致富的领头羊。2011年，村民杨绍斌感慨村里的变化说：“改水改厕改厨，病虫害少了；修渠改土，使小田变大田、大田变良田；发展种植大棚，加入产业合作社，收入增多了。”蔬菜专业合作社理事长毛明雄说：“2011年我们引进了10多个新品种，毛收入达到2000万元。”他还说：“合作社的蔬菜大棚能生产西瓜、番茄、黄瓜、辣椒、茄子等几十种果蔬；大棚里采摘包装后，直接装车销往大型超市。”2010年初，一直在外打工的村民何显飞选择了回乡发展，和大家一道建立养猪合作社，租赁土地80多亩办起了年出栏仔猪、肥猪上万头的大型养殖场，一年后已经回笼资金并开始盈利。他深有感慨地说：“有党和政府的领导，有社会的支持，自己肯干，没有理由不致富。”如今的槐树村，一半以上人家建起了宽敞明亮的新房，进村有了水泥路、入户有了石板路，300多户人家的饮水问题得到解决。新成立的生猪、蔬菜、种鸡、蛋鸡等专业合作社带动村民发展产业，2011年全村人均增收上千元，减少贫困户51户。村主任何显富笑着说：“现在我们的村子名副其实，外面的姑娘都想当我们村的媳妇呢！” “5·12”汶川特大地震极重灾县的青川县木鱼村村委会主动协调国家级扶贫龙头企业川珍实业有限公司，重建专业协会，三年恢复重建中，全村恢复蔬菜大棚22个、常规蔬菜250亩，涌现出种植竹荪、木耳、袋料香菇大户108户，群众收入大幅度提高。

三是“新生活”。四年中，3302个扶贫新村共有20.94万户开展农户基本建设，改造住房532.11万平方米、改厕85.70万平方米、改圈155.76万平方米、改厨119.11万平方米、建沼气池9.43万口、建院坝219.91万平方米。扶贫新村因地制宜建设、改造各具民族和地域风情的居住房；解决人畜饮水，新建完善学校、卫生站所等，贫困居民的生活条件有了新的变化，生活质量大有提高。四川省西部高原横亘，大山嵯峨，少数民族地区美丽的风光、丰富的资源与恶劣的气候、闭塞的交通形成强烈的反差。穷则思变，近年来包括“阿坝州扶贫开发和综合防治大骨节病试点”在内的一系列新村扶贫战役在这里打响。藏区大力实施牧民定居行动计划暨帐篷新生活行动、“9+3”免费教育计划、卫生事业发展计划“三大民生工程”，彝区大力实施瓦板房、石板房、茅草房“三房”改造等多项惠民工程，贫困少数民族群众住房难、行路难、饮水难、照明难、增收难、上学难等问题得到有效解决。阿坝州是大骨节病重病区，红原县江茸乡也是大骨节病重病区之一。2008年，阿坝州正式启动扶贫开发和综合防治大骨节病试点工作，江茸乡牧民群众迎来了摆脱疾病与落后的好机遇，积极开展扶贫新村建设。两年时间，一个全新的牧民新定居点在宁静的河谷之中拔地而起。随着新居的修建，相关部门专门从远处引来了安全洁净的饮用水，还配套修通了公路、通了电。而今，一排排漂亮精致的安居房矗立于河谷，房屋的靓丽颜色与山坡上的野草、牛羊相映成趣，点缀着江茸牧民群众的幸福新生活。走进甘孜州康定县塔公乡江巴村，一幢幢极具藏族特色的新房整齐地排列在公路两旁。2011年，47岁的牧民德格家冰箱、电视机、打奶机、热水器等现代设施一应俱全。村子里，村民活动中心、卫生室等公共服务设施正在从设计蓝图变为现实。在四川藏区越来越多的藏族牧民和德格一样，过上了与城里人一样的现代文明生活。

四是“新环境”。四年中，3302个扶贫新村通过整治居住环境、生态环境、生活环境，村容村貌有了新的变化；把移民扶贫与生态建设相结合，缓解了人口对生态环境的压力；天然林保护和退耕还林（草）工程顺利推进，森林覆盖率提升；结合沼气建设，治理畜禽粪便污染等发展生态产业，使扶贫开发逐步朝着人与自然和谐发展方向迈进。雷波县小谷堆村位于黄毛埂脚下，海拔2000多米，年平均气温摄氏8度，是一个彝族聚居村。由于气候寒冷，土地贫瘠，群众生活比较贫穷，住房也因年久失修破破烂烂。2011年初，小谷堆村开展扶贫新村建设，投入资金630.50万元，全村214户村民中，有109户新修、105户维修房屋。经过一年时间的建设，村容村貌焕然一新。村民们的住房墙壁刷得里外雪白，开有窗户，吊了顶。堂屋里没有了火塘，取而代之的是清洁卫生的火炉。卧室有床和家具，厨房有节能灶和自来水，厕所和牲畜圈都在院子外侧。年底，该县纪检、财政、审计等多部门组成联合验收组，对谷堆乡小谷堆村新村扶贫进行验收。验收组仔细查看工程质量，走访干部群众，检查软件，进行综合评估后，一致同意小谷堆村新村扶贫验收合格。古蔺县永乐镇山落村山高坡陡，土地贫瘠。2005年末，山落村人均纯收入仅1816元。“十一五”特别是2008年以来，在多方扶持下，山落村开始有了大变化。首先是通达工程在村里实施，新建的28.50千米村道将全村11个组全部连通，以前的“行路难”彻底改变；通过旱山村工程建设，全村新建水窖63口、集中式人畜安全饮水工程1处，解决了全村611户农户的人畜饮水问题。紧接着，通过产业扶贫，广泛种植高粱增收，到2010年末山落村农民人均纯收入达4173元，比全县平均水平多155元。产业扶贫挣了钱，全村320户农户新建砖混结构住房，告别了茅草房。

五是“新风尚”。四年中，3302个扶贫新村普遍加强了村级组织建设，逐步形成了支部领导、村委负责、各方协同、村民参与的新型“飞鸟型”管理的新格局，新风尚蔚然成风。通过新村建设，增强了村民的知情权、决策权、参与权、监管权与受益权，为搞好新村建设提供了保障；培育有文化、懂技术、会经营的新型农民，移风易俗，提倡科学、文明、法治的生活观，农民风尚有了新的变化。“出自己的力、流自己的汗、自己的事情自己干”；“有手有脚有条命、天大的困难能战胜”，青川县地震灾区群众的这两条标语所蕴涵的精神，也是脱贫致富奔小康的精神支柱。在彝区，扶贫新村又叫彝家新寨。2010年，喜德县彝家新寨建设5个村、409户；2011年又建29个村、2180户。彝家新寨里新房子修起来了，通村、入户路建好了，水电通到家，沼气接到灶头上，村容村貌焕然一新了，生产生活条件得到大改善了，面对彝族群众对新生活的向往和对未来幸福美好新生活的追求，彝家新寨还需要做什么？“做文明人、过健康文明的幸福新生活。”为此，该县结合实际，开展了声势浩大的“彝区健康文明新生活运动”。这项运动开展以来，对生活在这片土地上的彝乡群众的关心和帮助如同暖人的春风，吹遍了彝族同胞的心田，让他们的生产生活悄然发生了改变。在“板凳工程”上，县领导带头示范，干部职工主动参与，社会各界积极响应，为“板凳工程”捐款捐物，截至2011年，全县各部门已捐板凳5000余根，洗漱用具、电饭煲、喷雾器等1000余套，各单位及职工个人的捐款已达63.29万元。这期间，一些州级、省级部门和领导的关爱也源源不断涌向喜德。“板凳工程”在喜德已实现了全覆盖。全社会关注、全社会参与，彝区健康文明新生活运动正逐步改变着喜德人民的思想观念和过去形成的落后生产生活方式，许多农户家的火塘已不见了踪迹，取而代之的是漂亮的沙发、茶几和电视机、电饭煲、电磁炉；许多彝区“人畜共居、人畜共饮、烤火取暖、无厕无厨”等的现状已永远地成为历史，彝族人民过上了健康文明的幸福新生活。“远看青山绿水，近看村庄秀美，进村整洁卫生，进屋井然有序，彝区文明和谐”，正成为凉山彝区大小山村的新写照。

四川省委、省政府决策咨询委员会委员王思铁：在国家的一定扶持下，紧紧依靠贫困村干部群众，通过编制群众参与式村级规划，建设完善基础设施，改善生产生活条件，建立特色产业增收，优化社区环境，加强公共服务，发展基层民主，培育有文化、懂技术、会经营的新型农民等为内容的新村扶贫，是贫困地区广大干部群众的伟大创造，是各级党委、政府的正确决策，已成为四川扶贫乃至“三农”工作中叫得响的优质“品牌”。这既是农村扶贫的重大变革，也是践行科学发展观的运行载体，更是实现省委、省政府提出的“两个转变”（贫困村向新农村小康村转变、贫困户向宽裕户小康户转变）的必然途径。

广安市华蓥市扶贫新村

二、产业扶贫工程

2005年，四川省委、省政府确定实施产业扶贫工程；2008年，加大产业扶贫的力度。产业扶贫与劳务扶贫一道，成为贫困居民增收的主要途径。许多贫困居民由此走上了脱贫致富之路。

（一）实施原则

2005年以来，四川省实施产业扶贫工程主要遵循了以下原则：一是立足当地资源的原则。产业扶贫，关键是要发展壮大贫困地区有特色、有市场竞争力、可持续发展的主导产业。因此，产业扶贫项目选择必须坚持立足当地资源优势、符合当地主导产业发展方向、具有市场前景、投入产出效益高、能够带动贫困户稳定脱贫致富的原则。二是坚持以市场为导向的原则。积极寻求和依托龙头企业对基地和贫困农户的带动，充分利用当地的自然资源和劳动力资源，发挥比较优势，推动产业扶贫项目与市场紧密结合，通过市场辐射带动作用，为农产品参与流通、就地转化和实现价值创造良好条件。三是整合资源、集中投入的原则。集中连片，统一规划，改变扶贫资金“撒胡椒面”现象，以扶贫资金为引子，以规划统揽行业和社会资源整合，集中投入，着力推进贫困地区产业基地建设，农民组织化建设，促进现代农业加快发展、农民收入持续增加，推动农村经济发展上台阶。四是坚持政府主导、群众主体的原则。在政府主导下，帮助贫困群众做好事、办实事、解难事的同时，充分尊重贫困农户的主体地位、激发他们的满腔热情、发挥他们的聪明才智，激励他们发扬自力更生、艰苦奋斗精神参与主导产业发展，从中受益进而脱贫致富。产业扶贫对象为：纳入产业扶贫规划的贫困村和因灾返贫贫困村，重点是规划覆盖区内的贫困户，当年启动实施的贫困村优先考虑。并坚持龙头企业、项目实施主管部门和培训费用不得使用产业扶贫资金的“三不原则”。

（二）基本做法

一是加强领导，提高认识。各地为推进产业扶贫工程的实施，大都成立了以政府分管领导为组长，扶贫、财政、农业、林业等部门为成员的产业扶贫项目推进领导小组。项目乡（镇）也成立了乡（镇）长为组长，分管副乡（镇）长、财政和农业中心等相关部门的人员参加的产业扶贫推进组，为产业扶贫项目建设提供强有力的组织保障。

二是竞争立项，催生内力。为充分调动乡村干部的积极性，发挥农民的主体作用，各地在确定产业扶贫项目实施村时，大都采用了竞争立项的方式，择优选取乡村领导班子力量强、群众积极性高的村组实施。同时在确定扶贫项目前，扶贫部门还广泛征求了贫困户的意见，决不选择大家不欢迎的项目。

三是集中连片，统一规划。按照集中连片、适度规模的原则，选择区域优势明显、产品市场前景好的2个以上村进行多村连片规划，确定主要的发展品种，配套进行圈舍、渠系、便民道、设施农业等基础设施建设，推广良种、良畜，引进龙头企业在规划区建场、建园，进行土地集中流转，并引领农户发展产业。2008年，巴中市巴中区曾家口镇被全国工商联确定为重点帮扶乡（镇），在全国工商联的倾情帮扶下，坚持以扶贫开发为手段，农民增收为目标，以产业培育为重点，结合当地实际，在广泛征求各方面意见的基础上，先后聘请四川农业大学、省农业产业化领导小组教授、专家现场踏勘、分析论证，将帮扶目标确定为建设国家级生态循环农业产业园区，并制定了《园区建设总体规划》和以畜禽、果蔬为主的产业规划，打造了以书台村、雁桥村、寿星村、吉公村为核心区的“猪—沼—菜（果）”模式，以飞马村为核心区的“野猪—蚯蚓—山鸡—沼气—蔬菜”模式及以书台村、雁桥村为核心区的土鸡规模化养殖模式三个示范片。

四是积极探索，创新机制。各地在实施产业扶贫工程中，积极创新农户利益联结机制，积极探索富民增收模式，充分调动了农民脱贫致富、创业建家的积极性。2006年，蓬溪县引进建兴青花椒公司的九叶青花椒作为优质特色农业产业化项目，2007—2011年先后三次申报争取到产业化扶贫资金。该项目采取“公司+基地+协会+农户+市场”的运作模式，遵循政府指导、部门帮扶、企业带动、专业合作社运作、群众参与的原则，建立起政府、公司、协会与群众发展项目的利益联结机制。项目实施过程中，由当地乡（镇）政府筹集资金，由协会组织专业队，实行统一打窝、统一栽植、统一施肥、统一治虫、统一修剪，一年后再交社员户管理，以保证成活率和丰产。公司与种植户签订青花椒种植和产品回收合同，包青花椒高于市场价10%回收。同时，公司定期与不定期对花椒种植户进行无偿“早结丰产栽培技术”等培训，并发放技术宣传资料，举办广播、电视讲座，让每户农户切实掌握青花椒栽、管技术，以确保产量。公司对项目区青花椒在幼树抚育阶段向科技农户发放有机农药，实行统一供药，统一技术，对青花椒病虫害进行统一防治，以带动和实现科技化管护。项目启动以来，通过产业化扶贫，先后共栽植7700亩，共带动29个乡（镇）4.35万户农户种植青花椒6.50万亩。该项目已成为全县的优质特色产业之一。

五是规范管理，确保质量。在项目实施过程中，采取村社干部及社员代表现场监督等方式，切实加强对产业扶贫工程项目质量的监督管理，发现问题及时整改，保证了项目的质量和进度。巴中市巴州区，自2009年8月实施连片扶贫开发项目以来，该区清江镇郑家山村狠抓机遇，趁势而上，按照“政府引导、协会组织、机制创新、科技支撑”的发展模式，立足村情，大力发展山核桃规模化种植，开辟了山区致富新路。通过一年的摸索实践，积极推行“专业合作社+农户”的运作模式，成立了“郑家山核桃专业合作社”，总结提炼出了“五统二分”法的种植管理模式：统一技术标准、统一组织专业技术队、统一筹措资金、统一购销、统一规划施工和分户种植管理、分户单独核算的管理机制。通过“五统二分”法的推行，既解决了个别农户劳动力不足的问题，调动了农户参与的积极性，又打破了技术和资金瓶颈，更解决了销售的后顾之忧，有力促进了郑家山村核桃产业的良性发展。

（三）主要效果

2008年以来，全省投入产业化扶贫资金19.47亿元，其中：财政扶贫资金3.60亿元，地方及农户自筹资金12.07亿元，其他资金3.80亿元。在贫困地区支持552个产业扶贫项目，覆盖2797个贫困村、53.89万农户，其中贫困户24.99万户。发展种植业基地5073.82万亩，饲养家畜949.81万头，饲养家禽1292.89万只，项目区人均增收839.74元。

一是建起了主导产业。通过产业扶贫工程的实施，发展了地方特色的农业，建立起了长效增收的主导产业。2009年，雅安市在实施产业扶贫中，将扶贫项目的实施与当地特色优势产业的发展紧密结合起来，因地制宜，为农民培植增收支柱。实施了黄果柑、青花椒、蘑芋、有机茶等特色种植项目，以及天府肉鸭、长毛兔、山地鸡等特色养殖项目，成片发展黄果柑1000亩、青花椒3000亩，种植蘑芋300亩、有机茶300亩；建成10个规范化养殖小区，标准化鸭舍5300平方米，新改建兔笼1万个，扶持发展二郎山山地鸡规模养殖150户10万只。项目的实施，夯实了农民增收基础，一大批农民从中受益。

二是农户增收致富。2011年11月15日，内江市东兴区太安乡旦家村2组村民吴金芳的家，庭院边长短大小一致的竹片围成栅栏，清一色的玻钢彩瓦盖顶；围栏里，三五成群的土鸡时而追逐嬉戏，时而啄地觅食……好一幅田园生活的动人画卷。要是在一年前，吴金芳想笑也笑不起来。她家是村里有名的贫困户，两个女儿早已出嫁，丈夫六年前在地里干活时被牛撞伤，再

2009年8月，广安市岳池县五排水水库三安蔬菜合作社社员洋溢着丰收的喜悦。

2007年，达州市通川区东岳乡发展通川梨橙2000多亩，户均产梨橙2万余斤，带动了1500名贫困群众脱贫致富。

也不能从事重体力活，同时家里还有个90多岁的老母亲。这些年来，一家人全靠着微薄的低保金维持生活。2010年11月，内江市东兴区在太安乡启动产业扶贫项目，一下就改变了吴金芳家的命运，在挂上“产业扶贫项目示范户”的牌匾后，区扶贫办不仅为她搭建了规范的鸡舍，还送来了160只育成鸡和养殖设备，同时确定了1名专业技术人员负责指导她养鸡。吴金芳动情地说：“以前也想过多喂点鸡贴补家用，可就是没有本钱。”正是政府免费送来的育成鸡让她家看到了脱贫致富的希望。2011年4月以来，在全家的精心饲养下，160只鸡全部出栏，价格最高时卖到了24元1公斤。这样一来，除去人工和成本，吴金芳光靠养鸡就纯赚了3000多元。有了本钱后，吴金芳继续买进了50多只鸡苗。同时，她又投入部分资金发展栽桑养蚕，仅晚秋一季又赚了1000多元。吴金芳信心十足地说：“一年3批鸡纯收入3000块没问题，一年四季蚕再赚3000块……”

三是探索了产业扶贫与科技扶贫相结合的途径。为有效地解决农户养殖母猪在资金和技术方面较为困难的问题，2008年，长宁县下派到硐底镇的科技特派员旷银中牵头成立惠农生猪养殖专业合作社，在兴堡村采取“支部+合作社+母猪寄养”的模式，发展生猪业。专业合作社无偿将优质母猪寄养在农户家，签订协议，三年内农户支付6头仔猪（每头50斤左右）费用给合作社后，寄养母猪归农户所有。合同规定，保险由合作社购买，母猪在养殖期间因病死亡，合作社承担损失。若农户因各种原因不能饲养满三年的，无偿退还合作社。该模式解决了农户饲养母猪的资金和技术困难，通过产业扶贫，调动了农户养殖的积极性。实施“母猪寄养”后，会员达400户，寄养1200余头。合作社无偿提供产前、产中、产后技术服务，重点向寄养户推广母猪人工受精、生物发酵舍零排放和标准化建猪舍等养殖和配套技术，有效地防治了各种病害的发生，提高了生猪的成活率和产仔率。

四是充分发挥了扶贫龙头企业的引领作用。按照省委、省政府要求，四川省扶贫龙头企业紧紧围绕主导产业的发展，充分发挥比较优势，以市场为导向、基地为依托、产业为载体、科技为动力、效益为目标，立足农村，面向农业，服务贫困农民，形成了政府调控市场、市场引导企业、企业带动基地、基地连接农户的生产经营新格局。在调整农业结构，发展效益农业，提高产业化水平，增加农民收入中发挥了积极的推动作用，并取得了显著成效。2008年以来，全省29家国家级扶贫龙头企业直接带动近200万户农户发展产业，社会效益十分显著。达县智鹏苎麻纺织厂采取规模化生产、集约化经营方式，建设苎麻基地10万亩，带动近12万户农户种植苎麻，使种麻农户人平增收416元。四川禾嘉股份有限公司采取“公司+农户”的利益联结机制，大力发展苹果种植。公司设定合理最低保护价与1.20万户贫困户签订收购合同，使贫困户收入明显增加，每年最高可达1800元。

五是贫困村互助资金助力产业发展。南江县和平乡宋朝寨村党支部书记、扶贫互助社理事长孙孝文说：“多亏了互助资金的支持，2011年我们村发展葛根300亩，蔬菜250亩，水产120亩。”截至2011年底，南江县已建立扶贫互助社60个，累计发放借款4124笔1296万元，其中贫困户和特困户借款752万元。共扶持农户2742户，其中扶持贫困户1756户。利用贫困村互助资金，全县新植和管护金银花500亩，新栽核桃260亩，管护茶叶1200亩，新建苗圃园50亩，新增生猪1.10万头，新增黄羊2300头，新增巴山土鸡1.30万只。借款农户户均增收1175元，人均增收309元。

三、劳务扶贫工程

劳务扶贫工程是四川省重点扶贫工程之一。2005年以来，全省以实现贫困地区农村劳动力非农转移就业为目标，加大工作力度，增加扶贫投入，将农村贫困青壮年劳动力作为转移培训的主要对象，大力开展非农职业技能、非学历培训。通过劳务扶贫培训和输出，提高了贫困人口素质，增加了贫困人口收入，改善了贫困农民生产生活条件，加快了扶贫开发和贫困地区社会主义新农村建设、构建和谐社会的步伐。

（一）全省劳务扶贫概况

劳务扶贫是一项实施时间短、见效快、农民最急需、受益最直接、群众最欢迎的扶贫项目，也是四川省有计划、有组织、有财政扶贫资金和政策支持并实施的一项扶贫工程。实施这一扶贫工程，对于提高农民择业就业能力、尽快增加农民收入、实现农村人力资源向人力资本的重大转变、推进城乡统筹、构建和谐社会都具有重要的现实意义和深远的历史意义。省委、省政府围绕“富民惠民，改善民生”这个主题，坚持以人为本，把开展贫困地区“劳务扶贫”作为解决贫困地区“三农问题”的新途径、增加贫困农民收入的新亮点、提高扶贫开发成效的新举措，高度重视，紧抓不放，并将其纳入了省政府“八项民生工程”年度目标考核。全省扶贫系统在各级党委、政府的领导下，把劳务扶贫工程作为扶贫部门的一项重点业务工作，摆在重要位置，不断完善措施，加大组织力度，在财政、人力资源与社会保障、教育等相关部门的密切配合和积极支持下，劳务扶贫工程取得了明显成效，受到了社会各界的广泛关注和普遍认同。2005—2011年，全省累计投入资金4.24亿元，其中：财政扶贫资金3.33亿元、信贷资金820万元、地方投入资金782万元、用工企业投入资金271万元、农户自筹资金6446万元、其他投入795万元。在21个市（州）、160个有扶贫开发任务的县（市、区），新建劳务扶贫培训基地329个，完成贫困地区劳动力转移培训42.11万人、转移就业39.94万人，非农转移就业率达94.85%。输出就业学员中，在县内就业13.09万人、在县外省内就业9.86万人、在省外就业16.99万人。

（二）劳务扶贫主要做法

一是加强项目管理，推行目标管理责任制。2008年起，贫困地区劳动力转移培训工作被列为省委、省政府“十大惠民行动”、“八项民生工程”的重要内容，纳入了省政府对市（州）一级政府和省级有关部门目标管理考核工作重点督查范围。年初，省扶贫部门及时将劳务扶贫资金计划与转移培训任务层层分解下达到市（州）、县（市、区），具体落实到乡（镇）、村、户、人，要求各市（州）扶贫部门每季度报送一次目标任务完成进展情况，半年进行一次工作小结；年终，四川省扶贫和移民工作局（以下简称省扶贫移民局）对部分市（州）进行专项抽查，对完成工作任务情况进行量化考核，专题向省政府目标管理办公室报送扶贫系统全年完成劳务扶贫培训工作任务的执行情况。

二是严格机构准入，实现择优入围。在培训机构的选择确定方面，坚持由培训单位自愿申报，面向社会，公开比选确认。四川省对承担劳务扶贫培训任务的培训机构严格推行“六要”入围标准：一要有县级以上教育或劳动和社会保障部门颁发的办学许可证，有独立法人资格和劳动力技能培训资质；二要有承担劳动力转移培训的培训场所、教学设施设备、实训基地和师资力量等；三要有相对稳定的转移就业渠道和可靠的就业介绍能力，能够开展定向订单式培训转移；四要有组织较大规模农民工转移培训的基础、经历和业绩；五要收费合理、符合国家物价部门确定的各类收费标准；六要有较强的领导班子和良好的社会信誉，无任何违纪违规不良记录。

三是锁定培训对象，凸显培训效果。劳务扶贫培训重点瞄准贫困村及贫困群众，推行“阳光作业”，加强公告公示。实施过程中，以各级扶贫办、扶贫培训机构为主轴，以文件资料、地方媒体为载体，形成以点带面的宣传网。促进培训机构与受训农民直接沟通，加快群众培训意愿反馈速度。一方面扶贫培训政策、专业设置、就业渠道能很快地在群众中得以知晓；另一方面培训对象的要求意愿能迅速准确反馈到培训机构，并及时调整培训计划、培训专业和就业渠道，使学员掌握的技能与当前就业需求相一致，适应就业环境的需要，很快地融入到产业工人的队伍中去。

四是加大考核力度，保障输出质量。学员培训结束后，培训基地组织学员进行结业考核和技能鉴定。考核要求以实际操作为主、理论知识为辅，强化学员的动手能力。对考核鉴定合格的学员，培训基地免费为其办理职业资格等级证书。相关部门按政策对培训基地办理学员职业资格等级证书只收工本费。对考核鉴定不合格的学员，根据学员自愿，培训基地免费再培训，直到培训合格为止，确保受训农民真正掌握一技之长，保障输出质量。

五是加强资金监管，严格报账制度。劳务扶贫培训数量大、程序多、门类杂，监管难度大。为加强项目资金管理，省扶贫移民局、财政厅要求市（州）、县级财政和扶贫部门对项目实施的全过程进行跟踪监测，指定专人到培训学校兼职，跟班督导，一旦发现有违背管理规定的行为，立即进行整改纠正。主动邀请省、市、县审计部门对资金使用投向情况进行专项年审，防止资金跑、冒、滴、漏。同时，严格报账制度，实行先培训后报账。即当地扶贫部门与培训机构签订委托培训协议，培训机构先开展培训，待参加培训的学员结业并获得国家颁发的上岗证书和就业合同并由县扶贫办、县财政局对学员名册等软件资料核实无误后，再由培训机构填写培训经费申请拨付表，到县财政局凭有关原始资料据实报账。规范了劳务扶贫资金的管理，提高了劳务扶贫资金使用效益。

六是开展维权服务，保障农民工权益。按照“谁输出、谁管理、谁服务”的基本原则，强化农民工就业跟踪服务管理，着力解决劳资纠纷、工伤事故，协调处理农民工在生活上和工作中遇到的困难，最大限度地解决务工人员的后顾之忧。四川省一些市、州在劳务输出比较集中的北京、上海、深圳等地，建立了为农民工提供服务的救助工作站，受理农民工投诉，协调处理维权案件，维护农民工的合法权益。

（三）劳务扶贫主要成效

四川省按照科学发展观要求，坚持把劳务扶贫作为关注和改善民生、帮助农民增收脱贫的有效举措来抓，做到“以政府为主导、市场为导向、培训促就业、就业促增收、增收促脱贫”。贫困地区农村劳动力转移培训取得显著成效，实现了贫困劳动力的有序流动、良性转移，劳务扶贫已成为四川省贫困地区贫困农民脱贫致富的一条重要途径。

一是转变了思想观念，提高了贫困劳动力素质。扶贫开发改变物质条件固然重要，但归根到底是要解决人的观念和素质问题。针对产业结构升级和现代化建设步伐加快，城市对农民工素质的要求越来越高，大量农民工由于素质不高，缺乏就业技能，给大规模转移贫困地区农村劳动力带来了一定困难的实际，四川省把贫困地区劳动力转移培训作为扶贫开发三大重点工作之一，摆在突出位置，在教育、培养“人”上下工夫。自2005年劳务扶贫工程开展以来，四川省获得国家职业资格高级证书610人、中级证书4.67万人、初级证书26.67万人，获得单项职业能力证书9.24万人。四川省扶贫开发初步实现从自然资源开发为主向人力资源开发为主转变，从注重解决外部环境向重点帮助贫困群众更新观念、提高素质转变。广元市郭丛军参加劳务扶贫培训后，被输送到浙江省务工，现已成为杭州博斯实业有限公司董事长，为家乡捐资10万元改建村道，还准备在家乡投资开发蔬菜和土地项目支援家乡建设。广元市宋玉兰参加劳务扶贫“缝纫专业”培训后，建起了床上用品和服装经营项目，个人捐资5000元支持村道建设。遂宁市刘勇在外打工多年，由于没有技术，只能做一些体力活，一个月收入只有800元左右，当他得知市里举办劳务扶贫培训班，马上报名参加了针织培训，培训结束考核合格后被浙江一家针织厂录用，开始时月薪1500元，现在已达到3200元，由于技术好，已转为厂里的管理人员，成为厂里的骨干。

二是拓宽了就业渠道，促进了转移就业。以市场为导向，以基地为平台，以转移促培训。培训基地充分利用与沿海发达地区部分企业建立劳务输出合作伙伴的优势，实行定向、定单培训；加强与外地培训机构和职业中介机构的联系与协作，实行“外包”培训；与工业园区企业对接，为企业输送合格的技术工人；利用互联网、有线电视、报纸、杂志等媒体全方位收集用工信息，千方百计输送学员外出务工就业。通过转移培训，减少了用工单位的培训环节，节省了企业培训成本，有的地方还出现了用工单位来校争抢培训结业学员的现象。如广安市贫困学员张富明，2009年初中毕业后一直在家待业，自从参加了劳务扶贫培训，由于学习刻苦，业务技能成绩突出，培训结束后，很快就被培训基地选送到深圳富士康公司。刚进厂试用期内月

遂宁市射洪县劳务扶贫培训学员结业赴龙腾光电公司上班前留影

薪800～1000元，在试用期结束后，月薪为1200元，到目前他月薪有2800元，每年可以为家里增加收入约3.16万元。内江市李明华2010年参加了劳务扶贫培训电脑设计专业学习，培训结束后，经培训基地推荐，到深圳一家科技有限公司工作，由于有技术又能吃苦，他的工资逐月增加，从刚到公司时的850元增加到现在的2223元，加之他省吃俭用，仅仅3个月就为家里寄回现金4000元，一举偿还了家里所欠多年的债务。

三是增加了农民收入，加快了贫困人口脱贫步伐。培训为了转移，转移为了增收。通过转移培训，绝大多数贫困劳动力实现了非农就业，获得了比在家务农更高的经济收入。据统计，转移输出的务工人员中，就业合同月收入最高的达到6000元、最低的为600元，参加转移培训输出的劳动力月均增收800元左右，年人均劳务收入1万元左右，占家庭全年总收入的50%以上，打工收入对农民收入增长的贡献率有的高达80%，成为农民增收的主要增长点。每年四川省都有6万多个家庭从劳务扶贫培训转移中直接受益，基本实现了“培训一次，终身受益，转移一人，全家脱贫”的劳务扶贫目标。实践证明，实施贫困地区劳动力转移培训，现已成为四川省众多贫困家庭增加收入、实现脱贫致富的一条主要途径，许多贫困户子女通过培训转移就业，当年便实现了“一人参训就业，全家整体脱贫”。南充市贫困农民工张康林，全家4口人，父母亲年近70高龄，他14岁时跟表兄外出到河南打工，因水土不服，年幼又染病，患上皮肤过敏病，由于治错了病致双目失明。通过参加劳务培训基地组织的按摩培训班学习，学成后回家在马鞍镇开一个店铺搞按摩、牵引、灸烤等项目，由于技术好，现在成了远近闻名的盲人按摩师。慢慢地，他把原来所欠的一大笔债务还清，并余有存款，使一个贫困家庭渐渐过上了好日子。广元市的杨永芝，通过劳务扶贫“焊工专业”培训后，就业于东莞马士基集团，月薪2500元，他在给扶贫办的感谢信中说：“通过培训找到了好工作，挣到了票子，使全家过上宽裕幸福的生活，感谢政府举办的劳务扶贫培训，为贫困农民架起了致富的金桥。”

四是打造了地方特色劳务品牌，促进了城乡、区域之间的科学、协调和可持续发展。四川省作为劳务输出大省，十分重视打造本省的劳务品牌，努力提高川籍民工的知名度。近年来，通过整合各种培训资源，集中力量创造了一批在全国有较大影响力的劳务品牌。如“川妹子”、“川厨师”、“川保安”、“川电工”、“川建工”等，为川籍民工在劳动力市场竞争中赢得了声誉，使得一些用工行业出现了供不应求的可喜局面。与此同时，贫困劳动力转移输出逐步实现了由自发式、分散式向组织化、规模化转变，由体力型向智能型转变，由数量扩张型向数量质量并重型转变，为建设新农村和促进城乡区域协调发展打下了坚实基础，城镇化率逐年攀升，加快了统筹城乡发展、全面建设小康社会进程。近年来，巴中市南江县着力打造和培育劳务品牌，以小河职业中学、春兰科技学校等省级劳务开发培训基地为依托，带动市县级培训基地共同精心打造专业技能品牌，大力实施“川妹子”、“川建工”、“川厨师”等劳务品牌，着力打造基础较好、人数较多、技能较高的“南江建工”、“南江矿工”、“南江木工”、“南江石工”等劳务知名品牌，加快了劳动力由体力型向素

凉山州金阳县劳务扶贫农机操作培训现场

质型、由低层次向高层次输出转变，拓展了劳务人员就业空间，提高了劳务输出的质量和效益。由春兰科技学校等培训基地培训的300名“川妹子”、500名“川建工”，经省劳务经纪公司输出，深受用工单位好评。特别是2008年“5·12”汶川特大地震后，先后举办了两期“建设川北民居”的木工、石工的农民工培训班，为南江县恢复重建美好家园起到了积极的作用。据不完全统计，2008年，全县输出省外、海外的品牌劳务人员达3万多人。近年来，宜宾市高县大力实施“特色富民”战略，积极探索“政府引导、市场主导、规范管理、强化培训、助农增收、推动发展”的特色劳务输出产业发展路子，大胆创新劳务输出模式，着力打造劳务输出品牌，取得了劳务输出“日常管理规范、培训独具特色、产业支撑明显”的初步成效。2008年，高县成立了农村劳动力转移培训中心，到2011年底已培训输送学员3493名，就业率达100%，月薪均在1500元以上，与国内10余家知名服装企业建立了良好的劳务供求关系，且呈供不应求的态势，支撑起了宜宾确立的劳务输出品牌——电动缝纫工输出的“半壁河山”。仅大窝镇就有7089人常年在外务工，年总收入达4000万元以上。

四川省委、省政府决策咨询委员会委员王思铁：通过劳务扶贫工程的实施，四川省贫困地区农村劳动力思想意识明显转变，陈旧观念得到更新，知识视野更加开阔，见识见闻明显增长，职业技能明显提高，经济收入明显增加，达到了“一次培训、终身受益，一人务工、带动一片”的效果。

四、村道扶贫工程

村道扶贫工程是四川省重点扶贫工程之一。自2006年实施以来，对缓解贫困村“行路难”发挥了重要作用。村道通，产业兴，农民收入增加了，贫困村面貌发生了可喜变化。

（一）村道扶贫的由来

2001年，省的扶贫规划确定建设的1万个扶贫新村，绝大多数分布在山区、边远地区、高原牧区。这些地方自然环境恶劣，生产生活条件极差。2004年底，巴中市4县（区）就有68%的乡（镇）不通油路（水泥路）、36%的村不通公路。行路难、饮水难、上学难、看病难“四难”困扰着广大贫困农民。2005年4月，国务院总理温家宝到巴中视察时谆谆嘱托：“一定要切实解决好群众的行路难、饮水难、上学难、看病难，让老区人民过上好日子。”省委、省政府牢记温家宝同志嘱托，结合四川贫困地区实际，从2006年起把村道扶贫列入扶贫重点工程。特别是2008年“5·12”汶川特大地震发生后，全省39个极重、重灾县，100个一般受灾县，结合灾后恢复重建，村道建设得到迅猛发展。

（二）村道扶贫的做法

一是规划先行。扶贫部门通过摸底排查，找出急需开展村道建设的贫困村，进行筛选排队，确定对象；再由交通运输部门进行实地勘察，开展规划，进行建设。

二是筹集资金。扶贫部门对规划出的村道，以村为单位，每村补助专项财政扶贫资金10万元。当地政府积极组织其他资金与之配套，尤其是村民委员会组织村民投工投劳，兴修村道。

三是加强管理。在工作中，普遍落实了项目研究例会制、公告公示制、招投标制、财政报账制、审计制和扶贫资金专储制等制度，保证了资金安全，项目按计划实施。

四是检查验收。由当地扶贫、财政、交通运输等部门组成检查验收小组，对村道进行检查验收。通过验收合格，再拨付资金。对完成任务好的村，有的地方还采取奖励方式，给予鼓励。

（三）村道扶贫的成就

一是激发了内生活力。在贫困村，群众最为企盼的就是解决行路难问题。村道扶贫工程的实施，极大地激发了群众自我脱贫致富的内生活力。为加大村道扶贫力度，2006—2010年，全省筹措村道扶贫资金6.73亿元，其中：专项财政扶贫资金3.15亿元（省级下达资金2.84亿元、市级资金600万元、县级资金2500万元），乡村及农户自筹资金1.39亿元、投劳折资1.36亿元，其他投入0.83亿元。在2748个村实施村道扶贫工程，项目覆盖农户87.15万户，修建村道5022.62千

达州市渠县望溪乡庆安村村道扶贫硬化的村道

米，其中：新建3074.80千米，改建1947.82千米。村道扶贫工程的快速实施，使贫困村公路得以全面整治和改善，贫困群众最急需解决的行路难问题基本得到解决，为贫困地区经济社会发展奠定了基础。2008—2011年，宜宾市总投资2931.40万元，其中：财政扶贫资金1592万元、农户自筹及投劳折资1339.40万元，在157个村建设村道201千米，其中：新建141千米，改建60千米，项目共覆盖农户4.97万户。同期，简阳市共实施村道扶贫项目4个，项目覆盖21个村，项目总投资826万元，其中财政扶贫资金170万元，整合交通通畅工程项目资金304万元，项目区群众自筹资金210万元，投工投劳折资142万元，硬化通村水泥路19千米，整治通村碎石路3.50千米。2010年10月底，海拔1509米的简阳市老君井乡菜园村，村民欢聚一起，参加“村道扶贫”项目启动仪式。只听一声“开工”令下，鞭炮齐鸣，掌声雷动，挖掘机开始掘土作业，一时间，机声隆隆，人声鼎沸，唤醒了千百年沉睡的山村。村民胡超美激动得热泪盈眶：“我们村与龙泉驿区一山之隔，两条5.70千米的断头路成为‘伤心路’，如今我们看到‘伤心路’将变成‘黄金路’、‘致富路’，高兴不已！”省定贫困村的菜园村地处龙泉山脉中段东麓，全村11个村民小组273户951人，其中，建档立卡低收入贫困户多达101户。从贾家镇绕道成都，路长路烂，运输不畅造成全村群众每年仅水果一项就损失50多万元，老百姓难以脱贫致富。该村3组距龙泉驿区山泉镇的著名旅游景区仅3千米，该村6组距龙泉驿区柏合镇经济开发区仅2.70千米，打通这两条断头路，就打通了贾家镇、老君井乡融入成都北大门的通道。该村产业发展已粗具规模，紧邻成都“桃花故里”和龙泉驿区东山国际新城，旅游资源优势突出，但群众有产业却不增收，陷入“隔了一座龙泉山，发展现状两重天”的尴尬境地。2010年初，菜园村被列入村道扶贫项目村，全村群众自筹资金，各部门大力扶持，从几岁小孩到80多岁老人，都不顾艰难险阻，在悬崖峭壁上采片石，用了3个月零2天时间，先期修通了从乡政府到菜园村5.10千米的上山水泥路，让群众看到了脱贫的希望。然而，修通的这条水泥路，却只有4组和5组两个村民小组群众受益，还有9个组群众不能直接受益。菜园村还有通往龙泉驿区山泉镇和柏合镇5.70千米村道断头路，让村民的眼中噙满期待的泪水。为此，市级相关部门又亲自协调，追踪落实，资阳、简阳相关部门大力支持。接着，市扶贫移民局争取到爱德基金会8万元爱心资助，全村群众自愿筹资21万元。村道通，产业兴，该村主要栽种桃子、枇杷、樱桃等水果，已成为无粮村。这两条路修通后，就打通了该村融入成都北大门的通道，对全村水果产业发展影响巨大。过去的“伤心路”如今已变成“致富路”。

二是改善了发展环境。伴随村道建设加快，贫困村其他基础设施也得到较大改善，进而改善了发展环境，为脱贫致富奠定了基础。2008—2011年四年间，甘孜州投入2510万元，建设村道168千米，覆盖120多个村，近4万人受益。而今的甘孜藏区人背马驮的现象少了，取而代之的是“洋马儿”（摩托车）。走进乡村藏寨，路面越来越宽、越来越结实，村子里的摩托车、农用车甚至大货车渐渐代替马匹成了农牧民生产生活的重要工具。村道建设为农牧区老百姓的出行和发展起到了重要作用，方便的运输条件为乡村藏寨带来了更加丰富的物资，大大改善了生活条件，现代生活的气息在藏家寨子越来越浓厚。村道扶贫不仅使生存环境得到极大改观，而且使贫困群众传统落后观念大有改变，思变思干意识有所增强，劳动力素质不断提高，农牧民自我发展、自我积累能力得到提升，为社会主义新农村建设打下了坚实基础。广大农牧民尤其是贫困群众共享了改革发展的成果，感受到党和政府的关怀，感恩意识和发展观念不断增强，为社会政治稳定创造了条件。不少地方还把村道建设与当地公路建设结合起来，加速了贫困村扶贫进程，进而在更大的区间改善了发展环境。泸州市纳溪区花护路过去是农村断头公路，该工程项目设计起于纳溪区天仙镇，终点护国镇，全长24.38千米，总投资2300万元，省市补助1219万元，剩余部分为区乡自筹。项目于2011年7月5日开工到当年底，主体工程已完成，沿途涉及6个行政村，受益人口3万余人。合江县赤水河沿江公路先市至醒觉溪路基工程建设密溪乡王嘴村段，原路基宽度为7.50米，为泥结碎石路面，全长21.90千米。2011年6月对赤水河沿江公路先市至醒觉溪全线进行路面改造，加铺为6.50米宽沥青混凝土路面，总投资2800万元，保障了雨晴通畅，解决了沿线3个乡（镇）、7个建制村、2万余人的出行难问题，促进了合江镇、密溪乡、先市镇农业发展。柿子田村60岁老人冯瑞烈激动地说：现在路修好了，运个肥料、卖头猪儿都很方便了，自己种的荔枝要新鲜才能卖个好价钱，路好了，才能保证新鲜水果运出去。

三是促进了农民增收。公路通，产业兴，收入增。凡是开展村道建设的地方，都改善了发展环境，带动了产业发展，增加了农民收入。2008—2011年，达县整合资金1200.60万元，开展村道扶贫工程，修建村道80.72千米，使24个乡（镇）33个村受益。该县米城乡尖山庙村4个社，319户1178人，过去由于交通不便严重制约着经济发展，人均纯收入不到800元。2008年，村党支部、村民委员会（以下简称村“两委”）紧紧抓住村道扶贫这一契机,通过近一年的努力，修建了一条长约3.5千米的水泥路，由此尖山庙村发生了巨大变化。村民不再为农用物资运输、修房造屋拉材料需要一大笔运费而发愁，人们的收入明显增长，成为了一条名副其实的“致富路”。近年来，随着全县村道扶贫工程的实施，为贫困村的发展带来了契机，各项基础设施建设正如火如荼地展开。农村公路建设还推动了城乡经济社会协调发展，伴随农村公路网络的延伸，农村通行条件得到了极大改善，有效解决了农民特别是边远山区群众“出行难”问题。一条条农村公路拉近了农村与城市的距离，城乡一体化进程加快，城乡之间距离拉近，农村流通、旅游等行业得到发展。同时，还激活了农村经济，吸引了外来投资开发农业项目，推进了农村产业结构调整。一大批县内外种养殖大户到双庙、石梯等乡（镇）反租土地发展经济作物，不少农民就地打工，收入得到提高。宜宾县商州镇炳兴村幅员10多平方千米，辖17个村民小组，共631户2531人。该村林竹、茶叶、生猪资源丰富，但长期以来交通基础设施严重滞后，制约着全村的经济发展。2010年，省、县投入炳兴村40万元财政扶贫资金开展村道扶贫。通过半年的时间，一条长4千米、宽4.5米的村级干道路全面通车。同时，该村还通过组织群众投工投劳投资60余万元全面展开社道建设，全村形成了全长35千米的村、社道路网络。叙永县从2008年开始投入190万元，在落卜镇草坝村等6个村实施了村道扶贫项目，新改建村道19千米，为叙永山区2万余名边远群众拓宽了致富路。路好了，村里开起了超市，新增了商店，群众大规模栽起了竹子……他们的致富路越来越宽。草坝村党支部书记李光祥高兴地说：“再过几年，漫山遍野的翠竹就是群众致富的‘宝’，以后用车就轻松运出去卖了。”据他介绍，自从村道通了以后，村里就涌现出刘正均、罗焕祥等栽竹数十亩的大户，其他群众也在不断栽种。初步估计，再过几年竹子投产后，该村人均收入比起几年前可增收4000元以上。该村路通了，村民赵元品利用自己娴熟的酿酒手艺，在家里酿酒、喂猪，发展“循环经济”，成为当地一名小有名气的老板。2011年，他家出栏肥猪40多头，收入近10万元。

四是缓解了其他“几难”。巴中市牢记温家宝同志关于“一定要切实解决好群众行路难、饮水难、上学难、看病难，让老区人民过上好日子”的嘱托，七年来市委、市政府紧紧抓住实施西部大开发战略机遇，按照省委提出的特别讲大局、特别讲付出、特别讲实干、特别讲纪律“四个特别”的要求，全力攻坚破难，以解决群众行路难为突破口，带动“饮水、上学、就医难”等问题的解决。巴中市委主要领导这样说：“解‘四难’是温家宝同志交给我们的政治任务，是群众热切期盼的民心工程，是我们义不容辞的历史使命。”全市上下苦干实干、艰苦奋斗、超常付出，成效显著。到2011年底，全市实现了乡乡通油路（水泥路）、村村通公路。解决行路难，带动了饮水难、上学难、就医难等“几难”的极大缓解。2005年，巴中市有128万人存在饮水不安全问题，占农村人口的40%；到2009年全市累计建成水利工程4.08万处，已解决70.43万人的饮水不安全问题。2005年，巴中市有7000多名适龄儿童上不起学；到2009年，全市新建校舍60.90万平方米，改造中小学危房73.50万平方米；470万人次享受“两免”，47万

泸州市叙永县分水镇木格岛村村道

人次享受“一补”，救助贫困学生3.40万人次。2005年，巴中60%的乡（镇）没有像样的卫生院，90%的村没有卫生阵地；到2009年，乡乡都有卫生院，村村都建好了标准卫生站；新型农村合作医疗参合率已达到91.70%。该市在解决“四难”的基础上，提出了“建设大通道，改善大民生”的思路，为巴中加快发展、改善民生提供坚强支撑和有力保障。广元—巴中高速公路通车、南部—巴中高速公路即将建成、巴中—桃园（川陕界）高速公路开工建设、巴中—达州高速公路也即将完工、广元—巴中铁路全面完成、巴中—达州铁路开工建设。巴中市抓住交通通道建设带来的变化，大力发展“通道经济”。该市科学制定了以旅游产业为主导，特色农业为基础，地方资源开发和农副产品加工增值为工业支柱的产业发展规划。巴中市大力推动马铃薯、茶叶、果蔬、双低油菜及南江黄羊、生猪等产业发展；以矿产资源为基础，努力做大做强南江矿业、南江煤电、红山铁矿等项目；加快通南巴天然气资源开发进程，积极争取天然气中下游化工产品开发重大项目工作，建成以天然气制乙炔、乙烯产业链，以天然气制三聚氰胺等精细化工产业。重点突破带来发展变化，巴中市经济连续七年实现高速增长。

宜宾县商州镇炳兴村一姓刘的村民高兴地说：“做梦都没想到我们村的道路能全线贯通，以前只能当柴烧的竹竿儿现在都能变成钞票咯！毛猪、茶叶儿现在轻轻儿都运出去了，价格也比以前贵了好多。还是党的政策好，村道扶贫就是给我们农民架起了一座致富桥哦！”

五、社会扶贫工程

中央国家机关、省直部门、东部发达省市、驻川部队、社团组织、企事业单位以及相对发达的县（市、区）充分发挥各种扶贫形式特有的人才、资金、资源、组织等优势，积极参与四川扶贫开发，为促进贫困地区经济发展、农民脱贫致富发挥了重要作用。

（一）中央国家机关在川定点扶贫

至2011年有24个中央国家机关、民主党派和企事业单位定点帮扶四川省34个重点县。

定点帮扶的中央国家机关坚决贯彻落实党中央、国务院的战略部署，坚持开发式扶贫方针，充分发挥优势，尽心尽力，帮扶脱贫，鼎力支持。2008—2011年，定点帮扶四川的中央国家机关共投入扶贫资金4.50亿元（含物资折款），引进资金5.68亿元、项目440个、人才375人次、技术177项，举办培训班212期、培训2.17万人次，资助贫困学生4489名，到帮扶地考察调研的各级领导1274人次，下派扶贫挂职干部142名，帮助贫困地区实施新村扶贫、产业扶贫、劳务扶贫、村道建设、人畜饮水以及干部培训等扶贫工程和项目，为四川贫困地区脱贫致富发

中纪委、监察部帮扶凉山州甘洛县新建的县人民医院。

挥了巨大的作用。

在中央纪委、监察部持续多年的帮扶下，2011年甘洛县、马边县实现地区生产总值18.40亿元、地方财政总收入1.78亿元，分别是帮扶前的2.84倍、3.44倍，减少贫困人口3.40万人，农民人均纯收入增加1231元，两县经济发展、民生改善、民族团结等方面都呈现出了可喜局面。

商务部采取培育外向型经济和“到村到户”的扶贫方式，通过新村扶贫、政策倾斜、引进项目、智力帮扶、劳务输出、人才支援等多种方式，扶持的领域涉及教育、卫生、交通、人畜饮水、市场建设、工农业等各个方面，有力促进了广安市广安区和仪陇县经济社会全面发展、社会和谐进步。

中国工商银行总行认真履行社会责任，坚持开发式扶贫方针，向通江、南江、万源等三县（市）提供无偿扶贫资金3500余万元，捐物折款840余万元，探索出一条“项目扶贫、教育扶贫、卫生扶贫、科技扶贫、救灾扶贫、绿色扶贫”相结合的扶贫开发工作新路子。

卫生部向壤塘、黑水两县投入扶贫资金达3290多万元，赠送医疗设备及其他物资折款1420多万元，帮助引进资金1336万余元，援助项目涉及经济、卫生、教育、基础设施等各个方面，实施扶贫项目320多个，受益群众达26万多人次。

交通运输部的帮扶，使阿坝州壤塘、黑水、小金县的交通等基础设施明显改善，产业发展水平有效提升。

国家广电总局在石渠、色达、理塘、雅江、新龙5个县援建近千万元的饮水工程项目，并解决了雅江县广电局机房改建资金68万元。

工业和信息化部、国家外国专家局、中央党史研究室、九三学社中央、中国华融资产管理公司、国家粮食局、中国电信集团公司、攀枝花钢铁集团公司、中国电子信息产业集团公司、东方电气集团有限公司、中国第二重型机械集团公司也都心系四川人民、情注贫困群众，满腔热忱、真情帮扶，深入帮扶县贫困乡村访贫问苦，调查了解，研究问题，千方百计筹资金、带技术，想思路、引资源，出妙招、办实事，在帮扶县、乡、村的农业基础条件改善，教育、卫生、文化事业发展，特色种植养殖业扶持，劳动力培训输出等诸多方面，做了大量卓有成效的工作，充分体现了“情为民所系、权为民所用、利为民所谋”的政治责任感和真心为民的宗旨情怀。

（二）省直党政机关定点扶贫

2007年，四川开始了为期四年的新一轮省内定点扶贫工作，安排182家省直部门（单位）和较发达县（市、区）定点帮扶96个贫困县（市、区），并将省直部门定点扶贫纳入省委、省政府年度目标考核。2007—2011年，省级部门（单位）和较发达县（市、区）到帮扶地考察调研的各级领导6203人次，下派扶贫挂职干部540名，投入帮扶资金9.31亿元，引进资金24.94亿元、人才2249人次、技术450项，举办培训班1623期、培训18.12万人次，资助贫困学生3.09万名，通过资金物资投入、扶持种养业、建设基础设施、发展社会事业、引进资金项目、争取社会援助、捐赠款物、技术培训、劳务输出等多种帮扶形式，有力促进了贫困地区和地震灾区经济社会发展，加快贫困农户脱贫致富步伐。

定点扶贫牵头部门扎实开展工作。省扶贫移民局扎实做好联络协调、监督考评等日常工作。财政厅加强定点扶贫经费落实。省委组织部加强定点扶贫挂职干部管理，建立考核激励机制，确保选派干部到村挂职扶贫工作顺利开展，达到预期效果。四川省民族事务委员会（以下简称“省民委”）加强民族地区工作调研，认真研究促进民族地区脱贫致富的措施，为民族地区社会经济发展献计献策。

各帮扶单位把定点扶贫工作作为一项重要工作列入本部门重要议事日程，建立帮扶工作管理制度，制定年度帮扶计划，落实定点扶贫组织机构、分管领导和负责人，并按照省委、省政府要求选派优秀干部到定点县（市、区）开展帮扶工作，积极开展扶贫济困送温暖活动。在实际工作中，许多省直部门领导亲自带队到受扶地考察、座谈，帮助落实扶贫项目。中共四川省纪律检查委员会（以下简称“省纪委”）、监察厅找准帮扶对象的优势和突破口，因地制宜将帮扶地自然条件优势转化为经济优势，增强造血功能。省民委充分发挥职能特点，把改善农牧民生产条件，提高农牧民生活质量作为帮扶重点，为帮扶地提供了强有力的人才、资金支撑。四川省高级人民法院（以下简称“省法院”）充分依托帮扶地人民法院，把“司法为民”理念在帮扶中进行拓展延伸，通过扎扎实实的行动促进帮扶联系县经济发展、政治稳定、社会和谐。

四川省食品药品监督管理局在攀枝花市仁和区帮助建成的葡萄园

同时，各市（州）、县（市、区）扶贫部门积极搞好定点扶贫的宣传服务工作，做好下派干部与地方党委、政府的联络沟通工作，通过召开座谈会等形式交流信息。凉山州及时召开中央和省直部门下派帮扶凉山州座谈会，介绍交流全州定点扶贫及社会扶贫开展的情况，分析存在的问题，共商下一步打算。广元市委、市政府坚持每年召开省直帮扶单位座谈会，加强与帮扶部门的沟通联系，使帮扶单位及时掌握受扶地的贫困现状和在人力、资源、市场等方面的优势，把受扶地急需解决的问题及时地反映给帮扶单位，使定点扶贫工作落到实处。

2010年10月，省委、省政府决定在已开展定点扶贫工作的基础上，连续三年在国家扶贫开发工作重点县、地震重灾区开展“领导挂点、部门包村、干部帮户”活动。活动开展以来，全省贫困地区、民族地区和地震灾区公共服务设施及交通、水利等基础设施明显改善，交通、教育、卫生、文化体育建设全面提速，农民收入水平明显提高，取得了明显成效。

（三）东西对口帮扶协作扶贫

2007—2011年，浙江省通过新村扶贫、饮水扶贫、产业扶贫等形式，向四川省广元、南充2市12县投入无偿帮扶资金8.20亿元（不包括青川县灾后援建资金），建设越温示范新村和浙川示范新村分别为50个和150个，援建希望小学160所，援建卫生院、福利院180所，修建人饮工程解决了10.76万人的饮水困难，企业合作协议资金13.72亿元，到位资金6.22亿元，帮助劳务输出9944人次，对四川省贫困地区发展给予了重大支持。

在开展对口帮扶的同时，两省都十分重视企业协作。截至2011年，浙江到广元、南充投资的企业已达143家，两省合作项目达519个。四川企业也积极在浙江谋求发展，在浙投资的川籍企业不断增加。两省企业间的合作，促进了扶贫协作长期、稳定、健康发展。

2008年“5·12”汶川特大地震后，在浙江省对口援建青川县的三年多时间里，为青川投入资金86亿多元、援建项目547个，使青川城镇居民可支配收入和农民现金收入分别达9343元、2671元，同比增长13.80%和12.90%。

2010年初，根据中央第五次西藏工作座谈会议精神和国务院扶贫开发领导小组办公室（以下简称“国务院扶贫办”）《关于完善浙江、四川东西扶贫协作工作的通知》（国开办发〔2010〕50号）要求，浙江与四川的东西扶贫协作扩大到四川省甘孜州、阿坝州和凉山州木里藏族自治县，浙江与四川东西扶贫协作中的政府援助、社会帮扶、人才交流等工作集中支持上述藏区。原浙江对四川广元、南充的经贸合作继续开展。

2010年6月，根据国务院扶贫办《关于调整珠海市东西扶贫协作工作任务的通知》（国开办发〔2010〕63号文）精神，珠海市调整为对口帮扶凉山州。截至2011年底，珠海市共向凉山州投入933万元，其中政府援助575万元，社会捐助（珠海市扶贫基金会等）358万元，援助项目14个，并取得了初步成效。2011年4月，珠海市扶贫基金会向凉山州捐赠价值40余万元的各类药品，应珠海市之邀，凉山州歌舞团赴珠海市进行了两场文化演出，效果良好。5月，珠海市划拨对口帮扶凉山州项目资金545万元，主要用于美姑、普格两县的新农村建设项目等民生工程。5月底，珠海市、凉山州在普格县举行了两市州扶贫协作项目启动仪式，召开了扶贫协作工作座谈会并举行了捐赠仪式，珠海市捐赠凉山州帮扶资金100万元，企业捐赠30万元。7月，珠海市政协又支持专项扶贫经费100万元，企业捐赠60万元。11月，珠海市再次支持扶贫工作经费30万元。

（四）在川部队参与开发扶贫

驻川部队和武警按照国务院扶贫开发领导小组和解放军总政治部《关于进一步加强部队参与扶贫开发工作的意见》精神，把组织部队和民兵预备役人员积极投身扶贫开发，作为在新的历史时期我军服从和服务于国家经济建设大局的重要内容来抓。中国人民解放军四川省军区（以下简称“省军区”）团以上单位都成立了由主官任组长的扶贫攻坚领导小组，确定了定点挂钩扶贫单位，制定了帮助挂钩点脱贫的目标和措施。截至2011年底，省军区各级共联系扶贫点1000余个，其中200多个行政村迈入了省级文明新村行列，为四川扶贫开发作出了积极贡献。

（五）企业参与开发扶贫

2007年以来，500余家国家和省级扶贫龙头企业积极参加“村企共建扶贫工程”。全省29家国家扶贫龙头企业积极参与扶贫开发事业，直接带动近200万贫困农户增收致富。四川省蜀

凉山军分区为“麻风村”凉山州布拖县阿布洛哈村建设输水管道，建成后受到彝族群众交口称赞。

涛集团有限公司带动22.10万贫困农户发展优质茶叶，使贫困农户户均增收达到2138元。四川省资阳市四海发展实业有限公司带动近2.60万贫困农户发展生猪养殖，使贫困农户户均增收800元，有力带动了贫困地区经济社会发展。

（六）其他各界参与扶贫

扶贫基金会、扶贫协会、革命老区建设促进会等扶贫社团组织利用募集的资金，实施住房改造工程、产业扶贫工程、再就业工程、栋梁工程和“春晖行动”、“爱在冬天”、“巾帼扶贫”、“幸福工程”、“智力支边”、“光彩事业”、“希望工程”等多种形式的扶贫济困活动。在“5·12”抗震救灾和灾后重建工作中，中国扶贫基金会、中国扶贫协会、友成企业家扶贫基金会等28家单位和企业以及境外慈善机构，向灾区捐款捐物折资4839.05万元，社会扶贫的作用和影响力得到了充分展示。

四川省委、省政府决策咨询委员会委员王思铁：近年来，四川社会扶贫特别是“挂包帮”活动是实实在在的利民之举。“挂包帮”有效整合了各方资源，充分发挥党政机关和企事业单位的组织优势、人才优势、智力优势、技术优势，为加快扶贫开发和贫困地区扶贫帮困、发展振兴提供了重要抓手，形成了促进农村经济社会发展的强大合力，取得实效，赢得民心。

六、外资扶贫工程

外资扶贫是四川省农村扶贫开发工作的重要组成部分。进入新世纪特别是2008年以来，外资扶贫为推动省的扶贫规划目标任务的完成发挥了重要作用。

（一）项目概况

1997—2003年，四川省组织实施了中国秦巴山区扶贫世界银行贷款项目；2005—2010年，又组织实施了第四期世行扶贫项目。这期间，还先后组织实施了德国米索尔友爱团结基金会凉山彝族地区参与式综合发展与环境保护扶贫、世界银行社区自主型发展、世界银行第五期技术援助、微软“潜力无限”社区技术学习中心、联合国妇女儿童基金会灾区贫困村妇女儿童灾后发展试点、联合国开发计划署贫困村灾后产业发展、德国技术合作公司贫困村分类研究等外资扶贫项目。第四期世行扶贫项目覆盖四川省平昌、马边、屏山、叙永、越西和美姑等6个重点县（以下简称四川项目区）的519个行政村的10.85万户、44.23万人。项目于2005年8月正式启动实施，到2010年全面竣工。

（二）建设内容

第四期世行扶贫项目计划总投资4.13亿元，其中，申请世界银行和英国政府混合贷款2.89亿元、占总投资的70%，国内配套资金1.24亿元、占总投资的30%。实际完成投资4亿元（因汇率变化，项目总投资中期调整为3.66亿元），占调整目标的109.29%。世行贷款由英国国际发展部贴息、财政部承贷并逐级转贷到县，贷款期限20年，宽限期8年，转贷年利率为2%。

根据项目设计原则以及扶贫到户的宗旨，经过多次论证，最后确定四川项目区的项目建设内容由农业、基础设施、教育、卫生、能力建设、机构建设和项目管理与监测等6个分项目、109个子项目组成。

1. 农业分项目。通过土壤改良、粮食作物种植、经济作物栽培、林果业、养殖业、小型机具等项目实施，增加农户粮食占有量和提高农民人均纯收入。计划投资2.08亿元、占总投资的50.36%，实际完成投资1.90亿元，累计覆盖农户18.25万户/次。

2. 基础设施分项目。通过乡村公路、人畜饮水、小型水利工程、农村供电、沼气池等项目实施，改善项目区生产、生活条件。计划投资1.31亿元、占总投资的31.72%，实际完成投资1.38亿元，累计覆盖农户12.07万户/次。

3. 教育分项目。通过教学点和村小建设与改造、添置和更新课桌椅与教学仪器、开展免费教育试点，解决项目区贫困儿童入学问题。计划投资1826万元、占总投资的4.42%，实际完成

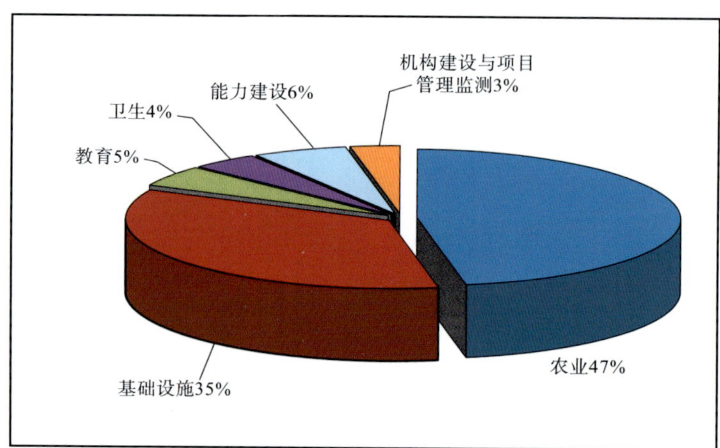

第四期世行扶贫项目投资完成情况示意图

On behalf of DFID,
congratulations for your
successes in this PRCDP
project. You have achieved
113% already and have
done us all proud. We
hope your achievements will
be inspiration for others
and the future.

Arjan de Haan

（译文：）我代表英国国际发展部祝贺你们在PRCDP项目上取得的成功！你们完成了项目的113%，让我们所有感到自豪。希望你们的成绩可以激励为其它地区和未来其它项目。

2010年11月，英国国际发展部PRCDP项目第十二次检查团团长戴艾颜在检查泸州市叙永县项目执行情况后题词。

投资1947.14万元，累计覆盖农户6.25万户/次。

4. 卫生分项目。通过村卫生室建设及设备和常用药品配套、乡卫生院设备、计划免疫、孕产妇保健、儿童保健、新法接生补助、医疗救助、地方病普查与监测等项目实施，基本解决项目区农户的医疗和健康问题。计划投资1937万元、占总投资的4.69%，实际完成投资1824.01万元，累计覆盖农户24.31万户/次。

5. 能力建设分项目。通过田间示范、技术员培训、农户实用技术培训和技能培训，以及技术推广、兽医服务、教师培训、成人基本教育、卫生人员培训、健康教育、乡级职员（村干部）培训等项目实施，确保相关项目建设的成功实施和社区发展水平及农户能力建设的提高。计划投资2333万元、占总投资的5.65%，实际完成投资2298.61万元，累计覆盖农户65.50万户/次。

6. 机构建设和项目管理与监测分项目。通过购置办公设备、配备交通工具、开展研讨交流和职员培训等，确保项目实施与管理工作得以顺利开展和各项目标的实现。计划投资1305万元、占总投资的3.16%，实际完成投资1071.83万元。

（三）项目成效

第四期世行扶贫项目成效，主要体现在以下六个方面：

1. 贫困人口大幅下降，贫困程度明显降低。

一是贫困缓解速度快于全国农村平均水平。截至2010年底，与2007年相比，项目村（指第四期世行扶贫项目村，下同）贫困发生率从14.50%下降到10.70%，降幅比全国农村平均水平高了2个百分点。贫困深度指数从6.40%下降到1.90%，下降4.50个百分点，表明项目区不仅贫困人口大幅度减少，而且贫困线以下的人口均有受益；贫困强度指数从4.70%下降到0.80%，下降3.90个百分点，表明项目村较穷的人的改善程度较大。

二是项目村农民人均纯收入增长速度高于全国农村平均水平和重点县平均水平。到2010年，项目村农民人均纯收入达到3408元，比2006年增加1561元，增长84.51%，年均实际增速为12.20%，超出全国农村平均水平5.10个百分点。项目村低收入农户的收入年增长速度仍低于高收入农户，但与中等收入农户的差距明显缩小。

2. 产业结构更趋合理，农户收入明显增加。

一是农业产业结构更加合理。通过项目实施，新增林果面积3.35万亩、经济作物3.57万亩，养殖业新增基础母牛1.98万头、母猪1.46万头，项目农户增收渠道多元化，农业产业结构日趋合理。

二是增加了农户收入。通过养殖业和经济作物项目实施，农户现金收入明显增加，特别是部分贫困户通过项目的帮助，彻底解决了温饱，摆脱了贫困。据《平昌县乘风村参与式社区验收评价报告》反映，2005—2010年，人均纯收入从1055元增加到3321元。

三是保障了粮食安全。项目累计种植粮食作物9.91万亩，增加粮食产量1.98万吨，项目区人均增加粮食近48公斤。从各县上报的验收评价报告数据来看，人均粮食占有量达到415公斤，实现了项目预期目标。

3. 基础设施明显改善，生活质量明显提高。

一是基础设施明显改善。2010年与2006年相比，项目村中通公路的自然村比重由60.80%增加到62.10%，但社道和入户路建设明显加快；2010年通电话的自然村比重达到97.40%，高于重点县平均水平；饮用自来水的农户比重由2007年的28.60%增加到2010年的36.90%，增加8.30个百分点，基础设施分项目成效明显。

二是解放了大量的劳动力，特别是妇女劳动力，使她们从繁重的家务劳动中解放出来，投入到其他经济开发活动中去，她们不但成为家庭增收的主力军，而且提高了自身的社会地位。屏山县清平乡星星村以前饮水主要是妇女背，平均每户每天都花10～20分钟，最困难地方可长达30～50分钟。项目实施后减轻了劳动强度、节约了时间，同时促进了养殖业的发展，原来每户养猪最多3～4头，现在最多的可养10～20头。

泸州市叙永县黄坭乡兴安村第四期世行扶贫项目建设的村道

三是加强了偏远山区与外界的联系，方便了农户进入市场和获得信息。项目解决了农户生产生活资料运输难、农副产品销售难问题，降低了运输成本。项目实施以前，屏山县福延镇五星村没有公路，交通闭塞，群众生产、生活成本高。项目实施后，新建村道5千米，基本实现了组组通公路，节约了大量的生产、生活成本。以农户建房为例，每吨建材（砖、沙、石、水泥、钢材等）转运费减少140元，按120㎡/户、每平方米使用0.75吨建材计算，每户可减少支出1.26万元，通车后的2009—2010年，全村42户建房户节约建房材料运费52.92万元。

四是大幅度解决了项目区缺水农户的饮水困难，并改善了饮水质量。项目区农户饮上了干净卫生的自来水，降低了发病率，健康水平得到较大提高。项目共解决14.87万人饮水困难，占预期目标10.81万人的137.60%。平昌县乘风村在项目支持下，新建人工井7口，修建集中供水点一处，解决了53户210人、220头牲畜的饮用水困难。

五是农户生活消费水平提高，吃、穿、住、用都有较大改进。与2006年相比，2010年项目村农民人均生活消费支出2331元，实际增长68.60%，年均实际增速为17.15%，超出全国农村平均水平3.40个百分点。饮食结构更为合理，主食消费量下降，肉、蛋、鱼、菜消费量增加。人均住房面积从2006年的25.40平方米增加到26.60平方米，增长4.70%。主要耐用消费品增速超过全国农村和重点县平均水平，其中，每百户彩色电视机拥有量从67台增加到90台，增加了

乐山市马边彝族自治县珍珠桥村外资扶贫引入“参与式扶贫”新理念。

33.90%；每百户摩托车拥有量从5.60台增加到15.30台，每百户移动电话和固定电话拥有量从67台增加到155台，均增加了1倍多。

4. 教育状况明显改善，卫生事业明显进步。

一是减轻了教育负担，提高了学生入学率，巩固和推进“两基（基本普及九年义务教育、基本扫除青壮年文盲）”和“两全（全面贯彻教育方针、全面提高教育质量）”工作。小学危房面积比重从2006年的5.30%下降到2010年的4.10%；7～12岁儿童入学率从84.60%提高到94%，增幅比重点县平均水平高出近10个百分点。项目村卫生室比重从77.20%提高到94.40%，明显高于重点县平均水平。入学率问题一直是教育“两基”、“两全”工作的瓶颈，特别6个项目县均是重点县，书学费、生活费负担成为制约学生入学的关键。项目开展的免费义务教育试点，彻底解决了九年义务教育小学阶段贫困学生书学费、教辅材料、学习用品，甚至生活费困难的问题。一方面减轻了教育负担，促进了农户间接增收；另一方面为贫困学生创造了学习条件，促进了项目区小学学生入学率和完学率的提高。

二是卫生分项目的实施，改善了社区公共卫生服务功能，让项目农户能够享受到便捷的公共卫生服务。2010年，有行医资格证书医生的村比重从2006年的72.20%提高到80.60%，有合格接生员的村比重从2007年的30.60%提高到50%，在有卫生室的项目村中开展儿童计划免疫的村比重从2007年的76.50%提高到96.90%。274个村新建了卫生室，方便了村民就近就医，降低了就医成本。培训村医6.43万人/次，提高了村医的从业水平，让村民享受更好的医疗服务。49.48万人/次接受了健康教育，让村民养成了良好的卫生习惯和正确的就医观念。平昌县项目区接受健康教育的人数从2006年的2.08万人增加到2010年的4.21万人，接受特困医疗救助从8918人增加到2.11万人，传染病发病率由2.60‰下降到1.74‰，住院分娩率从47.93%上升到87.45%。

5. 发展能力明显增强，村民素质明显提高。

一是增强了社区发展能力。项目全过程采用参与式方法，在规划、实施过程中注重能力建设，配套开展农业技术培训和技术服务，建立社区学习中心，开展各项社区活动，增强了项目村自我发展、自我组织、自我管理的能力，为可持续发展打下基础。平昌县龙岗乡乘风村党支部书记李松在谈到第四期世行扶贫项目时说："在实施项目过程中，通过参加培训和开展实际工作，我们确实学到了很多新思想、新方法，搞工作更加得心应手了。不但掌握了村民的发动、宣传和民主决策技巧，而且还可以自己做简单的项目建议书。同时，财务、采购和工程中的一些技术问题也学了不少。凭现在的智慧和能力，我们完全有信心、有决心把乘风村的事办得更好！"

二是为项目区培养了一批有文化、懂技术、会经营的新型农民和项目管理队伍。截至2010年底，累计培训技术员4.56万人/次，实用技术培训农户35.38万人/次、实用技能培训6.19万人/次，培训村干部1.33万人/次，使项目农户掌握1～2门农村实用技术。通过建立社区学习中心，开展功能性扫盲，四川省项目区与基期相比，青壮年文盲率由17.77%下降到4.13%，下降了13.64个百分点。平昌县项目办与县妇联合作开展订单式实用技能培训，与浙江贵足联合举办足浴技能培训班，学员结业后，全部输送到浙江贵足企业。学员王小英在学习了足浴技能后，2008年到贵足上班，当年获取劳务收入2万余元。

6. 创新扶贫开发机制，提升扶贫开发水平。

一是连片扶贫，整村推进。第四期世行扶贫项目采取按贫困区域确定项目区，以村为单位、农户为基本实施单元进行综合一体化扶贫，这一模式在四川省革命老区扶贫规划、彩票公益金革命老区新村建设等项目中得以借鉴和应用。

二是广泛参与，阳光操作。第四期世行扶贫项目从村级规划、年度计划、实施方案、资金安排、物资采购、工程实施、项目验收到后续管理等项目实施的各个环节，全程贯穿参与式理念，促进了业务部门技术人员、乡（镇）驻村干部、项目农户多渠道、多角度参与，还采取公告公示制度，确保项目预期目标实现。这一模式在四川省开展的"5·12"汶川特大地震贫困村灾后重建工作中得到推广运用。部分县还将参与式方法运用到救灾物资的发放工作中。

三是竞争立项，激发活力。平昌、屏山、叙永等县，为了充分激发项目村内在动力，在下达年度计划前，根据省安排资金规模，采取由村项目执行小组组织村民编制实施方案，到县演讲评比，确定项目建设内容和资金计划，变“要我干”为“我要干”，极大调动了社区发展活力。这一成功做法在四川省贫困村互助资金试点项目和部分县涉农项目中得到推广，效果明显。

四是一次规划，分年实施。第四期世行扶贫项目采取一次规划，明确投资类别和比例，制定分年投资计划，每年对项目计划通过参与式方法，及时更新和调整，确保受益人意愿得到尊重，项目目标得以实现。这一方式在四川省“5・12”汶川特大地震灾区贫困村灾后重建等项目中，得以充分应用。

五是关注弱势，明确措施。在第四期世行扶贫项目可行性研究阶段，聘请了相关专家制定了《少数民族发展计划》和《性别主流化措施》等关注项目区弱势群体的相关制度，从而保证了项目目标瞄准的准确性、实施方案的针对性、项目实施的成效性。这些措施也在四川省贫困村互助资金试点中得到推广，要求贫困户入社率不低于70%、贫困户借款率不低于平均数等。

六是注重能力，开展培训。在第四期世行扶贫项目投资中，能力建设投入占总投入的5.74%，开展了形式多样、内容丰富的项目培训，确保了相应项目成功实施。这一经验在四川省实施的地震灾区贫困村灾后重建、贫困村互助资金试点等项目中得到借鉴。

第四期世行扶贫项目第十二次检查团团长皮安澜在检查叙永县项目执行情况后题词：祝贺叙永县通过八年的辛苦工作，第四期世行扶贫项目取得了成功！你们的出色工作将被铭记！

第二节

扶贫改革试点

2004年特别是2008年以来，四川省开展了多项扶贫改革试点。其中，连片扶贫开发、贫困村互助资金、扶贫开发和综合防治大骨节病、汶川地震灾区贫困村恢复重建、大小凉山综合扶贫开发、巴中革命老区扶贫、彩票公益金革命老区扶贫、“两项制度”有效衔接等“八大”试点，取得显著成功，为新10年扶贫开发攻坚战提供了借鉴。

一、连片扶贫开发试点

四川省连片扶贫开发起步较早，至今已有六年时间。到2011年底，全省已建设107片。目前，已进入全面推行阶段。伴随秦巴山区、乌蒙山区、大小凉山彝区、高原藏区“四大片区”扶贫攻坚和“省级多村连片开发”的大力推进，连片扶贫开发必然成为扶贫开发的重要途径。

（一）试点的阶段划分

新世纪初，四川省大力实施国家和省的10年扶贫开发纲要、规划。2006年初，对实施纲要、规划的情况进行了中期评估，总体上实现了时间过半任务过半。但是，全省“万村扶贫”中“单打独斗”的单村扶贫开发，效果不很明显，特别是贫困村相对集中地方，由于自然、历史、民族等原因，一般经济增长不能带动、常规扶贫手段难以奏效，扶贫开发周期性较长。针对这一情况，为确保全省10年扶贫开发规划目标任务的圆满完成，也为新十年探索出扶贫开发新路子，从2006年起，四川省积极探索创新，开展了连片扶贫开发试点。总体经历了三个阶段。

一是试点起步阶段。连片扶贫开发，是针对贫困村相对集中地方，实施的“统一规划、分年实施，整合资源、分批投入，连片开发、整体脱贫”的一种有别于过去常规扶贫手段的新的扶贫开发模式。2006—2009年，在升钟库区和广安水淹区开展了“集中时间、集中资源”的连片扶贫开发试点。2007—2008年，在通江县、广安市广安区启动了“县为单位、整合资金、整村推进、连片开发”试点。同时，开展了“阿坝州扶贫开发和综合防治大骨节病试点”（以下简称“阿坝试点”）。实践证明，在贫困村相对集中地方实施连片扶贫开发，是解决特殊、深度、连片贫困区域贫困问题的可行模式和有效途径。

二是扩大试点阶段。特殊困难地区特别是升钟库区、广安水淹区的连片扶贫开发，出成果、出经验。为推广这两个片区试点的成功经验，2009年7月中旬，省委、省政府在广安市召开“全省连片扶贫开发现场会”；同年8月，省长蒋巨峰到巴中市调研后，省政府出台《关于加快巴中革命老区发展的意见》。这标志着全省连片扶贫开发进入了扩大试点阶段。到2010年，全省投入省级专项财政扶贫资金4.50亿元，试点片区从升钟库区、广安市广安水淹区扩大到巴中老区、二滩库区、万源山区、瀑布沟库区等52片区，试点成效进一步凸显，展示了强劲的生命力。

三是全面推进阶段。为进一步加大扶贫开发力度，加快贫困地区跨越发展，实现到2020年与全省同步建成全面小康社会奋斗目标，2010—2011年，全省先后编制并启动高原藏区、大小凉山彝区、川东北秦巴山区、汶川地震灾区、革命老区等一系列扶贫开发专项规划。这些规划，全面贯穿了连片扶贫开发理念。2011年5月出台的《中国农村扶贫开发纲要（2011—2020年）》，更为开展连片扶贫开发提供了强大的政策理论支撑。全省安排专项财政扶贫资金6.70亿元，启动连片扶贫开发片区75个。其中，川东北秦巴山区32县32片。同年，省的新10年扶贫纲要明确提出：“合理确定省级多村连片扶贫开发地区，可实行多村连片扶贫开发。”这标志着四川省连片扶贫开发进入了全面推进阶段。

2010年3月7日，达州市万源市“县为单位、整合资金、整村推进、连片开发”试点项目启动仪式在堰塘乡向家坝村举行。

（二）试点的基本做法

四川连片扶贫开发试点的基本做法主要有以下五个方面：

1. 坚持政府主导，实行群众主体。对连片扶贫开发试点，省委、省政府高度重视，特别是省委副书记、省长蒋巨峰，省委常委、副省长钟勉亲自过问亲自抓。从2006年起，省长蒋巨峰每年都多次主持专题会议研究部署，深入最贫困乡村调研指导，帮助解决难点、热点、重点问题。市（州）县党委、政府把连片扶贫开发试点工作列入重要议事日程，相关部门积极支持。乡、村两级具体组织实施，带领干部群众苦干实干，着力推进工作。同时，充分发挥群众主体作用，始终坚持扶贫项目群众自定、村务活动群众自理、建设工程群众自建、产业协会群众自办、环境卫生群众自护、后续工程群众自管，充分调动了群众的积极性和创造性。

2. 坚持民生优先，做到科学规划。各地试点中，始终坚持把民生放在首要位置，优先解决群众特别是贫困群众的吃、穿、住、行等问题。围绕迫切的民生问题，省、市、县三级按照"一次规划、分类实施、分年建设"原则，科学、统筹编制连片扶贫开发规划。针对不同试点片区的区位条件、资源禀赋、贫困成因、群众意愿等因素，科学确定规划目标和内容。突出抓好新村建设、基础设施、产业培育、能力提升、公共服务、社会保障以及生态保护等。按照总体规划原则、目标和内容，由县扶贫部门牵头编制具体实施方案和年度实施计划，严格执行，有序推进。

3. 坚持产业支撑，提高发展能力。各地在特色产业发展上大做文章，促进贫困群众增收致富。乐山市实施林竹产业单项连片扶贫开发，收到了林竹资源增长、贫困群众增收、扶贫企业增效的"三增"良好效果。南部县积极推广桑药、桑豆等生产经营模式，解决群众短期增收问题，着力实施"千里桑海、万亩湖面、核桃长廊、民俗生态"旅游产业，奠定了长期发展基础。同时，各地都把农户发展能力作为根本任务来抓。巴中市广泛开展提升社会就业、外出务工、科技致富、防病治病、发展创新、自我组织、当家理财和自立自强"八个能力"建设，效果突出。

4. 坚持资源整合，突出多元投入。整合财政扶贫、以工代赈、信贷扶贫、支持不发达地区等专项扶贫资金，实施捆绑使用；整合支农惠农以及其他涉农资金，与扶贫资金和其他资金捆绑使用；整合涉农外资金以及社会资金等，用于连片扶贫开发区域。同时，积极争取中央加大财政投入，省、市、县各级财政也加大了试点投入。按照"渠道不乱、用途不变、各负其责、各计其功"原则，试点片区所在县将基础设施建设、产业发展、社会事业资金调度整合，打捆使用，拼盘开发，集中向试点片区倾斜，多元投入机制普遍形成。

5. 坚持机制创新，形成"四位一体"。在试点片区，贫困识别机制、扶贫瞄准机制、资源整合机制、激励制约机制、社会扶贫机制等进一步形成并发挥较好作用。党政机关深入定点扶贫，各部门结合行业特点，从资金、项目、技术等方面，给予大力支持。机关干部、技术人员和优秀大学毕业生，被选派或选调到贫困村蹲点扶贫。社会各界广泛参与。特别是充分激发贫困主体自我扶贫的内生活力，“出自己的力、流自己的汗，自己的事情自己干”。一个集专项扶贫、行业扶贫、社会扶贫和自我扶贫“四位一体”的“大扶贫”格局在试点片区普遍形成。

（三）试点的主要成效

四川连片扶贫开发取得了明显成效，集中体现在以下八个方面：

1. 扶贫投入大增长。试点区都把整合资金作为实施连片扶贫开发的关键来抓，自2008年初以来仅专项扶贫就投入20多亿元。特别是整合了其他资金，使专项与其他投入之比一般达到1：6以上，一些地方还更高。广安水淹区试点总投入6.67亿元，专项扶贫与其他投入之比高达1：9以上。地处升钟库区的南部县，2007—2009年的三年中，各级投入资金5亿多元，基本解决了住房、行路、饮水、就学、就医、增收“六难”问题。投入大增长源于资金的整合，即是以片区为载体：专项资金内部整合，把财政扶贫资金、以工代赈资金、信贷扶贫资金整合在一起；把农业、水利、林业等涉农资金整合在一起；把其他建设资金以及社会帮扶、群众自筹等资金整合在一起。平昌县片区总投资1.27亿元，其中专项扶贫资金（彩票公益金）2125万元，占总投资的16.73%；整合部门项目资金3663万元，占总投资的28.84%；县级财政配套360万元，占总投资的2.83%；业主投入资金2580万元，占总投资的20.31%；群众自筹（含投劳折资）3931.08万元，占总投资的30.95%。

2. 基础设施大改善。通过各类基础设施建设，有效解决群众行路、饮水、上学、看病难等问题。巴中市巴州区上八庙片区，整合项目、聚合资金，硬化村道30.90千米、新建整治社道43.80千米、新建连户石板路5千米。2007—2009年，通江县先后有诺水河镇、空山乡、两河口乡3个乡（镇）15个村1.39万人，沙溪、瓦室、烟溪等5个乡（镇）22个村2.57万人被列进连片扶贫开发项目区。截至2011年6月，项目区共整治、新建乡村组入户道路462千米，80%的村通水泥路、90%的组通泥碎路，解决了1.50万人的行路难；新建和整治山平塘30口、集中供水点51处、蓄水池50个，铺设供水管道48千米，解决了1.20万人的饮水难；完成农户电网改造2100户，结束了高山区群众不通电的历史，让5300人用上了安全放心电；新建和改建学校23所，乡（镇）中心校建起膳食中心和学生宿舍，上学难得到基本解决；新建和改造8所乡（镇）卫生院，配备了“新五件”，村村建起了卫生站，配备担架、手术包、观察床等常用设备和乡村医生，项目区新农合参合率达97%，看病难得到有效缓解。

3. 特色产业大发展。各地把发展特色产业作为试点的重要内容来抓，助农增收优势特色产业普遍形成。2011年，南江县槐树村引进业主带动农户种植蔬菜1000多亩，培养土鸡养殖大户46户、散户135户，发展生猪养殖大户50户。特别值得一提的是升钟库区的南部县，先后派出110多名科级干部担任重点淹没村党支部书记，引导和鼓励村民在连片扶贫开发中大力培育特色产业。为了实现库区的可持续发展，2009年，该县借助库区丰厚的水资源及独特的地貌、厚重的历史，开展了旅游连片扶贫开发，成功打造出“全国钓鱼城”并连续三年举办了全国性赛事，吸引来自世界各地游客共50万人次。该县借助“全国钓鱼城”这张名片，三年间招引项目100多个，到位资金30多亿元。同时，景区所辖乡（镇）的“千里桑海”已具规模，黑花生、黑桃、食用菌等土特产品也成为群众增收的又一增长极，旅游产品的开发引回在外打工人员上千人，库区群众的年人均纯收入已突破4500元。

4. 农民收入大提高。各地把农民增收放在突出位置，农民收入大幅提高。一手抓产业发展增收。通江县空山等试点片区15个村，家家都有一条致富门路、村村都有1～2个致富产业，特色产业人均年增收485元。2009年，通江县建设瓦室—沙溪50千米5万亩茶叶产业带；新植茶叶2.60万亩，建茶叶苗圃220亩；培育生猪、土鸡养殖大户58户；新植核桃1900亩；2010年项目区农民人均增收550元以上。宣汉县峰城镇西牛村按照“公司+农户”模式，发展养殖大户，建成规模化种植烟叶450亩、种植高产玉米500亩、发展香菇20亩、发展木耳5亩，该村农民人均纯收入一下跃升到3400元。农民人均纯收入，升钟库区从2005年的1039元增加到2010年的4580元、阿坝试点片区从2007年的2406元增加到2010年的3741元。另一手抓外出打工增收。充分发挥片区内劳动力丰富的优势，通过劳务培训，提高输出人员技能，外出务工增收。宣汉县连片扶贫开发项目中，劳务培训输出1370人，人均月收入1600元。

5. 公共服务大改善。在连片扶贫开发试点中，各地普遍重视基本公共服务均等化建设。围绕解决温饱、脱贫致富的目标，尽力向村民提供基本就业、基本养老、基本生活保障等。通过基础设施、产业发展、培训输出等，解决村民的基本就业问题；按照省政府2009年10月下发的《四川省新型农村社会养老保险试点实施办法》，开展了基本养老保险试点，解决老有所养问题；普遍推行了农村最低生活保障制度，做到应保尽保。围绕满足基本尊严和基本能力的需要，尽力向村民提供基本的教育和文化服务。试点片区普遍加强了九年义务教育，提高广播电视通村入户率，配套建设文化站室、农家书屋等，丰富村民文化生活。围绕满足基本健康的需要，尽力为村民提供基本的健康保障。普遍开展了农村新型合作医疗，极大缓解了就医难问题。阿坝试点中，加强科技支撑，医疗卫生基础设施得到明显改善，患病群众健康水平得到显著提升，因病致贫、因病返贫大为减少，阻断了项目区贫困代际传递。

6. 农户能力大提升。试点片区都把农户能力建设作为重要试点内容来抓。扎实推进免费职业教育，加大种植业、养殖业、加工业和服务业等专业知识培训力度，加强劳务输出培训，成立农民专业合作经济组织和各类生产协会，推广发展小额信贷和贫困村互助资金，全面提升了社会就业、科技致富、外出务工、自我组织、防病治病、当家理财、自立自强和发展创新“八个能力”。通过这“八个能力”建设，普遍提高了贫困居民基本素质，实现由被动救济到主动脱贫的转换。特别是从项目宣传、项目竞争、项目规划、项目建设、项目管理、项目监督、评估及验收，整个过程都组织农户参与，提高了农户参与社区决策、管理的能力。宣汉县双鹿乡玉鹿村2社64岁的老农王福安一家6口，在没有实施项目之前，他家里仅靠土地上微薄的收入过日子。2010年，该村实施连片扶贫开发项目时，县、乡、村三级组织他家有劳动能力的3人参加实用技术培训，学会科学养殖技术后，开展了养殖业。通过一年多的努力，他家收入增加了近1万元。

7. 贫困状况大缓解。凡是连片扶贫开发片区，减贫速度都比面上快1倍以上，贫困问题大为缓解。内江市福润肉类食品有限公司在片区开发中，先后投放无息、低息资金600余万元给贫困户，直接带动5.60万贫困户走上脱贫之路。南部县升钟库区贫困人口从2006年的9万人减少到2010年的2000人。贫困状况大为缓解的原因是片区连片开发的综合治贫给力：投入增加、新村建设、基础设施、产业培训、能力提升、公共服务、社会保障、生态保护等。其中，投入增加使得扶贫开发进程加快，新村建设特别是其中的居住条件改善进而改善了生活条件，基础设施建设特别是通路工程建设为摆脱贫困奠定了基础，产业发展更是直接增加了群众的收入，能力提升使得自我发展能力大为增强，全面实行农村最低生活保障制度为稳定解决温饱兜底。通江县兴隆—烟溪茶叶产业带内2309户就有1900多户参与改造兴建茶园，面积达1.10万亩，茶叶年产值达到3080多万元，人均种茶增收3800多元，由此带动80%的贫困户脱贫致富。

8. 村容村貌大变化。试点片区按照“全面、全域、全程”小康的要求，深入推进新村建设，农村环境综合治理等，试点片区中农民集中聚居度高的地方达到70%以上，农村呈现出新设施、新产业、新生活、新环境、新风尚的“五新”格局。平昌县、宣汉县试点片区，60%以上农户实现了房屋美化、道路硬化、环境净化的目标，人居环境大改善，农村面貌大变化。南部县把连片扶贫开发和新农村建设紧密结合，村容村貌焕然一新。2011年7月下旬，由16个国家的29名官员组成的“亚洲国家统筹城乡发展与综合减贫官员研修班”，在考察南部县升钟库区连片扶贫开发后，研修班班长、来自巴基斯坦的比拉尔高兴地代表大家说：“通过讲解和走访，我们看到这里发生了很大变化。这里的老百姓很热情，他们用微笑欢迎大家，青山、绿水恰如村民的生活，鲜红的国旗和花色代表着村民的热情和致富的激情，蓝蓝的湖水代表南部人民摆脱贫困的决心，我要将这里的一切带回国，与大家一起分享这里的快乐和幸福。”

四川省委、省政府决策咨询委员会委员王思铁：四川连片扶贫开发试点取得了巨大成效，其实践表明，这是转变扶贫开发方式的一大创新、重要途径，意义重大：一是缓解连片特困地区贫困现状的需要，有利于集中力量解决这些地区的整体性贫困问题，推进贫困村向新农村小康村、贫困户向宽裕户小康户的转变；二是实现新阶段扶贫开发目标任务的需要，有利于扶贫开发由注重点上转变到点面结合，实现新十年扶贫开发的目标任务；三是形成“大扶贫”工作格局的需要，“大扶贫”工作格局的形成，为贫困地区的发展注入更为强大的动力。

二、贫困村互助资金试点

自2006年试点以来，四川省贫困村互助资金总额达3.09亿元，其中财政投入2.47亿元（中央财政投入4650万元，省、市、县财政投入2亿元），村民缴纳互助金6204.26万元。已有26.97万农户加入扶贫互助社，占1640个试点村常年在家农户的58.98%；加入扶贫互助社贫困户5.30万户，占建卡贫困户的64.86%。

（一）试点阶段

五年多来，四川省贫困村互助资金试点（以下简称“互助资金试点”）共经历了三个阶段。

第一阶段，2006—2007年为自我探索阶段。这一阶段四川省共有20县86村开展互助资金试点，由于没有统一的规定和模式，仪陇县等各地均根据以往扶贫项目、小额信贷等经验以及各自的理解大胆地尝试和创新。与此同时，国务院扶贫办、财政部组织专家在四川省旺苍县和河南叶县开展了规范化的探索与试点。

第二阶段，2008—2009年为全面扩大阶段。由于试点得到各级政府尤其是试点村老百姓的认可与好评，2008—2009年的两年间，包括汶川特大地震贫困村灾后重建、彩票公益金扶贫和国家贫困村互助资金试点在内，四川省迅速在全省21个市（州）129个县1254个村大范围扩大试点面，这是发展最为迅猛的阶段。这一阶段，全省推行了国家在旺苍试点的模式，互助资金试点开始走向统一的、规范的轨道。

第三阶段，2010—2011年为稳步推进阶段。由于第二阶段推进的速度过快，为防止“摊子铺大，管理跟不上出问题，影响整个试点”，通过检查和调研并认真落实省领导重要指示，把工作的“重点放到加强管理、规范上”。因此，2010年仅在试点较好的30个县扩大试点规模300个村，2011年则采取以奖代补方式，进一步减少互助资金的投入。与此同时启动了互助资金退出机制，使互助资金朝着健康、稳步的方向迈进。

（二）试点做法

互助资金试点的做法，主要有以下五个方面：

1. 明确管理机构，制定操作规范。2008年初，省扶贫办、财政厅确定贫困村互助资金项目由省扶贫办外资项目管理中心组织实施。各试点市（州）、县（市、区）扶贫办、财政局也落实专门科室、明确专人负责试点工作的指导和监管。为了规范管理，四川省在总结2006年以来互助资金试点经验、教训的基础上，组织人员编写了《四川省贫困村村级发展互助资金项目操作指南》（以下简称《操作指南》）和《贫困村村级发展互助资金项目财务管理与核算暂行规定》（以下简称《财务管理与核算规定》）。2010年，进一步修订和完善了《操作指南》和

《财务管理与核算规定》，编写辅导资料。为了方便互助社管理人员及广大社员掌握互助资金项目的基本知识，帮助他们理解《操作指南》和互助资金项目运作程序，同时编印了图文并茂的《互助资金80问答》。明确试点原则：一是互助资金中财政扶贫资金的所有权归全体村民所有，村民缴纳的互助金归其本人所有。二是除各级财政资金投入外，贫困农户缴纳互助金比例原则上占财政资金总额的20%～50%，对贫困农户优先扶持，并实行减交或缓交的特殊政策。三是扶贫互助社在民政部门登记注册为非营利组织。四是扶贫互助社成员和资金都严格控制在该行政村内，不吸储、不分红。五是社员自愿组成互助小组，借款由互助小组成员担保。六是按照“申请—审查—批准—公示”的程序确定借款农户、借款金额和期限。七是社员首次借款不高于3000元，以后最高单笔借款不超过5000元。八是资金占用费率由社员大会决定，原则上不低于当地信用社同期贷款利率，资金占用费随本结清。九是坚持小额短期、整借零还、公告公示等制度。

2. 确定选村标准，完善申报制度。一是试点村选择标准。为了确保试点目标实现，我们确定试点村必须是贫困村（包括扶贫工作重点村、贫困人口集中的插花村、因灾返贫村），群众发展愿望强烈、有小额信贷需求且得不到满足的村，村“两委”战斗力强，有一定产业发展潜力的村。二是竞争确定试点村。各地按试点村选择标准确定一定数量的备选村，通过散发宣传单，召开党员干部会、村民代表会、村民大会、村民小组会等各种形式，宣讲项目宗旨、目标、理念和相关规定。通过广泛征求农户意愿，制定竞争方案，在县上公开演讲答辩，评委现场打分，确定项目村。三是比选确定试点县。近两年，四川省进一步完善了互助资金申报制度，按照“固点扩面、自愿申请、适度集中、竞争比选、保障有力”的原则，选择地方党政领导重视、部门配合，严格遵循《操作指南》，现有互助社管理规范、按时报送报表，措施有力的县为备选县。再根据各市、县的工作实情，报表质量，软件数据分析报告，互助资金运行管理情况，承诺保障措施等进行认真比选，最终确定互助资金试点县。

3. 注重业务培训，提高实施能力。一是开展省级培训。省里采取分片培训、集中培训、以会代训或现场培训等形式，对各市（州）、县（市、区）扶贫办、财政局、项目乡（镇）、村从事互助资金工作的干部，就参与式工作方法、社区工作方案制定、借款发放与回收、项目风险控制、项目监测、财务管理与会计核算、计算机管理软件等业务进行培训，累计培训近6000人次。二是强化市县培训。每年各市、县都对项目村尤其是新增试点村干部和扶贫互助社的理事长、会计、出纳、监督小组长等进行培训，一般不少于3次。许多市、县在培训时还邀请省里相关人员到市县帮助培训和指导。三是制作教学光盘。为了帮助各级管理人员尤其是互助社理事会成员提高工作能力，四川省专门组织制作了一套互助资金教学光盘，将项目管理、会计核算和软件操作三个方面的内容，用简洁明了的语言、通俗易懂的案例讲解出来，并用三维动画这种生动、活泼的形式表现。光盘图文声像并茂，将充分激发管理人员的学习热情，可让他们能灵活自由地安排学习时间和进度，不再受培训时间、空间及经费预算的制约。

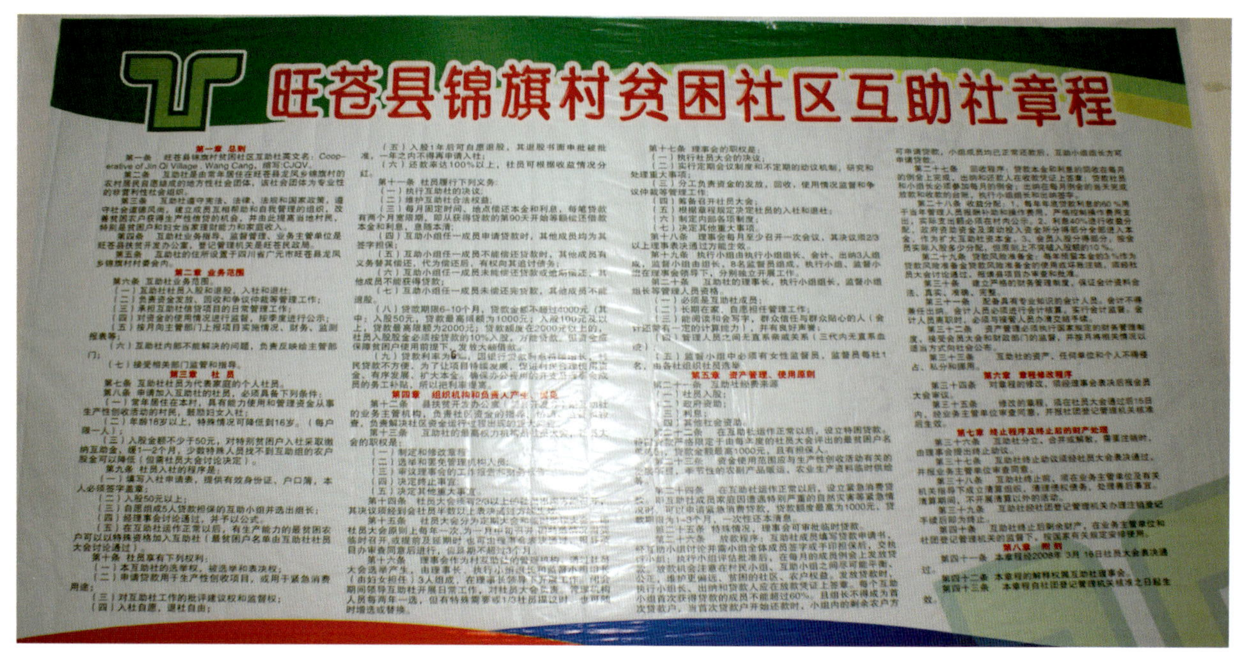
旺苍县锦旗村贫困社区互助社章程

广元市旺苍县锦旗村贫困社区互助社章程

4. 强化监督管理，规范运作方式。一是制定监管措施。民主管理，阳光操作。各地按照《操作指南》要求，组织村民讨论形成互助资金项目实施方案，确定交纳互助金额度、借款资金占用费率、还款方式，确定贫困户和帮扶措施。加强内部监管。按照《操作指南》要求，各互助社均建立了监督小组，负责监督执行小组是否按照章程办事，项目档案是否完整清晰，核实财务记录是否做到账账相符、账实相符，财务报表是否公示，接受社员投诉，向乡（镇）、县级业务主管部门反映互助社运行管理中存在的问题等。放款前审核。试点村完成社区发动、方案制定、民政注册、管理培训等工作后，需上报阶段性工作总结和扶贫互助社基本情况表，经省级管理部门审核同意后，县财政方可下拨第一批财政扶贫资金，未经审核，不能放款。按月报表。各试点县按照省上制定的互助资金项目报表制度，每月20日前上报上月互助资金进度与质量表和计算机管理系统数据，每季度上报项目监测报告。省上有专人对各县报表和计算机数据进行统计分析，及时发现并解决互助社运行、管理中存在的问题。二是注重督促检查。每年全省组织人员不定期对部分县、试点村进行检查，五年来每年都派员对试点规模较大的县进行了检查，甚至多次到问题较多的县开展现场督导整改。除接受国务院扶贫办专题检查和全国性交叉检查外，四川省还专门组织分片检查和交叉检查。各试点县采取集中赛账、交叉检查档案和财务资料等形式，对试点村进行日常检查。有的县确定人员分片负责，每月巡查，开展日常监管。

5. 整合相关资源，提高管理水平。一是整合部门资源，增强服务效能。利用组织部门资源。组织部门为村支部建设了办公用房、配备了计算机远程教育系统、建成了农村科技书屋。

扶贫互助社借用其办公用房解决互助社办公场所；利用远程教育系统配置的计算机，安装了贫困村互助资金管理系统，解决了一些互助社缺少计算机的问题。利用县级业务部门进行技术指导。针对扶贫互助社社员尤其是贫困户社员发展信心不足、生产技术匮乏的现状，互助社在收集社员借款申请时，一并收集社员对生产技术的需求信息，汇总后报驻村干部。根据汇总的情况，乡（镇）农技站、兽防站，县业务部门技术人员在每月的固定借还款日，开展有针对性的技术服务和指导。利用本部门资源。针对互助社管理人员计算机知识缺乏的现状，一些试点县利用劳务扶贫培训指标，对每个扶贫互助社两三名管理人员进行计算机基础知识培训，在此基础上，开展《贫困村互助资金管理系统》操作培训，在乡（镇）财政所人员和大学生村官的帮助下，互助社管理人员一般在3个月后就能独立操作《贫困村互助资金管理系统》处理业务。二是配合调研与培训，丰富试点内涵。省里除每年都派员参加国务院扶贫办组织的专家组对各省（区）互助资金检查调研外，还配合国务院扶贫办专家组对四川省的检查与调研。配合省政协、省委农工委、省政府研究室、省政府金融办公室、人民银行成都分行等单位对互助资金开展的专题调研，所形成的调研报告受到省领导的高度关注。省扶贫办与省委农工委的调研报告被中农办《农村要情》专报刊登，省委书记刘奇葆批示："这种扶贫方式很好，请继续总结、完善和推广。"

（三）试点成效

互助资金试点工作成效，主要体现在以下五个方面：

1. 缓解了农户借款难题，提高了贫困农户收入水平。根据省里对互助资金试点村896户入社农户的抽样及问卷调查，94.98%的农户在扶贫互助社得到了借款，发展生产后，家庭经济收入明显增加，其中增收500元以上的377户，占42.17%。实践证明，贫困村互助资金为农户提供短期、小额的有偿借款，较好地解决了贫困村金融服务缺失、贫困户借款难的问题。广安市广安区协兴镇向前村利用靠近城区的优势，借助互助资金项目，大力发展反季节蔬菜和特色养殖业，目前全村种植蔬菜205亩，养猪40头、朗德鹅5000只，扶贫互助社社员年人均增收1500余元。从全区看，试点村农民人均纯收入由项目前的631～1925元增加至1196～3295元，增幅高于同期全区农民人均增收的平均水平。

2. 建立了互助合作关系，提高了农户的组织化程度。在试点村，通过互助资金这个纽带把农户组织在一起，农户自愿组成互助小组，缴纳一定额度的互助金，按月定期借、还款，农户间交流的机会增多了，村民间除了在借款方面有联保责任外，在生产活动中也相互帮助和支持，逐渐形成了互助合作的关系。现在"单打独斗"的少了，"抱团"发展的多了，呈现了"富帮穷、强帮弱、好帮差、邻帮邻"的景象。遇到矛盾纠纷时首先在互助小组内调解，农户邻里间"生产相互帮助、矛盾相互化解、困难相互克服"，基本做到了小事不出互助组、大事不出扶贫互助社。可见互助资金团结了村民，互助社作为村民的一个经济组织，助推了农民组织化程度的提高。南江县牡丹村村民李秀玉，61岁，肢体残疾，儿子汪良军有智力障碍，妻子患有大骨节病，家中严重缺乏劳动力，不能外出务工，经济极为困难。本人想发展黄羊，找点经济来源，但是没有本钱。2009年9月，在理事会成员的建议和帮助下，他在互助社借款5000元，购买黄羊16头，截至2011年底共发展黄羊60头（出栏30头），售价1.5万元，基本解决了家中的生活开支和医药费，并按时偿还了本金和利息。他激动地说："没有互助资金和理事会一班人的帮助，就没有我一家人的今天。"

3. 调动了农民内生动力，增强了农户自我发展能力。经调查，四川省互助资金95%的借款都用于养殖业和种植业，5%的借款用于其他支出；借款户中50岁以上的农户占47.70%，妇女占32.60%，初中文化以下的占92.80%，这几类人都属于外出务工困难人群。互助资金让这部分农户看到了机遇和希望，许多贫困户在扶贫互助社的引导和带动下，主动想办法、谋出路，积极发展生产，实现了在家就业。同时，扶贫互助社组织农民学习金融知识，提高理财能力，给农户灌输市场理念，并为农户提供生产、技术、销售等环节的服务，从而增强了贫困农户自我发展的能力。西充县大湾头村村民贾光华长年在外打工但没有挣到钱，扶贫互助社成立后，他回乡发展养兔产业，借款5000元，到2011年底已发展种兔165只，肉兔每月出栏300只，年纯收入可达3万多元。

4. 培育了农户民主意识，提高了农村基层执政能力。互助资金是按照"民有、民用、民管、民受益"原则管理的，扶贫互助社是在贫困村建立的民间非营利性组织。在资金运行上，实行自我经营、自我管理，风险共担、收益共享；在扶贫互助社组建上，由村民民主选举、共同制定章程；在互助社运转上，由社员共同监管、相互监督；在参加互助社和资金使用上，充分尊重村民意愿，由村民自主决策、自愿加入、依章退出。通过贫困村互助资金，有效发挥了

宜宾市江安县水清镇金山洞村村民李艳华从互助社借款5000元用于养鹅，从开始时的30只发展到现在的50余只。

达州市达县石梯镇蹬子村群众踊跃加入贫困社区互助社

农户的知情权、参与权、管理权和监督权，培育了农民群众的民主管理意识，促进了农村基层民主建设。贫困村互助资金由扶贫互助社管理，再由村“两委”的主要干部兼任扶贫互助社的理事长等职务。这样，村“两委”特别是村党支部自身建设和扶贫互助社项目实施相融互促，村党支部在项目实施中发挥了“助推器”作用；项目实施又为村党支部建设提供了实践载体，提高了贫困村党支部的“执政”能力。遂宁市船山区永兴镇应龙桥村党支部书记蒋英全说：“相比信用社，扶贫互助社利息低和方便、快捷的借款方式很受村民欢迎；我们也在这项工作中得到了能力提高。”

5. 密切了党群干群关系，融洽了社区邻里和谐关系。党群干群关系明显改善，大多数试点村互助社理事会成员都是由村“两委”干部担任，他们以互助社为平台，积极帮助贫困农户想办法、出主意，理思路、上项目，用实际行动赢得了村民的信任和拥护。有的县还把互助资金试点作为基层组织建设、新农村建设的抓手，充分发挥农户的主体作用，并努力地改进工作方法，转变工作作风，变管理为服务，密切了党群干群关系，基层组织建设得到加强。村民邻里关系更加和睦，通过互助资金试点，农民的素质得到提高，乡风民风普遍好转。互助社成员彼此信任与支持，共同议事决事，相互传递信息，彼此提供担保，形成了互助共济、团结共进的良好局面。剑阁县城北镇红双村在地震前就完成了互助社成立工作，地震后几个月虽然没有开展借还款工作，但是，互助社理事长曹绍民仍坚持互助社一月开展一次活动的制度，活动中交流抗震救灾信息、学习农业技术，稳定了民心，因此曹绍民在村民中的威信提高，大家称赞有了这样的带头人“不愁红双村变不了样”。简阳市丹景乡辛家嘴村实施互助资金试点后，村上过去开办的8个麻将室均自动关门，村民都忙着种蔬菜、养生猪、跑市场，一门心思谋划美好生活。

1. 四川省委、省政府决策咨询委员会委员，四川省社会科学院副院长郭晓鸣：由国务院扶贫办和财政部牵头在四川开展的“贫困村村级互助资金试点”工作,正是在探索扶贫资金使用新机制的基础上所进行的推动以农民为主体的合作金融发展的成功的改革尝试,具有极其重要的政策创新价值和实践推广意义。

2. 中国人民大学教授汪三贵：四川旺苍和河南叶县“互助资金发展的成效：缓解了部分村和农户信贷资金不足的问题，支持了村级产业发展和农户的创收活动，提高了农户的信用意识和自我管理能力，加强了社区成员之间的互助合作，促进了社会和谐”。

三、扶贫开发和综合防治大骨节病试点

2008年5月，省委、省政府正式启动了阿坝试点。四年来，累计投入资金27.90亿元，开展了易地育人、更换粮食等9个项目。试点不仅取得可喜成绩而且积累了宝贵经验，贫病居民深感满意。

（一）实施背景

阿坝州是四川省第二大藏区、全国羌族主要聚居区。70多年前，中国工农红军长征在这里爬雪山、过草地，创造了艰苦卓绝的革命奇迹，藏、羌各族人民作出了巨大贡献。阿坝州经济欠发达，农村贫困居民多、贫困面大、贫困程度深。到2006年底，仍有723个村处于贫困状态，占全州行政村总数的53.40%；贫困居民达22.56万，占全州农村居民的33.29%。阿坝州大骨节病严重，据2004年底调查统计资料显示，全州13个县中11个县、79个乡（镇）流行大骨节病，294个村为病区村，占行政村总数的21.72%，Ⅱ度以上患者集中的重病村达119个。病区村居民14.71万，占全州农村居民总数的21.71%；患者4.27万人，占病区村居民总数的29.02%。阿坝州是集“老、少、边、穷、病”于一体的集中连片特困地区。

党中央、国务院和省委、省政府历来十分关心病区群众，大骨节病防治取得一定成绩。对进一步解决患者因病致贫、贫病交加问题，2006年8月以来，多位中央领导同志作出了重要批示。遵照国务院总理温家宝的重要批示精神，省委、省政府高度重视，及时部署，组织编制了《阿坝州扶贫开发和综合防治大骨节病试点工作总体规划》（以下简称“总体规划”）及各项分规划。2008年1月18日，国务院办公厅秘书二局拟定报告，明确提出加大对实施总体规划的

资金支持，在投入上分两个渠道解决。一是国家发展改革委加快大骨节病区群众易地搬迁和易地育人建设规划的评估工作，尽快安排资金并启动两项工程建设，以此带动总体规划的实施。二是在扶贫资金中设立“阿坝州大骨节病防治专项”，中央财政5年将累计增加安排16.70亿元专项资金，年均安排3.34亿元。

同年1月21日，国务院总理温家宝再次作出重要批示：“落实好《阿坝州扶贫开发和综合防治大骨节病试点工作总体规划》，具有重要意义。中央有关部门和四川省政府要共同努力。”同年2月28日，国家发展改革委以发改投资〔2008〕586号文件正式批复阿坝州大骨节病区易地搬迁和易地育人建设规划。规划总投资11.30亿元，其中，国家发展改革委安排中央预算内投资8亿元，地方投资3.30亿元，且主要由四川省本级安排，规划实施期限为2008—2012年。根据总体规划和投资渠道，四川省编制了《阿坝州扶贫开发和综合防治大骨节病试点工作财政扶贫资金项目规划（2008—2012年）》。2008年4月29日，省政府第6次常务会议审定并原则同意该规划，并报财政部、国务院扶贫办备案。规划总投资20.85亿元，其中，中央财政扶贫资金16.70亿元，省级配套资金4.15亿元。阿坝试点5年规划期共计投资32.15亿元，其中，国家投资24.70亿元，占76.83%；省级配套7.45亿元，占23.17%。

（二）试点内容

1. 规划目标。到2009年末，现有义务教育阶段学龄儿童2.64万人实现易地上学；病区村11.64万人全部实现口粮更换；Ⅲ度患者3144人实现集中供养，全部患者纳入农村低保和医疗救助体系；病区12.62万人实现安全饮水。到2012年，病区村1.71万户、7.70万人实现易地搬迁；604个贫困村实现整村推进；全州绝对贫困人口9.61万人基本解决温饱，低收入贫困居民12.95万人稳定解决温饱；病区村儿童X线检出率总体控制在10%以内，基本控制大骨节病新发，患者得到较好救治和享受基本保障。

2. 主要工作。包括易地搬迁、易地育人、更换粮食、饮水安全、社会保障、移民安置、调整结构、卫生防治、科技攻关等“九大”试点工程项目建设。

3. 保障措施。全州13个县整体享受重点县政策；全州整体纳入国家以工代赈实施范围；优先安排项目区基础设施建设项目；试点区延长退耕还林政策；全州纳入“三江源”生态保护与建设工程范畴；特批大骨节病区建设用材指标；增加中央国家机关、大型国有企业和东部沿海发达地区省（市）对口帮扶；规划实施完成后，易地育人、更换粮食、社会保障等措施延续执行。此外，还提出了各级政府和有关部门的职责分工。

2008年5月6日，省委、省政府在阿坝州红原县麦洼乡正式启动阿坝试点工作。省委书记刘奇葆出席启动仪式并作重要讲话，国务院扶贫开发领导小组副组长、办公室主任范小建出席启动仪式并讲话，省委副书记、省长蒋巨峰主持启动仪式，国家发展改革委、财政部、民政部等领导参加启动仪式。试点工作的正式启动，标志着征服和战胜大骨节病的攻坚战全面展开。

2008年5月6日，省阿坝州扶贫开发和综合防治大骨节病试点工作启动仪式现场。

（三）试点成效

2008—2011年，阿坝试点“九大”工程项目建设，按照《总体规划》扎实推进，进展顺利。四年累计到位资金27.90亿元，其中，中央财政扶贫资金13.36亿元，省级配套3.36亿元；国家发展改革委下达易地搬迁、易地育人中央预算内资金8亿元，省级配套1.95亿元；科技部下达科技攻关资金1900万元；州县自筹1.04亿元。总体上说，试点成效主要体现在以下九个方面：

1. 易地育人。4年投入资金3.11亿元，将病区2.64万名5周岁以上儿童全部安排进入非病区学校就读，并及时兑现100元/人·月的生活补助（2009年增加为120元/人·月）和离校2个月的口粮；新建、改扩建校舍15.56万平方米，购置课桌凳、钢架床、卧具等5.06万套，洗浴设备48套，实验仪器47.22万台（件）。阿坝县柯河乡格玉村是大骨节病重灾区，该村8成以上的村民都患有大骨节病。仲尕一家6口人患有大骨节病，家庭经济特别困难。2008年9月25日，易地到县城城关二小就读的学生仲尕在日记里这样写道：“今天，是我一生中最难忘的日子。现在的学校比我们原来村里的小学漂亮多了，老师对我们特别关心，寝室里的生活用品全是新的……”说起新学校里的生活，仲尕一脸灿烂的笑容：“我非常喜欢新学校，国家每月发给我们120元的生活补助，这里每天都有新鲜蔬菜和肉吃。”

2. 易地搬迁。四年投入资金8.51亿元，累计启动281个村、1.56万户、7.01万人的易地搬迁工程，建成搬迁房1.44万户（套）。松潘县红土乡热窝村位于县城西南部，距县城74千米，平均海拔3050米（定居点2600米）。全村99户、428人，其中劳动力216人。由于该村地处边远，经济条件十分薄弱，2009年经济总收入仅31万元，人均纯收入仅1670元。“5·12”汶川特大地震后，热窝村原址存在地质灾害隐患，经专家现场鉴定后要求进行避险搬迁。2008年“阿坝试点”第一批移民安置（整村推进）项目实施以来，坚持“因山就势、依山傍水、自然布局、错落有致、彰显特色”的村庄建设指导思想，科学合理布局农村住房、基础设施和公共服务设施，该村搬迁至松潘县较场集中安置区。如今，热窝村正逐步成为基础设施完善、人居环境优美、村风文明的社会主义新农村，并通过推广中药材及无公害蔬菜种植，调整养殖结构、引进优良品种、增加出栏率等方式，农牧民群众收入得到普遍提高，村民们沐浴在党的温暖阳光下，在新的村落里安居乐业。

3. 更换粮食。四年投入资金2.51亿元，累计为病区14.46万人（含病区2.64万名学龄儿童）供应口粮6973.74万公斤。“现在大米饭吃‘顺口’了，再来吃糌粑，我们反倒有些不习惯了。”德格乡德格村村支部书记泽布丹一边用电饭煲煮饭一边对来访的客人说：“如今，在政府的资助下，我们过上了和城里人一样的生活”。

4. 饮水安全。四年投入资金4700万元，在136个贫病村实施饮水工程，解决了12.62万人的饮水安全问题。恢复改善灌面1.49万亩。阿坝县各莫乡查不让村是大骨节病重病区，长期以来，该村45户200余名村民吃水要到1千米外的山沟去背，而且山沟水泛黄不卫生。“长期饮用不干净水可能与患大骨节病有一定关联。”村民有了这样的担心。2009年9月20日，是查不让村全村男女老少最难忘的一天，大家聚集在村口，“水来了，水来了。”随着村委会主任兴奋的欢呼，群众沸腾了，村民们挨个尝着自来水，村民甲白含着眼泪激动地说：“这是我一生中喝到的最甜的水。”

5. 社会保障。四年投入资金1.46亿元，将3.80万名Ⅰ、Ⅱ度患者全部纳入农村最低生活保障；建成20个Ⅲ度患者集中供养中心，对3144名Ⅲ度患者集中供养，本着自愿入住的原则，已动员960名Ⅲ度患者入住；将4.12万名大骨节病患者全部纳入农村医疗救助范围，并资助其参加新型农村合作医疗。累计救助大骨节病患者16.47万人次。若尔盖县求吉乡上旺村的巴扭大爷今年61岁，从小就患有重度大骨节病的他因为久未得到治疗而导致四肢关节严重变形，行走极为不便，生活不能自理。2008年试点启动实施了巴西农村敬老院建设。本着自愿入住的原则，第二年巴扭老人就和其他65位重病患者一起住进了该敬老院。

6. 移民安置。四年投入资金7.40亿元，在514个村实施整村推进项目，完成住房建设7722户，实施“五改三建”4.99万户，修建村内道路1679.18千米，建设村民活动中心3.14万平方米，扶持9401户农牧户发展支柱产业，改造入户电网1.43万户，培训村干部2581人、农牧民技能培训1.35万人。

7. 调整结构。四年投入资金3.42亿元开展农牧区农业产业结构调整。种植业投入资金1.91亿元，建成优质蔬菜、特色水果、高原马铃薯、优质青稞等产业基地21.30万亩，栽培中低温食用菌262万袋；完成农业实用技术培训2.58万人次；新建种养业基地33个，新改建机耕（牧）道1614.50千米，整治农田4.85万亩。养殖业投入资金1.51亿元，为4700人兑现养畜补助，购买牲畜6.33万头（只），新建棚圈65.37万平方米、改良点494个、牛羊肉奶及商品猪产业基地23个；完成人工种草7.34万亩，购良种公畜957头、冻精4万余支；开展畜牧实用技术培训5107人。若尔盖县阿西茸乡团结村53岁的村民当周降措是一名大骨节病患者，一家5口人，以前的日子过得有些艰难。2009年，调整结构项目在该村实施，在技术人员的指导下，他拿着国家免费发放给他的地膜、种子和肥料，抱着试一试的态度，种下了20余亩大黄。近年来，20亩土地着实让他“富了一把”。他不无惋惜地说：“村里先种植大黄的人家，都已经修好两层的楼房了。像我们这种起步晚的，盖起的新房就只有一层哦！”如今，新修的房子，新买的42寸彩色电视机，海尔牌双滚筒洗衣机，政府免费发放的牛奶分离器……当周降措怎么也不会想到，50出头的他这辈子能过上这样好的日子。

8. 卫生防治。四年投入资金7300万元，建成大骨节病监测点58个、州县数据库12个，临床检查监测8.11万人次，拍摄X线手片6519张，采集儿童发样996份、居民主食粮样976份；完成卫生学评价119处；将4.12万名患者全部纳入新型农村合作医疗，并实施对症治疗；新建实验室1个，装备医疗机构399个，配置地方病防治监测检测设备13套；举办培训班41期，培训2470人次；开展健康教育讲座和咨询350次；供应硒碘盐712.5万公斤。

9. 科技攻关。四年投入资金2900万元，科技攻关组先后51次、700余人次赴病区调查患者和群众1.22万人次，治疗5000人次，采集样本7000份。通过大量现场研究和实验室研究，证实了病情与地理环境和空间分布密切相关，建立了地形因子与病情的定量关系；证实了大骨节病具有明显的遗传倾向性；探索了早期诊断的新方法；研究了安全有效的综合治疗方案；建立了大骨节病遗传资源库、远程医疗信息平台等，为开展大骨节病长期防控研究提供了有力支撑。

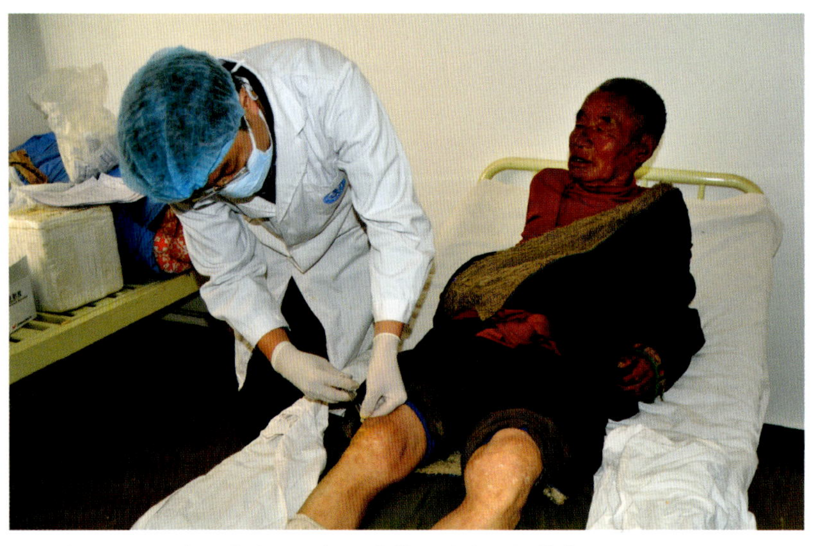

四川省卫生厅医疗组专家为阿坝州农牧民治疗大骨节病

阿坝州马尔康县Ⅰ、Ⅱ度大骨节病患者农村低保发放暖民心。

（四）实践与探索

1. 破解三大难题。一是破解斩断病链难题：改变“单纯治病”格局，形成了集“研、阻、治、防”于一体的综合防治网络，大骨节病蔓延趋势得到有效遏制。二是破解发展基础难题：培植新兴产业、做大优势产业、做优传统产业、做强特色产业，形成“以农牧产业为基础、旅游产业为重点、劳务产业为补充”的新型产业格局。三是破解增收缓慢难题：多管齐下、着力优化农户经营结构，形成“以特色产业增收为主，家庭经营、外出务工增收为辅”的多元增收格局，因病致贫、因病返贫情况得到有效缓解。

2. 改善三种条件。一是改善人居环境：贫病区群众远离病区，阻断病链，人居环境极大改善，村容村貌有了大改观。二是改善生活条件：净化饮水水源，优化膳食结构，改变饮食习惯，有效解决了行路难、用电难、通讯难、看电视难等问题。三是改善教学条件：全面改善贫病区教育条件，提升教学水平，上学难得到了有效解决。

3. 强化三个保障。一是强化社会保障：分别对Ⅰ、Ⅱ、Ⅲ度大骨节病患者实施农村低保救助、五保供养、集中供养措施，实现了社保全覆盖、人人有保障。二是强化医疗保障：综合实施新农合资助、门诊救助、大病救助、医疗救助综合措施，妥善解决了看病难、看病贵问题。三是强化服务保障：完善贫病区公共服务设施，促进社会事业发展，有效解决公共服务“短腿”问题，加快了公共服务均等化进程。

4. 实现三个转变。一是转变生活方式：有效改善生产生活条件，推动健康文明生活方式快速传播和普及，促进了贫病群众生活方式的转变。二是转变生产方式：突出特色效益农牧业发展，加快传统粗放生产方式向标准、规模、集约、产业化生产方式转变，提高了农牧业综合生产能力和经济效益。三是转变思想观念：各级干部牢固树立以民生聚民心、以发展促稳定理念，改进工作方式，转变工作作风，切实为民办实事，充分调动群众“要我建”为“我要建”的积极性和参与性，有力推动了和谐阿坝建设进程。

若尔盖县求吉乡上旺村的巴扭说：“2009年，我们搬到敬老院。在这里吃得好、住得好，政府还定期为我们检查身体，给我们发放免费药品用，减轻了我们的病痛，现在很多事情都可以自己做了，感谢共产党，感谢政府，卡卓！卡卓！”（意为谢谢！祝愿吉祥如意！）

四、汶川地震灾区贫困村恢复重建试点

“5·12”汶川特大地震四川极重、重灾区大都是革命老区、少数民族地区和贫困地区，是扶贫开发工作的重点区域。特大地震灾害发生后，灾区贫困村的发展资本基本丧失，因灾致贫返贫人口激增，生态环境脆弱，恢复重建难度更大、所需时间更长。党中央、国务院对汶川地震灾区的恢复重建和扶贫开发高度重视，胡锦涛总书记、温家宝总理和回良玉副总理等中央领导同志多次做出重要指示和批示。据此，国务院扶贫办要求各级扶贫部门深入灾区调查研究，组织开展贫困村灾后恢复重建规划，加强工作指导。全省扶贫部门充分发挥职能作用，坚持把灾后恢复重建和扶贫开发相结合，取得了良好的效果。

（一）实施背景

地震重灾区与贫困地区高度重合，全省39个极重、重灾县中，有7个重点县和24个扶贫开发任务县。地震发生后，极重、重灾县中原有的2117个贫困村受灾严重，另有399个非贫困村因灾返贫，贫困村总数增加到2516个，受灾人口258万人，返贫人口近60万人，贫困发生率由灾前的11.68%上升到34.88%。另外，四川省86个有扶贫工作任务的一般受灾县中，有5810个贫困村受到不同程度的灾害损失，贫困人口由89万上升到134万，贫困发生率由13.05%上升到19.64%。地震灾害不但使四川省地震灾区贫困范围扩大、贫困人口增加，而且对四川省扶贫开发造成了巨大影响。

一是贫困程度进一步加深。重灾区贫困村60%以上的农户房屋被毁，牲畜、家禽大批死亡，主导产业大部分损毁，基本生产生活资料损毁严重。“5·12”汶川特大地震后，很多农

户由于在金融机构的债务无法按期偿还，信用等级下降，难以得到无财产抵押贷款支持；地震造成的人员伤亡，使贫困村劳动力遭受较大的损失，部分村社人力资本丧失严重；灾区贫困村大部分的道路、人饮设施、供电系统等基础设施和村卫生室、活动室等公共服务设施受到破坏，部分耕地灭失，农户赖以生存与发展的自然资本丧失，给农民的生活、生产恢复和发展造成极大约束。

二是贫困村资源环境更加脆弱。“5·12”汶川特大地震后，重灾区贫困村的资源环境更加脆弱，加上余震不断，山体滑坡等次生灾害频发，致使一些地方无法进行灾后复垦、重建。北川县陈家坝乡地坪和太洪两个贫困村，灾后人均耕地分别只有0.10和0.20亩，大部分农户宅基地完全损毁，只有靠乡政府集中征地进行农房重建，现有耕地难以维持生计。2009年，这两个村的少数农户原址重建的房屋刚封顶，便掩埋于“9·24”洪灾引发的山体滑坡之中，农户只能重新举债重建农房。

三是扶贫开发进程大为延缓。四川省重灾区2516个贫困村中，2117个扶贫开发工作重点村自2001年到灾前，都逐步开展了扶贫新村工程建设，其中有1587个村完成了建设任务，累计投入16.20亿元；另外还投入产业发展资金1.78亿元，建成了一大批具有地方特色的增收产业。汶川特大地震对这些刚刚具备发展条件的贫困村造成了毁灭性打击，生产生活基础设施基本被摧毁，30年改革开放与20多年来扶贫开发的成果毁于一旦，极大地增加了完成10年扶贫开发任务的难度，延缓了灾区扶贫开发的进程。

（二）实施成效

在省委、省政府坚强领导和国务院扶贫办大力支持下，经过三年努力，四川省39个极重、重灾县的2516个贫困村恢复重建工作取得了显著成效。截至2011年9月30日，上述2516个贫困村中，由扶贫部门直接组织实施的1224个贫困村的灾后恢复重建全部完工，完成投资总额31.11亿元，占计划投入30.91亿元的100.61%，其中，中央基金完成投资6.70亿元，省级基金5100万元，其他资金23.89亿元。

1. 生产生活条件基本恢复。通过两年多的灾后恢复重建，灾区贫困村农房维修与重建基本完成，道路、水利等基础设施和教育、医疗、环保等公共服务设施得到一定恢复与改善；村“两委”执政基础、决策能力显著增强；基层组织民主管理体系进一步完善；干群关系更加紧密，农村社会资本明显增加。灾后重建取得的成效为灾区群众安居乐业、增收致富打下了基础，为新农村建设创造了有利条件。

2. 村民主体作用得到充分激发。在贫困村灾后恢复重建工作中，参与式方法得到广泛应用，通过让村民全过程参与项目规划、实施、管理和监督，使贫困村的民意得到充分体现、民愿得到最大实现、民主得到充分发扬，确保了村民知情权、决策权、参与权和监督权的落实，极大地调动了村民参与的积极性和主体性。在涉及承包地、自留山、自留地等村民切身利益时，村民能够舍小家、顾大家，主动按规划要求，配合项目实施，自觉服从于恢复重建大局。他们充分发挥重建主体作用，积极投工投劳筹资，主动参加试点项目的工程建设和质量监督，大力发展生产和重建农房，极大地加快了恢复重建步伐。

3. 贫困村自我发展能力明显提高。在贫困村灾后恢复重建中，村干部和村民通过积极参与项目的筛选、实施、管理和项目组织的各种培训，提高了对外协调、当家理财、项目工程管理和自主决策村级事务的能力。广元市利州区马口村村委会主动与区信用社协调，为每户农户争取了2万～3万元的农房重建贷款。

4. 贫困村干群关系更加和谐。在贫困村灾后恢复重建中，村党支部和党员继续发扬“一个支部一个堡垒，一名党员一面旗帜”精神，带头发挥党员先锋模范作用，树立了党员、干部在群众心目中的新形象，密切了干群关系。村民在共同参与项目规划、实施、管理的全过程中，增进了相互间的沟通和了解，化解了矛盾，减少了纠纷，形成了互帮互助的良好氛围，促进了社区和谐。广元市利州区马口村村民在党支部带领下，用“统规联建，统建统分”方法开展灾

广元市青川县沙州镇江边村灾后重建居民点

2008年9月21日，贫困村灾后重建启动仪式在广元市利州区三堆镇马口村举行。

广元市青川县木鱼镇木鱼村受灾群众打着手电选择灾后恢复重建项目

后恢复重建，将恢复重建与新村建设、生态建设、基础设施建设及产业发展等统一规划设计、统一组织实施、统一考核奖惩，将受灾群众集中安置点农户的资金、物资、劳动力等整合起来，有序组织受益农户共同参与、互帮互助、共同完成建房任务。通过灾后恢复重建，基层组织的凝聚力、战斗力明显提高，社区更加和谐。

（三）主要做法

1. 抓住机遇，积极向国家汇报协调。为抓住国家实施地震灾区灾后恢复重建的大好机遇，在省委、省政府的领导和国务院扶贫办的指导下，省扶贫办迅速成立了由重灾区8市（州）扶贫办参加的四川省贫困村灾后重建规划工作领导小组，组织开展了全省贫困村灾后恢复重建规划工作。一是制定规划工作方案。2008年6月，省扶贫办组织人员深入绵阳、德阳受灾贫困村开展灾情评估、灾后重建需求调研等工作，在深入调研的基础上，制定了四川省贫困村灾后重建规划工作方案，确定了贫困村灾后重建规划工作指导思想、规划范围和目标、规划主要任务和内容、工作进度、组织协调及政策措施等。二是开展规划试点。2008年6月底至7月初，省扶贫办按照地形地貌特征、灾损情况和贫困状况等不同类型，选择了14个有代表性的贫困村，并抽调全省扶贫系统骨干共96人组成规划试点工作小组，运用参与式方法，在与村民充分讨论基础上，完成了不同类型村灾后恢复重建村级规划。三是编制完成总体规划。在规划试点基础上，组织8个市（州）及所属39个极重县和重灾县扶贫办根据省扶贫办的统一安排部署，用参与式方法，召开受灾贫困村村民大会，根据大多数受灾群众意愿，参照不同类型村的村级规划、项目技术标准和单位投资概算，编制完成了各市、县的总体规划，在此基础上编制完成了《四川省汶川地震贫困村灾后恢复重建规划》。为确保贫困村灾后恢复重建与扶贫开发有效结合，四川省规划确定的目标是“恢复重建与贫困村可持续发展并重”，即3 年内贫困村的生产、生活条件基本恢复到灾前水平，5年内产业恢复发展和贫困村的可持续发展能力得到提高。因此，规划的项目建设内容既有贫困村村内道路、灌溉设施、人畜饮水设施、清洁能源等基础设施建设项目，又有提高贫困村可持续发展能力的农户生产恢复项目和农户能力建设项目。项目规划的目标和内容符合国家和省的总体规划的要求，并被纳入四川省和国家的专项规划和总体规划。

2. 政策倾斜，加快了农房重建。为确保受灾贫困户能按时完成住房重建，早日搬进新居，省级相关部门通过深入调查研究，根据贫困群众受灾情况和自身重建能力，提出了受灾贫困群众恢复重建困难大，需要特殊政策扶持的建议。省政府综合各方意见，在制定农房重建补助标准时，确定了对贫困户重点倾斜政策，受灾建卡贫困户重建住房的补助标准比普通受灾户每户多补助4000 元；另外，在“特殊党费”和社会援助资金安排上，也坚持了贫困农户优先原则。同时，还建立地震灾区农民建房信贷担保基金支持农户住房重建，确保了受灾贫困农户住房重建的资金需求。

3. 重振信心，发挥主体作用。为重振灾区贫困村群众信心，发挥其主体作用，各级扶贫部门在贫困村灾后恢复重建中，从规划、实施到管理、监督各个环节，都大力宣传“出自己的力，流自己的汗，自己的事情自己干”的自力更生、艰苦奋斗的抗震救灾精神，组织发动贫困村广大群众参与灾后恢复重建全过程。尊重贫困群众主体地位，激发他们的满腔热情，发挥他们的聪明才智，提高他们参与村级内部事务管理的能力。贫困村群众不等待、不松劲、不停顿，坚持自身努力与积极争取支持相结合，用勤劳的双手建设自己的美好新家园。

4. 试点引导，逐步推广普及。在《四川省汶川地震贫困村灾后恢复重建规划》纳入省和国家专项规划和总体规划后，在国务院扶贫办大力支持下，四川省扶贫开发部门多方筹集资金，迅速在54个村开展了贫困村灾后恢复重建试点工作。通过试点，总结出了“坚持科学编制村级规划和项目实施方案，以最大限度地满足贫困村群众的愿望和发挥资金使用效益为原则；坚持整合资源、集中投入，确保项目的实施进度和实施质量；坚持规范管理、民主监督，确保项目决策和实施的公平和公开，提高干部群众的参与积极性；坚持加强能力建设，提高扶贫队伍的扶贫工作能力和水平以及贫困村的可持续发展能力”等试点工作经验，并将这些宝贵经验逐步推广到了重灾区2516个贫困村的灾后恢复重建工作中。

5. 整合资源，有序高效推进。根据贫困村基础较差、抗灾能力脆弱、恢复重建难度更大、时间更长等特点，扶贫部门广泛动员社会力量、整合各项扶贫资源，有序高效推进贫困村灾后恢复重建。一是充分调动扶贫系统内部资源。恢复重建三年来，省级直接安排到村用于重建的扶贫专项资金5205 万元；安排无省、市对口支援18县的126个受灾贫困村的村级互助资金1900万元，启动实施产业扶贫试点；先后整合新村、劳务、产业、村道、沼气扶贫工程和“阿坝试点”资金共9.90亿元，用于贫困村灾后重建。二是建立多部门合作机制。在各级扶贫部门努力协调下，贫困村灾后恢复重建得到了各级领导和相关业务部门的大力支持和帮助。相关业务部门在贫困村项目规划设计和实施阶段给予了无偿技术支持，并安排部分行业项目资金用于试点村和其他贫困村的灾后恢复重建。中江县光明村，整合了水利部门“旱山村工程”资金30余万元、农能办沼气池项目资金10万元、建设部门村镇建设资金38万元，用于饮水设施建设、沼气池建没、集中安置点场地平整、垃圾收运点和道路建设等灾后恢复重建项目。三是广泛动员社会力量。“5・12”汶川特大地震发生后，引起了国际国内社会的广泛关注，社会各界人士纷纷伸出援助之手为灾区捐资、捐物。通过各级扶贫部门的广泛宣传、动员，国际国内社会各界力量纷纷通过各种渠道参与到贫困村灾后恢复重建当中。国务院扶贫办引进了联合国开发计划署（UNDP）资金405万元、香港乐施会灾后援助资金4000万元，用于四川省灾区54个试点村的基础设施、生产恢复、能力和环境等方面的恢复重建；台湾慈济会捐赠资金600万元，用于中江县光明村94户集中居民点重建；中国扶贫基金会将1亿元社会捐赠资金和物资用于四川省贫困村灾后恢复重建。

6. 加强培训，注重能力建设。贫困村灾后恢复重建对于扶贫系统和贫困村来说，是一项全新的工作。要全面实现灾后恢复重建、实现可持续发展，就必须提高扶贫队伍工作能力，加强贫困农户能力建设。三年来，在国务院扶贫办的大力支持下，国际、国内专家组成的多个专家团队参与到四川省的扶贫规划试点中，将巴基斯坦、印度灾后重建的国际经验和云南丽江等地灾后重建的国内经验用到了四川省贫困村灾后恢复重建规划中。从国家、省到县各级扶贫部门，还多次组织贫困村灾后恢复重建项目规划、现场规划、项目管理等培训和考察。提高了扶贫队伍工作能力和水平，有力地推动了贫困村灾后恢复重建规划和项目实施工作。在贫困村农户能力建设上，除省扶贫办多次组织试点村农户进行农业实用技术培训和劳动力转移培训外，各县（区）扶贫办也协调相关业务部门开展农房重建知识讲座、工匠培训、自建基础设施工程技术培训和农业产业技术培训。通过各类型技术、技能培训，加上村民全程参与项目规划、实施、管理和监督，“干中学、学中干”，贫困村农民自我组织、自我管理和自我发展的能力得到明显提高。

7. 科学管理，确保项目质量。在贫困村恢复重建中，根据国务院扶贫开发领导小组《财政扶贫资金管理办法》的要求，加强资金和项目质量管理，并实行资金预拨制和报账制。明确了县（市、区）相关业务部门职责，并由试点村选出的项目监测小组进行工程进度和质量监测，确保项目实施质量。项目竣工后，由乡（镇）、村干部和村民代表共同组成初验小组，初验合格后由县扶贫办组织财政、交通、水利、农业、建设、监察、审计等部门进行检查验收，检查验收合格，在财政部门报销未报资金，并报上级主管部门备案。同时，贫困村上报项目实施方案时，都把项目工程后续管理方案作为必备内容申报，并在工程完成后按章执行。德阳市旌阳区清和村在项目方案中，就预先建立村道实行分段落实、专人负责，成立管护小组管理，维护机井和水渠的后续管理方案。

8. 建立制度，实行阳光操作。一是建立和完善项目公示制度。大部分县（市、区）扶贫办、乡（镇）和试点村村委会都建立了项目公示制度，均将项目管理、实施方案、招标投标、资金使用、工程进度等各环节和内容在村级事务公开栏和各村民小组显著位置向村民进行公示，接受村民和社会监督。定期召开项目管理小组、资金管理小组和监督小组会议，解决项目建设过程中出现的问题。二是建立和完善项目投诉制度。为真正将参与权、决策权、管理权、监督权交给全体村民，发挥他们的积极性，大部分县（市、区）扶贫办、乡（镇）和试点村“两委”确定了专门的投诉受理人，向村民公布投诉受理联系方式，接受全体村民在灾后重建项目的选择、工程管理、质量监督、工程进度、资金使用等方面的监督和投诉。

（四）主要启示

1. 坚持防灾减灾与扶贫开发相结合。我国是自然灾害频发国家，由于其特殊的地理位置，贫困地区更是灾害多发区，每年都有大量因灾返贫人口。据国家统计局监测，重点县和贫困村遭受自然灾害的频率比其他地区高5倍。这次汶川特大地震灾害告诉我们：贫困地区和贫困人口脱贫与发展面临新的困难和挑战，将扶贫开发和防灾、减灾与灾后重建相结合，加强扶贫系统防灾、减灾能力建设，是扶贫系统提高防灾减灾能力、保护扶贫开发成果、防止大规模返贫致贫的一项非常紧迫的任务。因此，2008 年开始，灾区扶贫部门就逐步将防灾、减灾融入日常扶贫工作中。首先是加强队伍建设。通过宣传培训，树立扶贫队伍的防灾减灾意识，提高扶贫开发与防灾、减灾相结合的工作能力。其次是建立应急机制。在做好贫困村灾后恢复重建工作的同时，我们确立了扶贫系统相应的防灾、减灾研究内容，针对贫困地区灾害频发的特点，通过开展贫困村防灾、减灾应急机制研究，探索应对自然灾害的工作程序和方法，初步建立了全省扶贫系统的灾害应急机制。第三是因地制宜，科学规划。引导贫困村在项目设计中增加抗灾、避灾措施，提高工程项目和产业项目的抗灾能力。通过以上措施，从源头上减少了新生贫困发生，提高了扶贫开发效率。

2. 坚持贫困村灾后重建与整村推进、连片开发相结合。整村推进、连片开发是我国扶贫开发的主要方式和重要内容。灾区贫困村的扶贫工作需要将整村推进、连片开发与灾后重建结合起来，通过灾后重建促进贫困村的可持续发展，通过整村推进、连片开发提高灾后重建水平。实现灾后重建与整村推进扶贫开发相结合，必须明确目标、规划先行、试点引导、村民主体、社会参与。

3. 坚持扶贫政策与农村低保制度相结合。准确识别低保户和扶贫户，对低保户实行应保尽保，解决其基本生存；对扶贫户实行应扶尽扶，改善其基本生产生活条件。将扶贫开发和农村低保“两项制度”有效衔接，建立起灾区低保救助和开发扶贫“两轮驱动”新格局，有效提高灾区贫困村扶贫开发整体水平和效益，使贫困人口尽快稳定解决温饱并脱贫致富。

4. 坚持扶贫开发与发展特色产业相结合。整合各方资源要素，带动贫困村经济发展。以自身优势资源为依托、以市场需求为导向，在充分尊重村民意愿基础上，科学规划、合理布局，精心筛选好项目。重点发展种植业、养殖业等特色产业，实现以项目兴产业、以产业促发展，帮助灾区贫困群众解决长远生计问题。

5. 坚持政府主导与社会帮扶相结合。在贫困地区灾后重建中，尽力做好中央和省级党政机关在灾区的定点扶贫和各省的对口帮扶，以及“领导挂点、部门包村、干部帮户” 等活动的服务协调工作，努力争取各帮扶部门单位对灾区扶贫帮困的更多支持。实践表明，广泛动员社会各界力量参与扶贫帮困，是形成灾区专项扶贫、行业扶贫、社会扶贫、自我扶贫“四位一体”扶贫新格局的关键。

国务院扶贫开发领导小组副组长、办公室主任范小建：为切实完成所承担的规划区内贫困村灾后恢复重建任务，国务院扶贫办和三省扶贫办一起，抽调精兵强将，集中人力物力，采取针对性措施，全力推动各项工作的开展，取得了初步成效。

五、大小凉山综合扶贫开发试点

大小凉山综合扶贫开发是继阿坝试点后，省委、省政府在民族地区实施的又一大扶贫试点工程。自2010年试点启动以来，已取得了明显的阶段性成果。其中彝家新寨建设，尤其深受彝族同胞的欢迎。

（一）试点背景

由于受历史、地理、文化、经济的制约，大小凉山综合扶贫开发试点区域内社会发育程度低，发展不平衡，经济发展总体水平滞后，社会公共服务落后，贫困面大，贫困人口多，贫困程度深，区域内有11个重点县。近年来，特别是受特殊地域原因和国际毒潮持续泛滥的严重影响，区内防艾禁毒形势严峻，因贫致病、因病因毒致贫问题非常突出，是十分典型的贫病交加、贫毒交织的连片特困地区。为此，省委、省政府确定开展大小凉山综合扶贫开发，并着手编制大小凉山综合扶贫开发规划，前后历时一年，通过反复论证， 2010年8月省政府第62次常务会审议通过了《大小凉山综合扶贫开发规划总体思路（2010—2020年）》（以下简称“总体思路”和10个专题方案。大小凉山的综合扶贫开发牵动着中南海，温家宝等中央领导同志多次作出重要批示，要求给予大力支持。2011年1月，中央“四川省大小凉山扶贫开发工作协调小组”在北京召开第一次会议，研究总体思路和《四川省大小凉山扶贫开发与艾滋病综合防治试点工作方案》，大小凉山地区迎来前所未有的发展机遇。

（二）目标任务

《总体思路》提出，通过实施综合扶贫开发，有效解决大小凉山突出的民生问题，实现“家家住房改善、户户就业稳定、人人保障到位、设施大幅提高、经济较快发展、生态明显改善”目标，现代文明生活方式不断普及，与全省同步实现全面建成小康社会目标。

到2015年，建成彝家新寨1451个，基本解决12万户、60万贫困群众住房难问题，基本解决规划区乡村不通路、不通电、不通邮和安全饮水等问题。规划区农业产业结构进一步优化，特色优势种植业、林果业和养殖业规模不断扩大，农产品质量不断提高，产业链条有效延伸，农民收入持续增加。教育、文化、卫生和广电、体育等社会事业长足发展，上学难、就医难有效解决，现代文明生活方式全面推广。新型农村社会养老保险试点达100%，基本实现城乡低保动态管理下的应保尽保，特殊困难群体的基本生活得到有效保障。

到2020年，经过后续扶持发展，特色优势产业形成规模，基础设施比较完善，基本公共服务能力达到全省平均水平，项目区基本消除绝对贫困现象，经济社会发展主要指标力争达到“十二五”末全省发展平均水平，努力确保与全省同步实现全面建设小康社会目标。

（三）进展及成效

1. 整合统筹资金。2010年，10个专题项目年度投入资金27.09亿元，占计划投入的120%。其中，在13个项目县（区）启动彝家新寨建设61个，重点解决4930户的住房困难问题，配套完善村内基础设施、公共服务等建设。2011年计划投入资金44.70亿元，实际完成投资61.74亿元，比年度计划增加17.04亿元，综合投资完成率达138.12%。其中，省以上32.64亿元，占计划的151%；市（州）、县7.56亿元，占计划的124.30%；农户自筹及其他（贷款）21.54亿元，占计划的126.70%。彝家新寨等10个专题项目，规划的年度任务均完成或超额完成。

2. 加强组织领导。市（州）、县（区）坚持把综合扶贫开发作为事关彝区加快发展和长治久安的大事要事来抓。工作思路上，将综合扶贫开发作为从根本上解决彝区贫困问题的关键之举，明确以改善民生、促进贫困群众持续稳定增收为核心，突出抓好彝家新寨建设这个根本载体。领导力量上，对综合扶贫开发实行“一把手”工程，明确“一把手”责任，主要领导亲自抓。组织实施上，将综合扶贫开发作为当地最大的民生工程，做到“政策、资金、项目、力量向综合扶贫开发聚集”，同时，注重试点示范，各项目县（区）集中打造2个以上示范点建设，形成示范、带动和辐射效应，为全面集中推进彝家新寨建设提供样板。

乐山市金口河区共安彝族乡林丰村彝家新寨建设的住房

四川省大小凉山综合扶贫开发试点领导小组（以下简称“省领导小组”）各成员单位主动作为，合力攻坚。2011年，省直机关和省领导小组办公室主要领导赴项目区近30次，派出工作人员100人次以上。省扶贫移民局承担省领导小组办公室和彝家新寨建设牵头职能，一年来，共组织领导小组办公室专题会议、部门协调会议达23次，以领导小组办公室名义制发各类文件、请示、报告、研究报告、规划、简报等80余篇（次、期）。住房城乡建设厅聘请专业设计院、公司为彝家新寨住房建设规划、设计图纸30余套，印发资料2000余册。财政厅积极统筹并及时下达项目资金。民政厅深入项目区全面统计、核实和摸清了农村低保户和五保户情况，并积极向民政部争取支持，推动项目区农村低保全面实现应保尽保。省委宣传部、省委农工委等部门发挥自身优势，确保了年度资金落实和目标任务完成。

强化宣传，营造氛围。各地通过报刊、电台、电视等新闻媒体，大张旗鼓宣传大小凉山综合扶贫开发及彝家新寨建设的重要意义、主要任务、具体措施以及好做法、好经验、好典型，彰显广大干部群众的精气神。推行以物资补助为主、现金补助为辅的管理办法，引导群众树立“出自己的力，流自己的汗，自己的事情自己干”的主体意识，把群众的热切期望转化为实际行动，变“要我建”为“我要建”，有力促进了全民动员、全民参与。

凉山州德昌县银鹿乡新塘村彝家新寨一角

3. 坚持科学规划。

——注重规划指导。借鉴四川省灾后恢复重建的好经验，突出规划先导和龙头地位，做到规划先行。2011年8月，省政府凉山现场会后，省扶贫移民局、住房城乡建设厅多次深入项目区调研指导，特别是针对彝家新寨建设，专门出台了指导性意见，制定了30套农房建设方案，举办了规划建设管理培训会，做到了规划到项目、布局到村落、设计到农户，从根本上提升了彝家新寨建设的质量和档次。

——加强规划衔接。加强与国家、省级相关行业规划、专项规划和年度计划的衔接，积极整合资金和项目。严格实施大小凉山综合扶贫开发试点规划，把彝家新寨、基础设施、产业发展、社会事业等方面的项目纳入当地城乡规划，促进了工作资源的有效整合。

——提高规划水平。坚持“三打破、三提高”原则，把彝家新寨建设与新农村综合体和小城镇建设结合起来。村庄布局以中心集镇、行政村为依托，做到“平坝尽量集中、山区相对集中、适度移民搬迁”，既尊重群众的传统文化，又体现先进的现代理念，把“适应”与“引导适应”结合起来。村落规划注重“因山就势、依山傍水、错落有致，体现山水田园风光和自然和谐之美”。民居设计紧密结合群众生产生活实际，突出彝家特色、川滇风格，以“美观、经

济、适用、安全”和方便群众生产生活为要求，优化功能分区，做到人畜分居、厨厕分离、牲畜圈养。

4. 规范项目管理。

——在项目建设过程中，推行质量、价格、工期、廉政、安全“五位一体”的项目建设管理模式。做到人员“五进村”：领导进村、部门进村、联系干部进村、援建队伍进村、监管人员进村；工作“五到位”：工匠培训到位、资金投入到位、物资调运到位、质量保障到位、安全措施到位；监管“五公示”：项目情况公示、工程进度公示、建设质量公示、资金拨付公示、责任单位和责任人公示。

——在工程质量监管上，切实做到“四个严格”。一是严格执行规划方案确定的技术要求和质量标准，决不为赶工期而忽视质量，决不为降低成本而偷工减料，决不出现豆腐渣工程、坑农害农工程。二是执行制定的安全规程，及时排除安全隐患，确保施工安全。三是严格落实项目监管措施，坚持做到依法施工、依规建设。四是严格执行扶贫资金项目公告公示制度，严肃查处违法违纪行为，确保资金安全。同时，注重统规统建与联建、自建相结合，新建与改建

彝族同胞搬进了舒适整洁的彝家新居

相结合，合理选择建设方式，宜统则统、宜分则分，宜改则改、宜建则建，节约建设成本，提高建筑质量。

5. 严格工作考核。为推动工作落实，保证项目建设进度，试点地方各级从责任、监督、考评三个层面，构建起了严谨细密的工作考核体系。一是明确工作责任。明确项目县（区）党委、政府是工作主体和责任主体，实行一票否决。建立项目推进、建设质量、党风廉政建设等责任制，确保组织领导、人员落实、任务分解、工作措施“四到位”。凉山州10个项目县县委书记、县长还通过《凉山日报》向社会各界公开承诺。二是完善监督体系。建立省领导小组成员单位、市（州）政府及市（州）有关部门联系督查制度，开展经常性巡查、定期检查、不定期抽查，重点督查组织领导是否到位、工作措施是否落实、受益群众是否全员参与、工作成效是否明显等。市（州）制定了《大小凉山综合扶贫开发监督办法》等制度，成立以纪检监察为主的监督小组，对工程进度、工程质量、物资采购、资金安排等实行全过程监控，严惩各种违纪违法行为，确保项目资金的安全有效。三是加大考评力度。把彝家新寨建设纳入对项目县党委、政府和市（州）部门目标管理，作为改进干部作风、提高干部能力、评价干部业绩的重要平台，作为县乡换届的重要依据。细化考核指标，强化考核考评，坚持在项目建设中发现干部、考察干部、培养干部、使用干部。

大小凉山综合扶贫开发项目的实施，显著改善了彝区群众生产生活条件，有力提升了群众自我发展能力和区域经济社会发展水平，受到彝区广大干部群众的衷心拥护和响应，对促进彝区民生改善和发展稳定起到重要作用，为帮助大小凉山群众早日过上富裕安康文明和谐的新生活、与全省同步实现全面小康注入了新动力。特别是彝家新寨建设被省委、省政府列为继“藏区牧民定居行动计划”后的又一重大民生工程，解决了贫困群众最关心、最急需、最迫切的生产生活问题，得到了国家的充分肯定和社会的广泛认同。大小凉山地区广大干部群众将在省委、省政府的坚强领导下，全力推进综合扶贫开发规划的实施，加快凉山跨越发展的新业绩，为建设凉山全域、全程、全面小康打下坚实基础，为加快建设美丽富饶、文明和谐新凉山作出更大贡献。

凉山州西昌市大箐乡党委书记沙玛沙军说：“随着白庙村彝家新寨的建成，在邛海旅游的带动下，新寨已变成旅游新村，白庙彝家新寨发展新路子已经形成。”

巴中市巴州区恩阳镇张家坝水产养殖区新貌

六、巴中革命老区扶贫试点

巴中是川陕苏区的核心区域。2009年9月，省政府出台了《关于加快巴中革命老区发展的意见》，决定在巴中市巴州区、通江县的两个贫困片区实施革命老区连片扶贫开发试点。通过三年的艰苦努力，圆满完成了各项建设任务，走出了一条适合贫困革命老区连片开发、综合治理、整体推进的扶贫开发新路子。

（一）试点内容

试点项目覆盖巴州区上八庙—青木、通江县沙溪—瓦室两个贫困片区的10个乡（镇）、45个村、313个社、1.59万户6.42万人，其中贫困居民1.90万人。建设内容涉及基础设施、产业发展、能力建设、社会事业、生态建设和社会保障等6大类。规划总投资5.52亿元，其中，中央、省投入3.13亿元，占56.70%；地方投入4105.80万元，占7.43%；农户自筹1.98亿元，占35.87%。项目实施以来，累计完成投资5.83亿元，占计划总投资的105.62%，其中，基础设施建设完成投资2.23亿元，占38.25%；产业发展完成投资1.99亿元，占34.13%；社会事业完成投资5473.96万元，占9.43%；农户环境建设完成投资1.06亿元,占18.18%。

（二）基本做法

1. 强化组织领导，落实工作责任。巴中市委、市政府和试点县（区）坚持把试点作为改善民生、加快老区发展的重要任务。市上成立了以市长为组长，市委、市政府分管领导为副组长，相关部门主要负责人为成员的试点工作领导小组。县（区）成立了试点项目实施小组，建立了“主要领导挂帅、分管领导包乡、职能部门联项、工作人员驻村、党员干部包户、乡村组织实施”的责任机制。市、县（区）各有关职能部门负责整个项目资金的对接和项目实施的技术指导、服务，驻村工作人员负责所驻村项目的督查指导、资金监管，包户干部负责宣传发动工作，帮助农户协调解决建设中遇到的具体困难和问题。

2. 注重科学规划，提高资金效益。在规划设计中，始终坚持政府引导和群众参与相结合，深入贫困村社进行实地调查研究，在全面摸清片区贫困状况和致贫原因的基础上，瞄准贫困对象，把基础设施建设、培育骨干产业、提高农民素质等各项措施结合起来，以村为基本单位，实行一次规划、分年投入、整体推进。实施扶贫“首扶制度”，对项目区建卡贫困户中的最贫困农户，首先规划安排每户不低于2000元的增收项目，确保当年解决温饱。坚持以奖代补，采取“大干大支持、小干小支持、不干不支持”的方式发动群众自力更生搞建设。通过利息补贴，降低贷款成本，引导农户或龙头企业从金融部门借贷资金投入项目建设。建立村级发展互助社，充分发挥互助社在农村经济发展中的作用。

3. “两为主两优先”，坚持梯次推进。坚持政府主导和群众主体原则。项目建设中，始终坚持群众的事情群众办，把知情权、决策权、参与权和监督权交给群众，做到方案民议、项目民选、工程民建、质量民管。充分调动广大农民群众的积极性、主动性和创造性，引导和组织农民群众自力更生建设家园，苦干实干改变贫穷落后面貌。坚持基础优先和产业优先原则。采取一手抓基础，一手抓产业的办法，基础设施与产业培育同步推进。

4. 创新工作机制，探索扶贫新路。探索创新科学合理的利益分配机制。大力引进龙头企业参与扶贫开发，推进产业发展，让贫困农民的土地、林木、房产、劳动力等生产要素与各类经济组织、资金、技术、市场有机结合，使企业和农户结成利益共享、风险共担的利益共同体，促进企业发展，保障农民稳定增收。探索创新项目资金管理机制。按照“捆绑项目资金、整合部门力量、资金用途不变、项目渠道不乱、实施各负其责、考评各记其功”的原则，将现代农业、土地整理、村道建设、人畜饮水安全工程建设、新村建设等多项涉农资金与扶贫开发资金进行整合，提高了项目资金的使用效益。探索创新技术保障机制。与大专院校、科研院所联姻，设立技术顾问小组，组建技术队伍，构建技术服务长效机制。严格执行国家相关技术标准，发展生态农业，创建绿色食品品牌，确保产业基地不断壮大升级。探索创新农村专业合作组织模式。通过组建多种形式的农村专业合作社，把更多的农民群众组织起来发展产业，有效解决农产品产、供、销等具体问题。

（三）主要成效

1. 基础设施明显改善。一是公路网络基本形成，硬化村道公路270千米、整治和维修村道公路65千米，新修、整治社道126千米。项目区打通了环线公路，通乡公路全部硬化，村道公路全面整治，基本实现了村村畅通，社道路、连户石板路按规划推进，群众出行难、运输难问题得到较好解决。二是水利设施不断加强，新建集中供水点156处，建蓄水池245口，铺设供水管道184千米，打机压井1650口，新建、整治灌溉渠159千米，新建、维修提灌站6处，整治水库5座，集雨节灌10个村。通过人饮工程、小微水库建设和病险塘库的整治，项目区饮用水安全问题基本得到解决。三是农村电网全面改造，农网改造380千米。实现了城乡同网同价，老百姓用电难问题得到有效解决。四是强化基本农田建设，土地整理5.60万亩，通过土地整理、农业综合开发、高标准农田建设等项目的实施，基本农田得到有效保护。

2. 特色产业形成规模。采取“政府引导、业主带动、项目扶持、农户参与”、“公司+基地+农户”、“支部+协会+农户”等模式，项目区建成茶叶、干（鲜）果、中药材产业带和生猪、巴山土鸡、蔬菜等产业园区。通江县打造烟溪—兴隆50千米茶叶产业长廊5万亩核心示范带，巴州区在片区内重点布局“一线三园六区”产业建设。两片区共新植水果5000亩，干果7500亩，柑橘、干果新品种示范园1400亩，中药材5640亩，茶叶2.10万亩，蔬菜1.32万亩。建生猪标准化规模养殖小区24个，建立村级扶贫互助社45个，茶叶、生猪、巴山土鸡均已建成了

巴中市通江县空山乡新建的供水站

生产、加工、销售产业链，实现了一体化经营，农民增收有保障。

3. 社会事业健康发展。村小危房全面改造，村卫生室、文化活动室日趋完善。改建村小6000平方米，购置教学设备1550台（套），小学入学率达到100%；购置医疗设备40台（件），培训医务人员40人，新建村务活动室900平方米，改建村务活动室720平方米，农村新型合作医疗参合率达到95.50%；新建敬老院4个；农村实用技术得到普及，劳务培训3100人，开展农村实用技术培训2万人次，达到户户都有一个"科技明白人"。

4. 农户环境大幅改观。大力实施"三改三建"（改厨、改厕、改圈，建家、建园、建沼气池）和农户风貌改造，改造危房2121户，改厨3470户，改厕3470户，改圈9.28万平方米，改阴阳沟1万米，建院坝1970户，新建沼气池1.44万口，农户居住环境明显改善，村容村貌焕然一新。

四川省委副书记、省长蒋巨峰：通过两三年的努力，空山及沙溪—瓦室连片区域扶贫开发取得了显著成效，令人振奋。

巴中市通江县产业扶贫——空山黄牛。

七、彩票公益金革命老区扶贫试点

2008年，国务院扶贫办、财政部决定在全国开展中央彩票公益金支持革命老区扶贫试点。到2011年底止，四川省有宣汉县、平昌县、广元市朝天区、南充市阆中市的50个贫困村实施了这一项目。前两县试点已经结束，成效突出；后一区一市尚在试点之中，但已效果初见。

（一）项目试点背景

改革开放以来，我国实施了有计划、有组织、大规模的扶贫开发，取得了举世瞩目的成就，探索出一条中国特色的扶贫开发道路，为促进我国经济发展、政治稳定、民族团结、边疆巩固、社会和谐发挥了重要作用。但是，地区发展差距拉大的状况依然存在，一些边远落后地区面临着贫困村在发展中参与不足、能力建设不足、产业发展不足等问题，这一问题在一些革命老区特别突出。为贯彻落实中央关于加大对革命老区发展扶持力度的精神，财政部和国务院扶贫办决定利用中央专项彩票公益金的资金加大对革命老区的投入力度，促进贫困革命老区经济社会更好更快发展，为建设社会主义新农村，构建社会主义和谐社会奠定基础。

（二）项目主要做法

1. 深化认识，加强管理能力建设。一是深化认识。革命老区为新中国成立和社会主义建设作出了重大贡献。新中国成立后，在党和政府的关心下，革命老区获得新生和发展。但由于革命老区大多位于边远山区，受自然条件的限制，大多仍属于贫困地区，经济、社会发展滞后于全国平均水平。财政部、国务院扶贫办决定利用中央专项彩票公益金支持革命老区发展，既体现了党和政府对老区的关心，也是将社会各界的爱心用于老区建设。宣汉县尖包村村支部书记付朝明在谈到彩票公益金项目时说，彩票项目的资金是大家两元、两元凑起来的，这是良心工程，我们如果把项目实施不好、管理不善，就太对不起别人的爱心了。二是健全工作机制，明确各方职责。项目县（市、区）均成立了彩票扶贫项目实施工作领导小组，县委、县政府主要领导任组长，县级部门、项目乡（镇）为成员单位，建立健全了县级领导联村、部门帮村、干部驻村工作制度，明确了县级联系领导、县级部门、项目乡（镇）职责。三是加强能力建设，培训工作团队。除派出业务骨干参加国家、省、市举办的项目培训外，县（市、区）扶贫办会同县财政局，对县项目办、项目乡（镇）、村社干部进行了《村级规划》《项目操作指南》《项目实施与管理》《计算机基本知识》等业务知识培训。确保了项目管理人员熟悉项目操作流程，强化了项目管理水平，使其真正成为行家里手。

2. 加大力度，确保建设资金到位。一是目标承诺整合资金。为保障项目实现预期社会、经济目标，各县（市、区）县委、政府要求县级相关部门向扶贫开发领导小组做出书面的资金承诺，并将资金到位纳入目标考核。二是整合资金足额到位。县级各部门按照申报书和承诺项目及资金，依据项目管理的要求，分期分批安排资金。据统计，项目区2009年彩票公益金项目县整合部门资金1.02亿元，为彩票公益金投入4250万元的2.40倍。

3. 严格标准，确保项目实施质量。一是搞好工程设计。各项目县（市、区）制定了彩票公益金项目技术标准，并对村道公路等基础设施项目，采取派专业技术人员实地踏勘、开展施工设计；对人饮管道、五改三建、卫生室等项目，由专业部门设计定型图纸，按图施工。二是认真做好内部监测。村民选举产生的监督小组对公益项目、联户项目等的采购、施工、验收每个环节进行监督，重点监督采购金额的合理性、采购程序合规性，施工质量、资金管理，是否进行公告公示等。三是第三方监理机构监督施工质量。对招标或询价采购方式实施的项目工程，如村道公路硬化等，邀请县质监站等第三方机构，监督工程质量。

4. 建管并举，强化项目后续管理。一是运用参与式方法，制定后续管理办法。组织受益群众讨论制订基础设施等公益事业项目后续管理办法，将项目后续管理纳入项目村的村规民约，通过落实管理人员、管理职责、管理经费，做到有人管事、有章理事、有钱办事，确保建成项目长期发挥作用。二是采取分类指导，制定后续管理措施。对村庄环境，采取每年从村级收益中拿出资金，聘请卫生清洁员，负责打扫清理村内垃圾，保持了村容村貌长期整洁，巩固了村庄人居环境整治成果。对村道公路和人饮设施，通过受益群众每人每年集资来落实项目后续管理经费。对于涉及几个村民小组的公共服务项目，则由村委会负责落实项目管理经费。

达州市宣汉县峰城镇西牛村新建的灌溉渠

（三）项目成效与影响

1. 改善了农村基础设施，增强了经济发展后劲。项目新建、硬化、整治的村道公路、社道、入户路等，彻底改变了项目村群众“晴天一身灰、雨天一身泥”的交通落后状况，圆了几代人走上平坦整洁水泥路的期盼与梦想。基础设施条件的极大改善，夯实了贫困村农业发展基础，增强了农村经济发展后劲，带动了农户增收。宣汉县天宝乡茶子村交通条件改善后，粮食、玉米、西瓜、烟叶、生猪等大宗农产品销售价格至少提高了10个百分点。以前村里只有一条狭小的土路通往外界，收购农产品的客商无法将大货车开进村里，只得雇佣人力将购来的农产品运到两里外的通乡公路装车，每50公斤农产品要支付1.50元的运费，全村群众每年为此减收几万元。2010年村里的水泥路修通后，客商直接将大货车开至村里，家家户户将出售的玉米、烟叶、香菇等农产品直接装货上车，不用再支付人力运费，仅此一项实现户均增收380元。

2. 促进了贫困村产业发展，加快了村民脱贫致富步伐。在产业发展配套资金的扶持下，项目村通过各种方式发展当地特色产业，有效地带动了当地贫困农户增收。项目村扶持养殖生猪、肉牛、小家禽，种植玉米、西瓜、烟叶、葛根等。发展和壮大了一批扶贫产业，贫困农户增收渠道更多更广了。通过找准定位、发挥优势，大力发展扶贫产业，基本形成了一村一品的产业格局，有力带动了项目村的农业产业结构调整，农民群众收入增长明显。宣汉县峰城镇西牛村按照“公司+农户”模式，发展种植大户，建成规模化种植烟叶450亩、种植高产玉米500亩、发展香菇20亩、发展木耳5亩，该村农民人均纯收入一下跃升到3400元。平昌县按照“公司+农户”模式，依托四川欣昌林生态牧业有限公司，发展肉牛养殖户62户、土鸡养殖户238户；依托“阳生蔬菜”发展蔬菜种植户714户；依托温氏集团，发展规模化养殖户68户。

3. 美化了村庄人居环境，农村精神文明迈上新台阶。通过人居环境和公共服务项目的实施，各项目村卫生室、文化活动室、垃圾处理场所等公共服务设施基本配套完善，人居环境

巴中市平昌县得胜镇新场村彩票公益金项目公示墙

有了明显改善，成了当地新农村建设的亮点。项目村的村容村貌焕然一新，老百姓走上了平坦路、喝上了干净水、用上了卫生厕、住上了整洁房、休闲健身有场所，不仅物质生活条件大为改善，精神文化生活也日益丰富，农村文明水平显著提升。宣汉县天台乡尖包村结合新农村试点建设，积极开展村庄人居环境整治，整合各类资金，实施村内硬化，房前屋后进行绿化和美化。新建垃圾处理池10余处。

4. 建立了农民自己的“银行”，缓解了发展资金短缺矛盾。平昌、宣汉两县27个项目村建立起了村级扶贫互助社，有5382户农户加入互助社，交纳互助资金93.61万元，累计借款479.41万元。为村民发展致富产业提供了资金保障，破解了农户发展产业资金缺口难题，成为真正的村级“银行”。村民高兴地说：“互助社就是我们村民自己的银行，借款真方便。”项目试点前，宣汉县天台乡尖包村5社村民丁素芳，现年40岁，公公、婆婆年过六旬，2个孩子在上学，全家6口人的生活仅凭夫妻外出务工来维持。彩票扶贫项目实施后，硬化了到她家里的公路，她放弃了打工，依托目前的交通条件和利用原外出务工所学的技术，利用畜牧部门资金建立了生猪养殖场，累计在扶贫互助社借款1万元发展了养殖业，2011年底，她家圈存母猪20余头、商品猪200余头。她实实在在地感受到了彩票扶贫项目给自己家里带来的变化，激动地说，感谢党，感谢政府！

5. 调动了农民参与积极性，干群关系得到了明显改善。一是竞争定村，激发了社区活力。按照“适度集中连片、群众发展愿望强烈、有产业发展基础、村‘两委’健全并有较强组织能力的贫困村”作为竞争定村的标准，按1：1.5选择备选村，通过现场演讲、专家评审确定项目村。二是竞争立项，调动农民参与积极性。项目村按照参与式村级规划建设内容，编制实施方案。县扶贫办（局）组织有关技术人员对项目建设的内容、方式、投资、后续管理办法等进行评审，成熟一个、启动一个，并预拨项目建设资金。三是坚持公告公示和受理投诉相结合，实施阳光扶贫工程。项目村对项目准备、项目设计、实施方案、资金收支、验收结论及后续管理办法等在村务公开栏进行公告、公示。并在工程标识牌上铭刻项目覆盖、规模、投资来源和资金使用等内容，接受群众监督。建立举报投诉机制，接受群众投诉。在项目执行之初，省、县（市、区）项目管理机构制定了专人负责群众投诉，在宣传资料、公告公示资料上明确投诉受理人姓名和联系方式，确保投诉、处理渠道畅通。彩票公益金项目从准备、实施、验收、核算、后续管理全程运用参与式方法，在政府主导下，充分尊重了村民的主体地位，发挥了村民的主体作用，参与式扶贫模式得到了进一步深化和完善。项目的提出、实施和监督管理由村民全程参与，使村民有了“拥有感”。原来是“干部埋头干，群众一边看”，现在是农户积极参与投工投劳，增强了村民对政府的信任，村级班子的凝聚力、向心力也得到了极大的增强，党群、干群关系进一步密切，农村社会更加和谐。

6. 创新了扶贫开发工作机制，提升了扶贫开发水平。一是坚持“三不、三议、三自主”的推进机制。平昌县充分发挥基层组织的引导作用、受益群众的主体作用。在项目实施过程中，坚持 “三不、三议、三自主”，即不办群众不受益的事、不办群众不参与办的事、不办群众没能力办的事；形成项目村“两委”提议、村民代表审议、全体村民决议；群众自主决策、自主实施、自主监管的村级事务管理机制。二是坚持“大参与、大整合、大投入”实施机制。宣汉县“大参与”：彩票公益金项目合乎民心的关键举措，增强了贫困农户“自己的事情自己办、自己的家园自己建”的主人翁责任感，极大地调动了农户参与项目管理的活力。“大整合”：在项目实施过程中，将资金整合、工作机制整合、技术整合三者融为一体，多角度、立体式整合资源，以中央专项彩票公益金为杠杆，有效整合全县农办、财政、交通、烟草、水利、畜牧、扶贫等多部门和单位人力、物力、财力，形成完善的工作机制，使资金使用和工作运行真正做到了渠道不乱、各司其职，最大限度发挥了扶贫资金的使用效益，实现了多赢效应。“大投入”：保证项目建设稳步推进提供了重要支撑，15个项目村总投入1.10亿元，每村平均投入730余万元。三是积极创新社区参与式验收评价试点工作。针对平昌县、宣汉县2009年启动实施的彩票公益金项目已经完工，借鉴“中国贫困农村社区发展项目” 社区参与式验收评价经验，以受益群众是否满意为项目验收评价的落脚点，制定了四川省彩票公益金项目验收评价方案和项目验收省级验收方案。四是积极探索扶贫对象瞄准和差异化扶持措施。首先建立扶贫对象的识别机制。组织村民代表讨论本村贫困户确定标准和程序，并在村务公开栏公示无异议后，各村民小组推选本组贫困户名单，经村民代表大会讨论、确认最终贫困户名单，并公示。其次探索差异化扶持措施。组织村民代表讨论形成贫困户帮扶措施，并公告公示。项目区对推选出的贫困户帮扶措施主要有：在到户公益项目（五改三建）上，较一般户增加补助资金1000元；在生产发展上，为贫困户提供多年生苗木、体重更大的家畜等；在互助资金交纳上，贫困户可以缓交或少交互助资金；在互助资金借款上，贫困户申请借款可以优先获得审批，并可以不通过互助联保小组审核担保而通过临时担保人获得借款。

7. 提高了社区发展的能力，为新农村建设奠定了基础。彩票公益金项目既改善了贫困村生产生活条件，又扶持了贫困村发展起了增收的产业项目；既完善了公共服务设施、改善了人居环境，还培育了缓解贫困农户借款难的村级扶贫互助资金组织；既培训了包括村“两委”、互助社管理人员在内的村级事务管理者，还培训了贫困群众农村实用技术和社区事务管理的参与者。综合一体化缓解了贫困村政治、经济、社会发展中的矛盾，为新农村建设奠定了基础。

宣汉县天台乡尖包村的群众无不感到幸福和满足，村民逢人就说：党的政策好，让我们乡下人也过上了和城里人一样的生活。通过开展村庄环境整治，我们村过去就像一只脏、乱、差的“丑小鸭”，如今变成了干净美丽的“小天鹅”。

八、“两项制度”有效衔接试点

根据国务院扶贫办的安排部署，自2010年6月起，四川省在36个重点县开展了“两项制度”衔接试点。试点对扶贫对象的识别和扶持发挥了较好的作用。目前，正在处于扩大试点阶段。

（一）试点背景

2010年，根据《国务院办公厅转发扶贫办等部门关于做好农村最低生活保障制度和扶贫开发政策有效衔接扩大试点工作意见的通知》（国办发〔2010〕31号）要求，四川省在11个市（州）的36个重点县的108个行政村开展了“两项制度”试点工作。通过扶贫、民政、财政、统计（调查）、残联等部门的共同努力，试点区域共识别出1196元扶贫标准以下低收入人口5331户、2.07万人，占试点区域农村居民的20.50%。试点工作取得了初步成效，为建立扶贫对象识别机制提供了参考依据。

（二）基本做法

1. 加强领导，建立机制。一是省政府成立了“两项制度”衔接试点工作协调小组，负责贯彻落实中央关于“两项制度”有效衔接试点的各项方针、政策，研究部署、指导协调全省“两项制度”衔接试点工作；在省扶贫移民局设立办公室具体承担“两项制度”衔接试点工作的指导、协调和服务等日常工作。各试点市（州）、县（市、区）成立了相应的领导小组，明确了相关部门的职责。二是建立了省、市（州）、县（市、区）三级联动协调机制。省级一般事项由省扶贫移民局负责，重大事项由省协调小组会议协调；市（州）、县（市、区）两级一般事项由本级扶贫移民部门负责，重大事项由本级政府进行协调。三是建立各级相关部门之间、上下对口部门之间的定期不定期信息沟通交流平台，及时掌握试点工作情况。四是各级试点工作依靠领导小组开展督查督办工作，建立督查督办机制。五是建立联络员制度。由省委农工委经

凉山州雷波县"两项制度"衔接试点工作启动暨培训会现场。

济发展处、民政厅低保处、财政厅农业处、省统计局农村经济统计处、省扶贫移民局扶贫项目规划处等 7 个部门业务处室负责人担任联络员。六是省安排下达试点县工作经费108万元，保障了试点工作顺利开展。

2. 结合实际，深入调查。根据《四川省农村低保和扶贫开发"两项制度"衔接先期试点工作实施方案》要求，在36个重点县中，按照"半距起点、等距抽样"的方法，每县确定3个试点村，组织力量对试点村所有农户开展纯收入普查，各试点县扶贫部门会同统计、民政等部门按照1196元、1197～1300元、1301～1400元、1401～1500元、1500元以上 5 个级次，普查、审核、汇总每县3个试点村不同级次的户数、人数和贫困发生率等数据，逐级上报汇总到省。省扶贫移民局将不同扶贫标准对应的低收入人口规模测算统计情况呈报省政府，为研究制定低保与扶贫开发有效衔接的政策提供依据。

3. 广泛宣传，搞好培训。2010年，在"两项制度"衔接试点全面铺开前，全省召开了试点工作动员大会，试点县及所在市（州）召开了动员会，制定确实可行的实施方案；各试点乡（镇）、村，利用村民大会、标语、专栏、宣传手册、报刊和广播电视等手段，将"两项制度"的有关政策、操作流程、实施办法等内容宣传贯彻到群众中去。同时，省扶贫移民局、民政厅、省统计局、国家统计局四川调查总队联合召开了"两项制度"衔接业务培训会，对试点工作中的调查指标、范围、计算方法等逐一讲解授课，达到了统一调查指标，规范调查方法。

4. 简化指标，严格程序。一是合理调减调查指标。将统计部门《2009年××县农村住户纯收入调查表》300个现行调查指标调减到45个，大大节省了入户调查时间。二是统一试点村抽样方法。省统一要求试点县按照"半距起点、等距抽样"的方法，每县确定3个试点村，根据

2009年各试点村农民人均纯收入由低到高排队编号，求出全距、组距，最后得出样本村。三是按照统一的调查方案、统一入户访问方法、统一调查指标、统一计算办法等开展调查，实现了调查、计算数据的一致性。四是明确纪律要求，杜绝违规操作。对因工作人员不负责任造成重大失误或信访案件较多且影响较坏的，严肃追究其纪律责任。

5. 强化监督，落实责任。一是加强民主监督，强化责任。各试点村确定的扶持对象经过村委审定、民主评议后，报乡（镇）审核，经审核确定后，在村务公开栏进行公示。各乡（镇）分别设立了群众举报箱，接受群众监督。二是深入督查，制定了督查指导和工作考核办法，采取集中督查考核与分阶段督查考核相结合、面上督查考核和选点抽查考核相结合的方式，对有试点任务的市（州）、县（市、区）、乡（镇）进行面上督查考核和深入乡（镇）、村组进行抽查考核，及时推广典型经验，发现问题，纠正偏差。同时，将考核结果与年度综合目标考核挂钩，对工作开展得好的给予奖励，对工作开展差的予以处罚。

（三）主要成效

1. 明确责任，在目标上进行了衔接。“两项制度”都是解决农村贫困问题的重要举措，但目标责任不同，各有侧重。农村低保主要着眼于维持生存，保障农村困难群众的基本生活。扶贫开发主要着眼于促进发展，通过扶持有劳动能力的贫困居民实现脱贫致富。低保扶贫的责任在于为困难群众基本生活提供兜底保障，解决困难群众的生存问题；开发扶贫的责任在于对具有发展能力的贫困人口给予支持，通过扶持促进其脱贫致富，解决发展的问题。“两项制度”有效衔接，就是建立健全制度、政策衔接配套、标准科学合理、补助水平适度、资金筹集落实、管理规范有序、服务优质高效的农村低保和扶贫开发工作机制。

2. 把握政策，在规模上进行了衔接。对农村低保对象，按政策足额发放最低生活保障金；对农村扶贫对象，根据不同情况，给予贷款贴息、产业扶持、转移培训、改善居住条件等方面的扶持。按照扶贫标准，各地分解下达，明确扶贫对象。在对象确定上，充分发挥群众的参与和监督作用，做到公平公正、透明公开，对符合政策的对象一视同仁，做到符合政策对象的一户不漏，不符合政策对象的一户不扶，严禁弄虚作假，坚决杜绝“关系户”、“人情户”，确保真正的贫困户进入扶持范围，切实将好事办实、实事办好。

3. 分类扶持，在对象上进行了衔接。搞好扶贫和低保对象的识别，是推进“两项制度”有效衔接的基础性工作。由于农村低保和扶贫开发对象都是贫困人口，覆盖对象难免有所交叉重叠，“两项制度”对象的衔接就显得尤为重要。在农村低保和扶贫对象的界定识别上，要求各地一定要本着实事求是的原则，做细做实工作，严格按照农户申请、村组评议、乡（镇）审核、县上审批、逐级公示的程序进行。农村低保对象是家庭年人均纯收入低于当地农村低保标准的农村居民，扶贫开发对象是家庭年人均纯收入低于国家扶贫标准、有劳动能力的人口。简单地说，对农村低保标准以下的贫困居民，及时纳入农村低保；对其中有劳动能力的低保对

巴中市南江县农村低保与扶贫开发两项制度有效衔接试点工作启动暨培训会议现场

象，在享受低保金的同时及时给予扶贫开发政策扶持。只有对农村困难群众实行分类扶助，才能实现应保尽保、应扶尽扶，真正实现“两项制度”有效衔接。

4. 动态管理，在操作上进行了衔接。随着农村低保实现应保尽保和扶贫标准的提高，在操作上加强衔接，实行动态管理。在核定农村低保对象时，对有劳动能力和无劳动能力的居民进行分类，并把有劳动能力的居民适时纳入扶贫部门的扶贫开发计划；采取定期或不定期复核，对于通过扶贫开发，收入高于农村低保标准的对象，按照程序及时办理退保手续；对于因各种原因返贫，收入下降到农村低保标准以下的农村居民，及时地将其纳入低保范围，保证农村低保和扶贫开发对象有进有出，及时进出。发挥好农村低保在保障基本生活上的“兜底”作用，给困难群众吃“定心丸”。同时，鼓励低保对象通过扶贫开发走出低保，减少对低保的依赖。

5. 资源共享，在信息上进行了衔接。“两项制度”有效衔接，既可以减轻农村最低生活保障的压力，又可以使更多的农村贫困居民受益。这是一项惠及更多困难群众的新举措，试点工作开展以来，扶贫、民政部门单位密切配合，加强沟通，利用现有资源，使农村低保和扶贫开发实现数据共享、互通互补，真正做到民政和扶贫部门信息互通、资源共享，在利用双方资源、协调相关政策方面有新的进展。

6. 制定规划，在政策上进行了衔接。扶贫部门主要发挥牵头作用，主动加强与省协调小组成员单位的沟通协商，及时解决存在的困难和问题，做好扶贫对象和扶贫低保交叉对象的识别工作，落实扶贫政策。民政部门主要做好低保对象、扶贫低保交叉对象的识别工作，配合扶贫部门落实交叉对象的扶持政策措施。财政部门提供资金支持，负责资金管理和监督；统计部门及时提供贫困监测数据，参与制定“两项制度”试点的相关统计指标，配合扶贫部门测算贫困居民规模等工作；残联部门及时核对残疾人的有关情况，对两种对象中的残疾人提供重点帮扶。

第三节

扶贫机制创新

2004年特别是2008年以来，四川省积极探索创新扶贫开发机制，转变扶贫开发方式。先后成功地探索出了推进资金“三公开”、扶贫“首扶制度”、整合扶贫资金、实施“竞争入围”、探索“五早”方法、落实扶贫责任等，创新了监督、瞄准、投入、参与、奖惩等扶贫新机制。这些新机制普遍在全省推广，其中的监督、瞄准、参与机制还在全国引起强烈反响。

一、实行资金“三公开”，创新监督机制

2004年以来，全省扶贫系统大力推进扶贫政策、项目和资金“三公开”（公开、公告和公示）的扶贫阳光工程。这一做法得到贫困地区干部群众的广泛支持，在社会上引起了强烈反响，受到了国务院回良玉副总理、四川省委省政府领导、国家审计署、国务院扶贫办、四川省人大常委会预算工委的充分肯定。这一做法在全国扶贫系统得到推广应用。

（一）实施扶贫阳光工程的背景

自1986年实施扶贫开发以来，扶贫系统政务基本属于封闭型管理。每年的扶贫资金、项目实施封闭运行，其特点借用老百姓的一句话说，就是“暗箱操作”。这种封闭运行的方式存在较多弊端：一是增大扶贫运作成本，从村、乡到县、市层层甚至越级向上争取项目、资金，每到分配资金或落实项目时，各级扶贫部门总是门庭若市，请吃送礼现象时有发生；二是剥夺了群众的知情权，一年之中，别说是一村一户，即便是一市一县，也不知道自己能有多少扶贫资金、实施什么扶贫项目，何时得到资金、何时实施项目；三是极不利于对扶贫资金、项目的监督管理，极大地阻碍了扶贫效益的发挥，有时还为腐败的滋生提供了土壤。

为了改变这种现状，实行政务公开，打破“暗箱操作”，落实群众的知情权和参与权，让扶贫政策、项目和资金安排、实施、验收等过程都在“玻璃柜”里透明操作，充分发挥扶贫资金的效益，自2001年以来，四川省首先在当年实施的省定重点贫困村开展了参与式村级扶贫规

划，实行扶贫资金、项目的公开、公示制试点，取得了比较好的效果。2004年5月中旬，国务院扶贫开发领导小组总结了四川等地实施扶贫阳光工程的做法，专门下发了《关于建立和推行扶贫资金项目公告公示制的通知》；四川省扶贫开发领导小组也在总结全省村级扶贫资金、项目公示公告的基础上，结合国务院扶贫领导小组的“通知”要求，下发了实施扶贫资金、项目公告公示制的通知，要求扶贫政策、项目、资金推行“三公开”。2008年以来，加大了“三公开”工作力度，更深受贫困群众和社会各界的欢迎，他们普遍把“三公开”称为扶贫阳光工程。

（二）扶贫阳光工程的主要内容

一是政策公开。各级扶贫部门将中央、省、市（州）、县（市、区）的扶贫开发纲要、规划、资金管理办法及当年的项目安排重点、补助标准与对象、重点村建设项目等，在相应的范围内向社会群众公开，让群众特别是贫困户知情。二是资金、项目公告。将拟上报的扶贫项目通过政务公开、村务公开等形式公告于众，接受社会和群众的监督；扶贫项目批复后，将项目计划、建设内容、扶持对象、资金支持等以村为单位向群众公告；项目实施结束后，将实施结果向群众公告。三是资金公示。项目实施前，将资金安排、使用范围和补助对象、补助标准、补助金额、兑现方式、兑现时间等向群众公示；项目完成后，对照项目计划、建设内容等，将支出情况逐项向群众公示。

省扶贫部门于2004年9月20日首次在四川日报发布了《2004年新村扶贫工程村名公告》，主要将中央分配四川和省级配套的各类扶贫资金总额及其构成、资金的主要投向及其额度，全省当年实施的新村的村名以及每村分配的财政性扶贫资金的数量等，公之于全省。以后每年采取在《四川日报》、四川在线、四川省政府门户网等党报和主流网站发布扶贫资金项目公告，将新村扶贫、劳务扶贫、村道扶贫、大骨节病防治、连片扶贫开发、产业扶贫、残疾扶贫、贫困村互助资金试点、凉山彝区综合扶贫开发新农村建设资金、藏区扶贫开发专项资金、扶贫贷款贴息资金等项目、资金、用途及有关规定进行公告公示。2012年2月，四川省纪委、监察厅下发了《关于认真贯彻落实中央扶贫开发工作会议精神　进一步强化扶贫资金项目管理工作监督检查的意见》，进一步明确了扶贫资金项目实行省、市、县、乡、村五级公示制度，并在项目所在地聘请群众监督员，深化了扶贫阳光工程监督机制。

（三）实施扶贫阳光工程的主要做法

一是实行分级分类公告、公示。省、市、县、乡、村根据扶贫资金、项目的性质和内容，在相应的范围内公告公示。原则上扶贫资金的分配以公告为主；扶贫项目的安排，省、市以公告为主，县及县以下将公告和公示结合起来。能公示的，都做到事前公示、事后公告。所有项目在实施地点和项目受益范围内进行公示、公告，重点做好到村入户项目的公告、公示。到村入户项目在事前公示，广泛征求意见，项目审批后公告，接受监督。

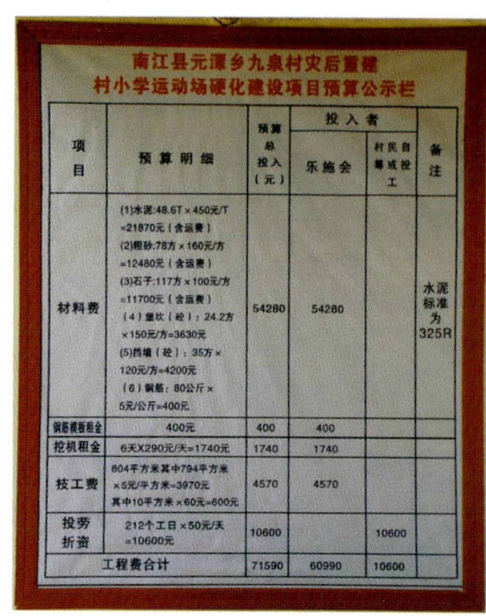

南江县元潭乡九泉村灾后重建
村小学运动场硬化建设项目预算公示栏

项目	预算明细	预算总投入（元）	投入者		备注
			乐施会	村民自筹或投工	
材料费	(1)水泥:48.6T×450元/T=21870元（含运费） (2)粗砂:78方×160元/方=12480元（含运费） (3)石子:117方×100元/方=11700元（含运费） （4）塌坎：24.2方×150元/方=3630元 (5)挡墙（砼）：35方×120元/方=4200元 （6）钢筋：80公斤×5元/公斤=400元	54280	54280		水泥标准为325R
钢筋模板租金	400元	400	400		
挖机租金	6天X290元/天=1740元	1740	1740		
技工费	804平方米其中794平方米×5元/平方米=3970元 其中10平方米×60元=600元	4570	4570		
投劳折资	212个工日×50元/天=10600元	10600		10600	
工程费合计		71590	60990	10600	

巴中市南江县元潭乡九泉村灾后重建公示栏

广元市旺苍县中河村贫困社区互助社公示栏

二是选择好公告、公示的形式。主要是从当地实际出发，借助报刊、广播、电视、网站、公开栏及告示等形式进行公告公示。省、市、县主要采用当地日报，如《四川日报》等形式公告；乡、村主要采用公开栏、工程标识等形式公示。

三是确定公告、公示的时限。省、市、县在资金计划确定后及时公告，乡村项目公示不得少于10天。扶贫项目实施并验收后，采用工程标识对扶贫资金使用情况和项目实施情况进行公告。

四是及时受理反馈意见。公告、公示单位负责反馈意见的受理。公告、公示的同时，将单位联系人、监督电话和通讯地址一并公布。

五是加强组织领导。在各级扶贫开发领导小组统一领导下，由扶贫办牵头组织相关单位实施，并负责受理反馈意见。每年将扶贫阳光工程的落实情况，纳入扶贫开发工作检查考核的内容。

（四）扶贫阳光工程成效明显

一是有利于坚持以人为本、执政为民。推行扶贫阳光工程，确保资金使用、项目安排公正、公平、公开、规范，是落实“三个代表”重要思想和坚持科学发展观的具体体现，也是坚持以人为本、执政为民的内在要求，更直接关系党和政府的关怀是否“光照”贫困地区和贫困群众，直接关系党和政府的凝聚力和公信力。通过扶贫阳光工程的实施，扶贫系统开始了扶贫政务公开，干部职工进一步增强了以人为本、执政为民的理念，减少了“暗箱操作”时的迎来送往、跑资金跑项目的时间消耗，腾出精力用于搞好扶贫工作。

二是有利于扶贫资金项目的规范管理。通过扶贫阳光工程，扶贫政策透明度增大了，中间环节减少了，有利于扶贫政策资金落实到村到户；方方面面对有多少钱、能办多少事，办什么事、怎样去办，一目了然。各方面都比较注意按章办事，规范管理，有序操作，扶贫开发的总体水平、扶贫效益比之原来大有提高。

三是有利于落实贫困地区贫困群众的知情权。贫困地区特别是贫困群众是扶贫开发的主体。实施扶贫阳光工程，还贫困主体本应享有的知情权，有利于增强民意、发扬民主、激发民力。贫困地方贫困户家底清楚，有多少资金、办哪些项目，何时办、怎么办，做到心中有数，他们也就更为主动、积极地投身扶贫开发，加速了脱贫致富的进程。

四是有利于发挥社会各界的监督作用。有多少资金，投向哪些项目，全部公诸全省、全社会，资金项目彻底透明、清晰了，社会各界监督的力度比原来加大了。2004年，盐亭县少给了每个重点村两三万的资金，广元市元坝区把劳务扶贫资金挪作他用、叙永县把重点村的资金部分用于其他生产性项目，资阳、遂宁市擅自提取新村项目管理费等，因为省上公告了，基层干部、群众都知道了，他们就写信向省扶贫办如实反映。通过调查核实，省扶贫办责成当地及时作了纠正，并对相关责任人进行了处理，基层干部群众十分满意。

五是有利于扶贫系统加强自身廉政建设。阳光是最好的防腐剂，公开透明是防止腐败的最好方式，也是取信于民的必然选择，并能从源头上防止或减少腐败问题的发生。对各项扶贫开发资金的使用，都做到公开、透明，拓宽渠道，主动让群众知晓，在群众的监督之下使那些打歪主意的人无机可乘，这样既保证项目、资金、干部安全，又能力保“项目上马，干部不落马”，使扶贫资金项目真正成为“德政工程”、“民心工程”。一方面是监督关口前移。过去是事后审计，当然也是必要的，但是，扶贫阳光工程把监督关口前移，再匹配审计，实践证明效果更好。另一方面是杜绝争资金、跑项目。以往“暗箱操作”，下面就要层层甚至越级往上争资金、跑项目，既增大了扶贫运作成本，也极可能发生吃拿卡要等不廉洁甚至腐败行为。扶贫阳光工程实施后，争资金跑项目的极大减少了迎来送往、请吃送礼的基本没有了，做到了扶贫工作与廉政建设的有机结合，从制度上加强了扶贫系统的廉政建设。

六是受到社会各界的好评。2004年11月，省人大预算委员会在听取省扶贫办扶贫资金项目管理情况介绍时，就对这一做法给予了充分肯定，在给省政府的相关报告中建议在省级各部门中推行这一做法，对各部门掌握的专项资金使用情况向社会进行公告。对扶贫阳光工程，贫困村贫困户更是积极拥护。平昌县积极推行“三公开”做法，2005—2010年，在实施第四期世行扶贫项目中坚持采取村民提名、村委会公示、村民代表评议、再次公示的方式确定贫困户，民主讨论确定帮扶措施，确保了扶贫效果。扶贫阳光工程的做法也得到外资扶贫中外方的赞许和借鉴，在四川省实施的世界银行社区自主型项目管理手册中，明确要求建立公告、公示制和投诉受理机制。

旺苍县龙凤乡锦旗村村主任陈天凡在谈到扶贫项目资金“三公开”时激动地说：“三公开”就是好，既还了干部一个清白，又给了群众一个明白，干部少了顾虑，群众多了热情。比如我们在村道扶贫项目实施中，对扶贫资金、建设方式、工程决算等在全村进行了公示，过去大家是出工不出力，现在是按时、按量、按质完成。

二、建立“首扶制度”，创新瞄准机制

扶贫“首扶制度”始创于宜宾，普及于全省，推广于全国。既是对扶贫“瞄准机制”的深化和发展，更是让贫困群众真正享受到党的扶贫阳光普照的好制度。做到了扶贫对象准确、帮扶到位、真正脱贫，深受贫困群众欢迎。

（一）宜宾经验

针对扶贫开发中出现的“家底”不清、“普惠”突出、“村内弃穷”等现象，宜宾市委、市政府于2004年连续召开市扶贫开发领导小组扩大会和全市扶贫开发工作电视电话会议，要求扶贫新村要首先瞄准穷人。会议具体要求“要摸清贫困的底数，贫困人口、贫困区域、贫困原因；要搞好规划，扶贫资金锁定到村到户，集中到项目、到贫困户身上，办几件事情”；“准确定位当前和下一步扶贫工作的目标和任务，从对象和目标上讲，就是需要政府和社会帮助的穷人，第一个对象就是绝对贫困人口和五保户，只有首先帮扶这些人，才体现了政府的公道，才体现了政府的良心，然后才是低收入贫困人口，最后才是一般人”。2005年1月，宜宾市委、市政府总结上年扶贫新村到户的做法，出台了《关于加强扶贫开发工作的若干意见》，明确提出“实行开发式扶贫与保障式扶贫相结合，首先扶持农村的绝对贫困人口和低收入贫困人口，实现基本解决温饱和巩固温饱两个目标”的扶贫“首扶制度”，下发了《宜宾市扶贫首扶制度基本操作指南》，并坚持每年从市级财力中挤出1000万元用于扶贫开发。

（二）全省推广

2007年，省扶贫办总结宜宾扶贫“首扶制度”成功经验，在全省推广。为规范操作、加大推广力度，2008年1月，省扶贫办印发了王思铁撰写的《对宜宾市扶贫“首扶制度”的调查》，要求严格按照以下方式操作：

一是摸清家底。各地对当年实施的扶贫新村，在做规划前，先要摸清贫困情况，把村里的绝对贫困和低收入贫困人口纳入新村扶贫范围。特别要求，对贫困人口进行“户建卡、村建册、乡建簿、县建档，实行动态管理”。

二是划分类别。根据摸底结果，把扶贫新村的贫困人口分为绝对贫困人口、低收入贫困人口、一般贫困人口三类，确定不同的扶持标准。明确提出“在新村扶贫中，对绝对贫困户首先扶持，低收入户倾斜扶持，一般贫困户限额扶持”的原则，使其具有可操作性。

三是公开比选。根据当年国家公布的扶贫标准，首先由村民小组召开户主会进行比选，再由村“两委”召开村、组干部和村民代表会议进行比选，并张榜公示。根据公示意见，再次召开村、社两级干部和村民代表会议进行比选，并再次公示。最后确定出“首扶户”给予扶持。

四是资金到户。对绝对贫困户重点倾斜，低收入户给予项目补助加信贷扶贫资金贴息，一般贫困户只进行信贷扶贫资金贴息。2007年，省扶贫办明确规定，从当年起，新村扶贫中，到村财政扶贫资金，平均每个绝对贫困户要给予不低于2000元的扶持；有条件的地方可以提高。

五是项目安排。对绝对贫困户重点扶持无房户修房，配套扶持建沼气池、人饮工程和入户路，以及当年增收的短、平、快项目。对低收入户重点扶持发展增收项目，也补助开展一些改善生产生活条件的项目。“首扶制度”外使用财政扶贫资金的其他到村扶贫项目，也必须覆盖所有贫困人口。

六是配套措施。党政机关定点扶贫与贫困村签订“双向责任书”，做到不脱贫不脱钩。单位和社会捐赠的扶贫资金物资，首先用于首扶户。利用社会捐赠资金在村建立扶贫基金会、扶贫专业协会，为首扶户提供资金和其他方面的支持。加强培训，使首扶户知道为啥干、干啥子、怎么干。

七是跟踪检查。在普遍推行“首扶制度”涉及村、户资金项目公示、公告、公开制度的基础上，市、县两级建立健全了扶贫督促检查通报制度。把“首扶制度”纳入年度目标考核，定期不定期地对扶贫工作落实的情况进行抽查、检查。每次抽查、检查，都把重点放在“首扶制度”的落实上。

（三）显著效果

扶贫“首扶制度”，做到了扶贫对象准确，公平、公正，帮扶到位，使贫困人口优先受益、真正脱贫，取得了显著效果。

一是总体成效突出。推广宜宾经验的第一年，全省797个省定贫困村实施了扶贫“首扶制度”，占当年新村建设总数的85%，据14个市（州）682个扶贫新村的初步统计，共扶持1.61万户、6.10万绝对贫困人口。到村专项财政扶贫资金，平均每个绝对贫困户得到了2187元的补助性扶持。2007年底，国务院扶贫办和省委批示印发了省扶贫办王思铁、李抒玲撰写的《对遂宁市新村“竞争入围”的调查》，在全国和全省推广。2008年，全省各地普遍把宜宾扶贫“首扶制度”和遂宁新村“竞争入围”结合起来，在全省2804个贫困村中，竞争产生了976个村为当年实施新村。所有到村扶贫资金，怎样用、干什么都由老百姓说了算，基本做到把权力交给群众，极大地激发了群众参与扶贫开发的主动性、积极性。多数地方通过扎扎实实工作，使贫困群众真正得到看得见、摸得着的实惠。

二是对象锁定准确。各地在实行扶贫“首扶制度”时，普遍采取按国家当年公布的扶贫标准公开比选和公告公示方式确定出贫困户，确保了比选出的贫困户的真实性和准确性，并采取“对绝对贫困户首先扶持，低收入户倾斜扶持，一般户限额扶持”的差异化扶持措施，贫困户和一般群众都满意。江安县公益村村党支部书记廖祖伦说：2007年我村新村扶贫启动之初，不少村民对扶贫资金都抱有“要得大家得，要不得大家不得”的心态。我们召开会议反复讲，因

2008年，雅安市雨城区中里镇张沟村新村扶贫“首扶制度”帮助首扶户改造后的厨房。

为我们村有贫困人口，才被确定为贫困村，所以，首先得扶持穷人。为落实“首扶制度”，2007年就召开了8次村民会议。通过两次比选，两次公示，最终确定了12户绝对贫困户、37户低收入贫困户，分别占该村总农户的4.03%与12.42%。村民普遍反映，这些贫困户享受扶贫优惠政策是应该的，是公正的。

三是帮扶措施到位。2010年，西充县在连片开发及新村扶贫项目中实行扶贫“首扶制度”，采取为贫困户购置耕整机、改建蚕房、添置养蚕设备、减免扶贫互助社入社费等方式进行扶持。平昌县在新村扶贫、彩票公益金、整村推进、连片开发等扶贫项目实施中坚持“首扶制度”。在危房改造、新居建设、环境改善等到户项目上，对贫困户多补助资金1000～5000元，减免其扶贫互助社入社费并优先安排借款，提高产业发展资金补助标准，优先安排免费劳务扶贫技能培训，落实干部结对帮扶。何如元是平昌县玉鹿村有名的贫困户，全家3口人，父母年老多病，不能劳动，本人又无一技之长，靠种3亩薄地勉强维持一家人的生活。家庭年人均纯收入不到500元，由于家庭贫穷年过40尚未成婚。2010年，该村实施彩票公益金扶贫项目，成立了扶贫互助社，鉴于何如元家的特殊情况，社里同意他缓交互助社入社费，先把他吸收为社员，并通知他参加了县农机校举办的农机手培训班。通过培训，他掌握了微型耕整机操作技术。2011年，何如元向互助社贷款2000元购买了一台微型耕整机，他将自己的助耕收费标准定为80元/亩，比市场价格低20～40元，如此一来请他的人络绎不绝，当年微耕服务收入近万元，全家摆脱了贫困。

四是脱贫步伐加快。2008年，自贡市在落实扶贫“首扶制度”中，优先启动、优先实施“首扶户”帮扶项目。对确定的1191户、3281人，落实帮扶资金139.83万元，支持解决饮水和发展种养业；落实受益项目资金294.50万元，支持水利和道路等基础设施建设。平均每户帮扶和受益资金达3646元。同时，还把“首扶制度”纳入年度目标考核，定期不定期对其落实情况进行抽查和检查。当年底，“首扶户”走出了贫困，解决了温饱。三台县紫河镇纪家沟村3社村民林维良，

内江市威远县小河镇三河村扶持首扶户李勇军养兔

现年70岁，家庭人口4人，2009年通过扶贫“首扶制度”得到支持，购了母猪仔2头、肉牛仔2头，通过近两年循环发展生猪及肉牛养殖，2011年出栏肉牛5头、生猪8头、仔猪35头，年家庭总收入约6万元。该县八洞镇张桥村4社罗仕强一家，通过2010年首扶户项目资金支持，购买二手三轮车从事运输，到次年累计收入3万多元，另外，还种植莲藕2亩，年收入4000元，实现了脱贫。

五是干群关系改善。扶贫的本质就是扶持穷人、改善穷人的生存发展环境，维护社会的公平正义。实行扶贫“首扶制度”，是贯彻落实党和国家扶贫方针政策的具体实践，是缩小贫富差距的重要手段，是真扶贫、扶真贫的具体体现，真实地体现了扶贫的本质。通过村民公开比选、公告公示，给予贫困户实实在在倾斜扶持，贫困村干部群众普遍认为党和国家扶贫政策真正落实到了贫困村、贫困户，是在真扶贫、扶真贫，扶贫“首扶制度”和党员、干部的工作得到了贫困村村民的真心拥护，进一步密切了党群、干群关系。

六是全国普遍推广。2007年全国扶贫办主任会议给予了扶贫“首扶制度”高度肯定，当年11月27日《四川日报》刊登了《扶贫“首扶制度”全国学四川》的文章，文章说“首扶制度”已作为一种成功的扶贫模式向全国推广，成为全国扶贫系统学习的“范本”。2008年，国务院扶贫开发领导小组办公室等十三部委联合印发了《关于共同促进整村推进扶贫开发工作的意见》（国开办发〔2008〕27号），明确提出：在扶贫过程中，要优先帮助贫困户发展生产，增加收入，实行贫困户“首扶制度”。由此，全国掀起推广高潮。

四川省委、省政府决策咨询委员会委员王思铁：扶贫“首扶制度”与新村“竞争入围”结合起来，建立起了一种瞄准的保障机制，基本做到了选准最困难的村、扶持最贫困的户、办好群众最急需办的事，使扶贫开发水平在新的起点上又向前迈出了一大步。

三、整合扶贫资金，创新投入机制

扶贫投入机制的创新，是四川省扶贫开发机制创新的重要内容之一。各类扶贫投入相对集中、捆绑使用，进一步发挥了扶贫资金的效益，进而也提高了扶贫开发的针对性和实效性。

（一）产生的背景

2001年，省委、省政府印发的省的扶贫规划明确要求："坚持统筹安排、集中资金办大事原则。各级扶贫开发领导小组要按照本规划要求，统一管理、统筹安排中央财政扶贫资金、以工代赈资金、信贷扶贫资金，以及地方配套的各类扶贫资金，做到相互匹配、集中使用、保证重点，努力提高扶贫开发的总体水平。"由于种种原因，2001—2004年，省列财政扶贫资金专项多达12个，共使用资金2.63亿元，占每年全省财政扶贫资金总额的35%以上。分散了资金，严重影响了扶贫效果。2004年5月，省扶贫开发领导小组召开了专门会议，提出了"整合资源、整村推进"的战略决策，决定分两年取消省列所有财政扶贫资金专项。2004年取消了科技扶贫、旱山村扶贫、产业扶贫、希望之光等8个专项。这些专项原占用的1.18亿元资金，全部用于今后的新村扶贫工程，每村财政性扶贫资金由2003年的20万元（有些村10万元）增加到当

巴中市南江县正直镇沿溪河村整合资金、整村推进、连片开发一角。

年的40万元。2005年初起调整实施新的“五项扶贫工程”,取消教育扶贫、基础扶贫、民族地区专项等4个专项，将其占用的1.45亿元资金全部用于新村扶贫，每村财政性扶贫资金由上年的40万元增加到50万元。2005年末，省委又提出实施新村、劳务、产业、移民、社扶新的“五项扶贫工程”。整村推进、产业扶贫、劳务培训等又上了一个新的台阶。2008年2月，省扶贫开发领导小组作出了“落实规划，锁定对象，整合资源，促进发展”的决定。同年，国务院扶贫办印发《关于做好2008年“县为单位、整合资金、整村推进、连片开发”试点工作的通知》（国开办发〔2008〕36号），要求整村推进与连片开发相结合、扶贫开发与区域经济发展相结合，促进贫困地区经济发展和贫困农户稳定增收。由此，彻底改变过去扶贫部门单一投放、独立实施、插花点缀的现象，形成“扶贫资金搭台，涉农资金唱戏”互为补充、互为配套、互为完善的工作格局。

（二）基本做法

四川省整合扶贫资金以突出新村扶贫为重点，以加大各类资金和资源整合力度为手段，坚持“渠道不乱、用途不变、各负其责、各记其功”原则，按照“省负总责、市州统揽、县抓落实、任务到乡（镇）、工作到村、扶贫到户”的要求，达到综合扶贫、全面发展、建设新村的目的。在资金管理上实行“四统一”：统一规划项目、统一下达资金计划、统一调度整合资金、统一审核报账。

1. 加强专项扶贫资金内部整合。整合财政扶贫资金、以工代赈、信贷扶贫、支持不发达地区等专项扶贫资金捆绑使用；主要是整合以工代赈资金，用于贫困村小型农田水利、人畜饮水、道路等基础设施建设。在贫困地区，新村建设在哪里推进，扶贫项目就向哪里多安排，扶贫资金就向哪里多倾斜，用好用足扶贫专项资金。平昌县双鹿乡玉鹿村、大鹿村实施“中央专项彩票公益金支持贫困革命老区整村推进试点项目”中，彩票公益金投入340万元，整合以工代赈等资金1200余万元。2010年宣汉县实施“中央专项彩票公益金支持贫困革命老区整村推进试点项目”，除中央彩票公益金2125万元外，还整合其他项目财政扶贫资金590.30万元。

2. 加强专项扶贫资金和强农惠农以及其他涉农资金整合。国家强农惠农政策是“普惠制”，贫困村和贫困人口应当享受强农惠农资金“普惠”的优待；扶贫专项资金投入是“特惠制”，只能贫困区域、贫困人口享受，这是由扶贫性质决定的。因此，贫困村搞新村建设，享受到国家强农惠农资金的“阳光雨露”是理所当然的事情，这就是整合这些资金的前提优势。2007年以来，巴中市三县一区先后实施的“县为单位、整合资金、整村推进、连片开发”、彩票公益金革命老区试点项目、“巴中革命老区连片扶贫开发试点项目”三个项目，覆盖24个乡（镇）、87个村、563个社、2.88万户、11.29万人。项目建设内容涉及基础设施、产业发展、社会事业、农户环境等。扶贫资金投入2.57亿元，整合涉农项目资金4.10亿元。平昌县实施彩票公益金革命老区试点项目共整合部门各类涉农资金3629.44万元，其中：交通局1746.40万元、水务局537.50万元、建设局93.60万元、农业局202.54万元、卫生局15万元、教育局94万元、组织部12万元、科文局33.60万元、畜牧局604万元、扶贫开发局290.80万元。2010年沐川县扶贫连片开发项目，以涉农资金整合为切入点，从扶贫、交通、农业、林业、水利、畜牧部门整合资金，形成合力，做大做强扶贫项目，发挥了财政扶贫资金“四两拨千斤”的功效，该县除投入财政扶贫资金1000万元、整合部门涉农资金843万元。

3. 加强整合社会帮扶资金和国家经济建设资金。广泛动员全社会力量，积极参与和支持新村建设。一是整合中央国家机关投入帮扶项目资金、省直机关投入帮扶项目资金。二是整合浙江省对口帮扶项目资金。三是交通、水利等涉农外资金和文化、卫生、通信、电力等企事业单位的经济发展资金也尽可能的整合起来，用于连片扶贫开发区域。四是整合金融信贷资金。除信贷扶贫资金向集中连片区域倾斜外，努力争取其他金融资金向贫困村投入，旺苍县锦旗村、安岳县舒适村实施新村建设互助资金试点项目以财政资金为担保，从农村信用社获得20万元的授信贷款，用于互助资金壮大本金。五是引导企业投资，辐射带动贫困地区发展。动员企业参与扶贫开发整村推进，发挥企业的技术、资金和市场优势，盘活贫困村土地、劳动力等资源，实现企业和贫困村优势互补、互利双赢目标。

（三）主要效果

1. 扶贫资金整合，带动了扶贫资源的整合。各行业部门通过资金整合联系在了一起，同时以此为纽带将本部门的政策、法规、技术、人才、培训等资源也整合在一起投向贫困村，这些资源形成合力，达到了综合治理、促进发展的目的，夯实了新村建设的基础，逐渐形成了“领导协调有序，部门配合得力、资源整合到位”齐抓共管的工作局面。一是统一领导。按照“统一领导、归口管理、分工合作、各司其职”的原则，地方党委、政府对相关部门分项目落实了“限时责任制”、“问责追究制”、“部门帮扶制”、“驻村指导制”。巴中市巴州区在实施“巴中革命老区连片扶贫开发”试点项目中，区里成立以区委书记、区长任正副组长的建设领导小组，全面负责“巴中革命老区连片扶贫开发”试点项目建设工作的组织领导、督查指导等工作。领导小组下设试点项目工作办公室，挂靠区扶贫开发局，全面负责该试点项目的综合协调、督查指导、考核奖惩工作。以项目乡（镇）为单位，成立工作队，分别由一名区级领导任队长、项目乡（镇）党委书记任常务副队长、乡（镇）长和区委选派的副科以上领导干部任副队长。项目村由区委组织部统一选派熟悉农村工作、年轻后备干部任工作组组长。并由区级相关部门的业务骨干组成技术指导组，负责整个项目的技术指导。项目乡（镇）建立了干部包村（户）责任制。区级相关部门和项目乡（镇）均成立了相应的组织领导机构，切实加强组织领导，落实工作责任，确保试点项目工作顺利推进。二是形成了“大扶贫”的工作格局。各地采取“县为单位、资源整合、整村推进、连片开发”的做法，进一步动员、整合了全社会的力量和各种资源参与扶贫工作，为扶贫开发与多部门参与的行业扶贫、党政机关定点扶贫和东西（部）协作扶贫提供了平台，“大扶贫”工作格局基本形成，使扶贫工作的渠道更广泛、帮扶更到位、措施更丰富，为贫困地区的发展注入更为强大的动力。

2. 充分发挥资金的集聚效益，提高了资金的使用效益。把相关资金整合、多项措施配套、各类要素集聚，把解决各种不同方面贫困问题的资源集中在一个区域里的做法，克服了过去的分散式、单一型的扶贫资金投入方式，充分发挥了不同渠道资金的“集聚效益”，既凸显了综合效应，又叠加放大了资金使用效应，扩大了单项资金、单个项目的效果，产生了“1+1＞2”的效益。巴中市巴州区委、区政府在连片扶贫开发中，要求贫困村要建成：有主导产业，有通村水泥路，有电力通信设施，有村级活动阵地，有村小学校，有村级卫生室，有农家店，有整洁优美的人居环境。在区委、政府统一协调下，通过整合畜牧、电力、国土、建设、交通、教育、林业、民政、农业、水利、卫生部门资金，基本实现区委、政府前期制定的目标。巴州区恩阳镇合治寨村村民张国玉，现在既要忙于柑橘园的前期规划，又要忙于打理自己的鱼塘，还要筹建自家的农家乐。“过去最好的年景地里的收入仅为2000元，生活过得十分拮据；通过连片扶贫综合开发建设，我准备一边发展种植，一边发展养殖，自家农家乐还可以自产自销种养的蔬菜和鸡鸭鱼，既节约了成本，还不愁销路，人均年增收1000元是没有问题的。”老张心中早就打好了“小算盘”。

3. 提升扶贫新村的质量，加快了扶贫开发步伐。整合资金投入贫困地区，不是单个区域、单个项目的建设，而是整个地区产业项目、水、电、路、通信等基础设施统一规划、有机整合、相互配套的系统工程。田、渠、林、路、产业等一次成型，有的地方还配套建设了学校、卫生院、通村路和休闲广场，有效地改善了贫困地区基础条件，提高了贫困地区可持续发展能力，弥补了单一扶贫资金投入的不足问题，提升了扶贫新村的质量，从而也加快了扶贫开发的步伐。

峨边县哈曲乡解放村阿恩石根说，当时他差点错过了彝家新寨建设，“经过村民们一事一议，每户村民还需自筹5.50万元，我只筹到了两万元钱。正发愁时，多亏政府贴息帮我在银行贷款3.50万元，我才能住进新房。”

四、实施“竞争入围”，创新参与机制

扶贫新村“竞争入围”起源于四川省遂宁市，随后在全省、全国推广。实践表明，扶贫新村“竞争入围”，有利于提高基层组织执政能力，有利于增强群众民主意识，有利于整合扶贫资源，有利于落实富民惠民政策，有利于扶贫新村当年实施当年见效。

（一）产生背景

2001年，省委、省政府印发了省的扶贫规划，确定1万个省定贫困村，开展“万村扶贫”，建成1万个扶贫新村。省扶贫办对这1万个省定贫困村制定了分年实施规划，逐年安排1000个左右村给予扶持。由于是从上往下的安排，一些地方从市、县扶贫部门到当年实施村，有一种“我该得到扶持”的想法，缺乏新村建设的积极性和主动性。针对这种状况，南充、遂宁、宜宾等地用比选方式确定扶持村（在1万个村内），其中，遂宁市做得比较规范。2007年9月，省扶贫办印发了王思铁、李抒玲《对遂宁扶贫新村“竞争入围”的调查》，要求全省贫困地区结合当地实际，积极做好推广。遵照范小建主任的重要批示，国务院扶贫办于11月6日以《国务院扶贫办通报》第20期将其转发全国各省（市、区）及新疆生产建设兵团，要求推广。遵照省委书记杜青林“请办公厅将这份‘调查’用《工作情况交流》刊发，供各地参考”的重要批示，省委办公厅于11月3日以《工作情况交流》第13期将其印发各市（州）、县（市、区）党委，省委各部委，省直各部门党组（党委）。由此，遂宁扶贫新村“竞争入围”模式在全国、全省推开，效果显著。2008年，四川省结合推广宜宾市扶贫“首扶制度”全面推行这一

做法，一举改变了过去扶贫新村“头年资金明年干，后年再把效果看”的被动局面，激发了贫困村干部群众的积极性和主动性，使新村扶贫出现了前所未有的好势头。遂宁新村扶贫与基层民主建设相结合的“竞争入围”模式，成为全省、全国扶贫开发的一块品牌。

（二）主要做法

2008年开始在全省、全国开展的新村“竞争入围”，其主要做法是遂宁市的模式。

1. 做好摸底排查，夯实“竞争入围”基础。根据遂宁市扶贫办对新村扶贫实行“竞争入围、动态管理、以奖代补、过程监督”的要求，蓬溪、船山两县（区）扶贫开发领导小组都出台了《关于成立2007年度新村扶贫工程启动评审小组的通知》和《关于评审2007年度新村扶贫工程启动村办法及标准》等相关文件。规定首选的村必须是无路、无水、无产业的省定贫困村，必须是村级班子战斗力强的村，必须是群众参与积极性高的村，必须是具有健全的民主议事制度的村。两县（区）都由扶贫办牵头，组成由发改委、财政局、评审中心等参与的工作组，分别深入尚未启动的省定贫困村，走村串户，综合踏勘、踩点，详细了解相关情况，填具表册，筛选出最急需启动的特别困难村，报经县扶贫开发领导小组初审后确定参加“竞争入围”。

2. 发动群众参与，抓住“竞争入围”关键。一是召开各类会议，广泛发动群众参与。2007年1月，蓬溪县初选入围的24个村分别召开了近10次各种专题会议，如坝坝会、联户会、村民小组群众会、村社干部会、党员会、村支部会、村委会等。通过各种会议，广泛宣传发动，激发群众的参与意识和热情。二是尊重群众意愿，由群众自行选择项目。所有参与“竞争入围”的村，都先后召开了90%以上村民参加的村民大会，给每人发一份《群众自选项目意愿表》，由群众自主选择新村扶贫项目。乡（镇）党委、政府，县扶贫办工作人员现场指导，村“两委”统计出《群众意愿排序统计表》，并归纳填报《村项目意愿表》。三是开展项目分类，做好综合规划。蓬溪县24个村实施项目选定后，分项目由县级有关业务主管部门做出工程造价概预算。村道工程由县交通局和县农机局做出概预算，水利工程由县水利局做出概预算，提灌站由县农机局做出概预算，以此作为项目规划的依据。四是筹资投劳，群众承诺。在初步规划项目和预算后，搞好资金整合。除去财政扶贫资金50万元和部门项目打捆资金外，不足部分主要由群众投劳解决，村“两委”根据较多村民意愿做出初步方案，交村民大会讨论，并由90%以上的农户亲笔填写承诺书。参与竞争村的投劳折资方案，须经村民大会认可和村“两委”初定后，按程序报经乡（镇）人大主席团审查同意，再报县农民负担领导小组办公室审批，依法成为正式筹资投劳方案。

3. 公开演讲竞争，突出“竞争入围”重点。一是评审记分。2007年1月23日下午，蓬溪县扶贫领导小组抽选县委组织部、县纪委、县府办、县发改委、县财政局、县评审中心、县审计局、县扶贫办等8个部门11人作为评委，对24个村参与评审的20种必备资料进行了仔细、认真的评审打分，总分20分。二是演讲答辩。县上召开了24个村支部书记、村委会主任和党员、妇

巴中市平昌县“竞争入围”现场。

女、贫困户代表及乡（镇）分管领导、县直有关部门负责人共计160余人参加的“蓬溪县2007年度申报新村扶贫工程考评会”。考评分6大项，共计80分。其中项目规划是否按群众意愿、村“两委”班子是否团结有战斗力、演讲是否思路明晰科学合理、现场抽题答辩是否符合实际、部门项目资金打捆是否充足等5个环节各占10分；90%以上的农户是否自愿投劳折资、规划公路是否达到通畅标准占30分。经过一整天的角逐，产生出各村得分排序。三是上报审批。蓬溪县扶贫开发领导小组以文件形式向遂宁市扶贫开发领导小组上报《关于启动2007年24个新村扶贫工程建设的请示》。3月20日，市扶贫办组织市级相关部门评审各县资料，并以文件形式批准下达蓬溪县文井镇波惹村等全市38个扶贫新村，开展扶贫新村建设。

（三）主要效果

2008年，全省各地普遍推广遂宁新村“竞争入围”经验，在2804个贫困村中竞争产生出976个村作为当年建设的扶贫新村。在新村建设中，把扶贫“首扶制度”与新村“竞争入围”结合起来，建立起了一种瞄准的保障机制，基本做到了选准最困难的村、扶持最贫困的户、办好群众最急需办的事，使扶贫开发水平在新的起点上又上了一个台阶。

1. 有利于提高基层组织执政能力。2007年，蓬溪县先林村通过“竞争入围”进入新村扶贫。村党支部书记任家林、村委会主任王龙说，通过“竞争入围”，我们召开各种会议，发动村民参与，家家户户都晓得了扶贫的惠民政策。为了“竞争入围”新村扶贫，遂宁市船山区伞峰村从2006年12月12日到2007年8月19日，村党支部召开了支部会、党员大会等12次。村支部书记郭晓波说，村党支部是党在农村全部工作和战斗力的基础，是村级各种组织和各项工作的领导核心。它处于群众工作的前沿，是各项工作具体的领导者、实施者，特别是像我们这样的贫困村党支部承担着组织领导群众脱贫致富的重任。过去，我们遇事就支部决定了，通常是得不到群众的有力拥护，执行起来扯皮事多。通过“竞争入围”，锻炼了我们村社干部的能力，提高了我们的工作水平，提高了村党支部的执政能力，与群众的关系也比过去紧密得多了。

2. 有利于增强农民群众民主参与意识。先林村、伞峰村的村民，不论大人小孩都知道扶贫，谈到参与扶贫的事如数家珍，没有一个有牢骚怨气。伞峰村的老农李传松说，过去村子里大事小事，几乎就是干部说了算，哪轮得到我们农民说话的份。自从2006年底开展新村扶贫以来，每一样事都让我们充分说话，表达我们的想法，咋个做，做些啥，都由我们村民大家商量办。比如修村道，村“两委”就反复召集我们开会，项目由我们选，工程由我们做。我都70来岁了，老伴67了，我儿子房子买在大英县，我老两口也要去那里住。村里的公路与我家的利益不是好沾边。但是，既然村上都让我们说话，做啥子由我们自己做主，我们感到这样好啊。为了村好、社好，为了全村的子孙后代，我老两口愿意出点资，如果不够，还可以多出点，也无意见。修路要动到我家的竹子、树木，我也同意砍了。

3. 有利于整合各类扶贫开发资源。先林村是蓬溪县较为贫困的村，全村7个社1050人，需要修村道2.80千米、拟投入58万元，社道1.40千米、拟投入16万元，水渠140米、拟投入10万元。加上群众自选的其他项目，总投入95万元，其中，财政扶贫资金50万元。缺口中，整合交通部门资金26万元，其余由村民投劳折资解决。该村周思容等4户人家，集中居住地点离新建村道有300多米远，4户人家开了院坝会，决定打通这段入户路。周思容和他儿子周书波原来在安徽打工，为修路两父子都回来参加。因为村里通村道了，该村农户自己动手修入户路的，比比皆是。伞峰村因修村道，要拆极少部分农户的房子，村里协商解决。村党支部书记说，要是过去，解决这些户的拆迁就够呛的。现在落实“管理民主”，让村民有话语权，让村民决策，给予拆房户补偿，没有一人有怨气，干部没“磨嘴功”，他们自己就拆了。我认为，这也是一种扶贫资源，就是村民的积极性。

4. 有利于更好落实惠民富民政策。先林、伞峰两个村的干部群众都高兴地说，现在党的惠民富民政策好，减了农税、实行粮食直补、种子补贴、扶贫开发、救助低保等等。村干部更是深有体会地说，过去我们村“两委”自己决策的时候多，做起事来，有的村民还在旁边看笑话。现在不同了，凡事充分让村民参与，村里要做啥不做啥，村民最有发言权。村民参与了，气顺了，觉得有了自尊，落实党的惠民富民政策也就顺多了。蓬溪县扶贫办主任说，过去新村扶贫是上面下指标，县上讨论时，各自都为自己熟悉的村“你争我夺”，这样，就产生了“先易后难”以及不公平。现在实行“竞争入围”，首先是做到了公平、公开和公正，先难后易就办到了。这样有利于落实党的惠民富民的扶贫政策。遂宁市船山区扶贫办主任说，与近几年的上级层层往下“安”扶贫村相比较，“竞争入围”开始时的工作量是大得多，但是，一旦进入实施阶段，就省力得多了。

5. 有利于扶贫新村当年实施当年见效。遂宁市扶贫办主任说，2007年“竞争入围”实施的38个扶贫新村，项目进度快、质量好，在当年10月底就全面完工。这是该市自开展新村扶贫以来，第一批不跨年度的工程。真正体现了新村启动民争、建设项目民选、村务活动民理、和谐农家民创、贫困农户民评、产业协会民办、环境卫生民护、后续工程民管。该市船山区伞峰村，议定投劳折资15万元，实际到位20万元。其中，有35户经济条件比较好的自愿多出，每户达到三五百元。2007年9月，村里2.60千米水泥路已经硬化，2.30千米水渠也已完工，5个提灌站已建成。特别困难的5户，区上每户给予2000元的无偿扶持。特困户刘树秀家6口人，5月初接受县扶贫办无偿送的价值1000元的两头猪儿，养到8月初卖出。刘树秀谈起新村扶贫，含着泪花说：感谢县乡人民政府，我家就猪儿的收入，连本带赚就是2000多元。

国务院扶贫开发领导小组副组长、国务院扶贫办主任范小建在《对遂宁扶贫新村“竞争入围”的调查》一文上作了重要批示：“国良并福合、徐晖同志：这个办法好。我在调研中了解到基层一些地方也有这个做法，把整村推进与基层民主建设很好地结合起来，是一个成功的经验。整村推进在扶贫资金使用上占比最大，明年要专门召开现场会，推介这方面的经验。这也是落实十七大‘提高扶贫开发水平’的一个重要内容。”

五、探索“五早”方法，创新工作机制

从2007年初起，省扶贫办探索并实施了“四早”工作机制，后来又逐步发展为“五早、四快、三高”。这一工作机制，克服了过去一些地方“今年资金明年干，后年再把效果看”的现象，改进了干部队伍工作作风，贫困居民较快地得到了扶贫实惠。

（一）“五早”的提出

各级扶贫部门是同级议事协调机构——扶贫开发领导小组的办事机构。一方面，没有行政许可权，也没有向下发指令性文件的权力；另方面，扶贫开发任务越来越重，又使扶贫部门必须身先士卒、靠前指挥。加之多方面的原因，扶贫部门推进工作的难度加大，扶贫项目周期长、效果不尽如人意。特别是中央扶贫资金在每年4月左右下达到省，省上一般则在8、9月份才往下转拨，有时要抵到年底才转拨完毕，由此，一些地方出现了“今年资金明年干，后年再把效果看”的现象，延缓了贫困群众脱贫进程。在调查研究广泛吸收基层和贫困群众意见的基础上，2007年10月，省扶贫办党组书记、主任赵学谦在全省市（州）扶贫办主任会议上明确提

出了思想早发动、任务早明确、措施早制定、责任早落实的“四早”举措。经过2008年的实践检验，“四早”切实可行、非常有效，深受贫困地区干部群众的普遍欢迎。但是，在工作中一些地方由于扶贫项目报账迟缓，影响了基层干部群众的积极性。2009年1月，省扶贫办赵学谦主任在“四早”的基础上又增加了“资金早报账”，并根据扶贫开发新形势的需要，最终确立了“五早、四快、三高”的工作机制。

2007年10月，分管扶贫开发工作的郭永祥副省长批示：省扶贫办“提出‘四早’好”。

（二）“五早”的内涵

“五早”，就是前面所说的思想早发动、任务早明确、措施早制定、责任早落实、资金早报账。“思想早发动”：坚持以党的十七大精神为指导，确立“大扶贫”的思想，牢固树立扶贫部门早一天行动，贫困群众就会早一天脱贫的观念，进一步增强扶贫工作的紧迫感、责任感，促进各项工作往前赶。“任务早明确”：坚持下年工作目标任务，层层不等待、观望，参照头年规模，一般在11月左右拿出下年计划，并层层对下作好任务分解；同时要求，在新村、产业、劳务扶贫方面全面引入竞争机制，改变传统安排方式。“措施早制定”：坚持以“富民惠民”为目的，层层提前制定下年工作措施，特别对下年贫困户“首扶制度”名单、新村“竞争入围”方案，都在岁末年初拿出相应的办法，并根据每村、每户的不同情况，制定具体的帮扶措施。“责任早落实”：对下年工作，层层根据初步的目标任务，提前落实工作责任，分级负责，一级抓一级，层层抓落实，建立健全扶贫系统工作责任制。“资金早报账”：坚持项目完成一项，及时验收一项、报账一项。在落实“五早”的同时，提出了“四快、三高”。“四快”：在坚持扶贫效益为中心的前提下，跟上中央、省委要求的思想认识到位要快、各项工作进展要快、扶贫工程建设要快、增收项目见效要快；“三高”：坚持扶贫开发工作出手要高、工程质量要高、项目效益要高。“五早”、“四快”、“三高”，“早”是基础，“快”是关键，“高”是目的。各级扶贫部门领导不断提高领导力，带头干、带领干、带动干，都在“五早”上使实劲、在“四快”上出实招、在“三高”上见实效，加快了贫困群众巩固温饱、脱贫致富步伐。

（三）“五早”的成效

1. 增强了扶贫工作动力。为了落实“四早”，省扶贫办比往年提前了2～3个月，于2007年10月召开了全省扶贫办主任会议，对2008年工作做了全面的安排部署。特别要求全省扶贫系统，“及早明确2008年扶贫开发工作目标任务，力争做到思想早发动、任务早明确、措施早制定、责任早落实，牢牢把握扶贫开发工作主动权，提高全省扶贫开发工作水平。”为了做到“一年早知道”，会议首次实行资金项目“预安排”，即比照当年的实施情况，将2008年的资金项目预安排到市（州），进而到县（市、区）。结合自身实际，省扶贫办制定工作方案，建立了10项责任制度，并狠抓落实到位，加强机关效能建设。省扶贫办集纳各地建议意见，在“四早”基础上提出的“一推进、两坚持、五统筹”新的工作思路，还得到省领导的充分肯定。市（州）、县（市、区）扶贫办通过落实“四早”，工作作风也有极大的转变。到2007年底前，各地就制定了2008年的工作打算，并积极开展各项扶贫工程的基础资料准备工作。到2008年3月，全省多数地方当年的扶贫新村“竞争入围”已基本完成，首扶户已经比选出来，新村准备工作比往年提前3个月左右。“四早”对全省扶贫系统形成自加压力、自添动力的态势，干部职工扶贫开发紧迫性、责任感大大增强，普遍把“四早”贯穿于扶贫开发的每个环节，赢得工作主动权。通过“四早”，全省扶贫系统出现了“六个明显”：为民意识明显增强、调查研究明显增多、办事效率明显提高、协作关系明显改善、工作作风明显改进、奉献精神明显彰扬。2008年，由于全省扶贫系统普遍推进“四早”新机制，全省扶贫开发实现了重大转折。面对南方大雪灾、汶川大地震、金融大危机，各级扶贫部门在同级党委、政府的领导下，着力落实“四早”，迎难而上、奋发努力、靠前作战，圆满地完成了年度目标任务。2008年，全省争取到中央和省级财政扶贫资金15亿多元，比上年增加5亿多元；实施扶贫新村

2009年4月22日，四川省扶贫办举办部分市及扩权县扶贫办主任培训班。

976个，发展产业项目180个，建设村道982.82千米，新修沼气池5.79万口，劳务扶贫培训7.15万人；解决24.98万绝对贫困人口温饱问题、改善72.23万低收入贫困人口生产生活条件，分别占年度目标任务的124.90%与120.40%，36个重点县贫困居民年人均纯收入增加270元。

2. 提高了扶贫开发水平。2008年，“四早”工作机制普遍推进了各项扶贫工程进度，进一步提高了扶贫开发的总体水平。一是新村扶贫工程。各地采取提前规划、“竞争入围”等办法，合理确定当年启动的扶贫新村，认真组织实施，加快工程进度，取得明显成效。全年实施的扶贫新村基本做到了动手早、进度快、质量好，大部分扶贫新村按期完成工程建设，基本实现当年启动、当年投入、当年实施、当年见效。遂宁、资阳、泸州市等地提前准备、提前实施，措施实、力度大，圆满完成建设任务。二是劳务扶贫工程。坚持以培训促就业、以就业促增收、以增收促脱贫，注重提高贫困群众自我发展能力。采取校企联合等方式加大培训转移力度，全省21个市（州）比上年提前3个月至6个月超额完成当年任务，累计培训输出6.55万人，实现年度计划119.20%。资阳市提出“五个严禁”规范劳务扶贫培训，内江市东兴区推行“办学+办厂”劳务扶贫培训模式，进一步提升了培训质量和效果。三是村道扶贫工程。认真解决群众行路难问题，切实消除制约产业发展的不利因素，积极加强村道建设。各地普遍提前2个月至3个月开工建设，全年投入6000万元，有效整合其他资金，发动群众投工投劳修建村道，改善了贫困群众生产生活条件，受到项目村群众普遍欢迎。四是沼气扶贫工程。积极加强沼气建设，为群众提供清洁能源，转变群众观念，改善了生活环境。各地普遍比往年提前2个月至5个月开工建设，全年投入5000万元新修沼气池，绝大部分地方提前完成年度目标任务。同时，产业扶贫、贫困村互助资金、灾后恢复重建、“阿坝试点”、革命老区扶贫开发等项目的建设进度也大大快于、好于往年。2009年提出“五早”后，各地扶贫工程建设进度又有所加快、建设质量又有所提升。2009年，宜宾市扶贫办在上年底就部署并组织力量指导基层采取群众参与式方法，编制新村扶贫项目规划和实施方案。通过上下汇报协调、竞争比选，从97个贫困村中优选确定出54个村为2009年的扶贫新村报省上，并同时组织开展启动工作。到4月底，得到省扶贫办批准落实财政扶贫资金2700万元，拉动其他投入7500万元。

3. 加快了脱贫致富进程。“四早”机制的形成，多数扶贫项目做到当年启动、当年建设、当年见效，由此加快了贫困地区、贫困群众脱贫致富的进程。“阿坝试点”是一项“总理工程”，省委书记刘奇葆、省长蒋巨峰高度重视，亲自过问亲自抓，并把这一试点列为省的“八项民生工程”和50个重大项目之一。2008年5月6日，省委、省政府在红原县麦洼乡举行启动仪式。省、州、县扶贫部门坚持“四早”要求，采取倒排工期，加快试点工程建设，使贫病群众尽快去除病痛、加快脱贫。当年财政扶贫资金完成试点总投资4.17亿元。完成81所学校供水工作、病区2.64万名适龄儿童全部进入寄宿制学校学习生活；完成年度粮食更换供应量1729万公斤；完成饮水安全工程521处，解决了8.54万人的饮水安全问题；完成11个大骨节病集中供养社会福利服务中心和6个农村敬老院工程建设，对Ⅲ度大骨节病患者实行五保供养，将3.80万Ⅰ、Ⅱ度患者纳入了农村低保；为136个村的2040户贫困户建设住房。结构调整、卫生防治、科技攻关也完成了年度目标任务。贫病群众非常满意。针对广安水淹区特点，广安市、县以扶贫新村为载体，从扶贫解困工程、基础设施建设、发展农牧业、发展社会事业入手，综合治理路、水、电、产业和社会事业等方面的难题，扶贫成效显著，受到当地群众普遍欢迎。水淹区村级公路、便民路、便民码头、山平塘、渠道、蓄水池、饮用水井、学校、卫生站、沼气池、广播电视“村村通”等建设，为群众带来实惠，促进了发展。水淹区农民增收显著，首批实施的34个重点扶贫新村，农民人均纯收入同比增加583元，增长61%。升钟库区按照“四早”要求，加大工作力度，贫困群众得到实惠，阆中市扶贫办整理上报的《水淹区群众自编山歌感党恩》，充分反映了群众的喜悦心情，得到省委、省政府领导肯定和赞扬。“5·12”汶川特大地震后，全省扶贫系统落实“四早”要求，不仅积极投入抗灾救灾，而且自觉把扶贫开发与灾后重建有机结合起来，积极投入灾后恢复重建。省扶贫办采纳各地意见，向省政府提出受灾贫困户建房补助标准高出普通受灾户4000元的建议，得到采纳和落实，受灾贫困群众非常满意。

4. 丰富了工作机制内涵。“五早”举措促进了各地工作机制的创新、丰富和发展，形成了“抓早、为民、务实、廉洁”等新的扶贫工作机制。一是抓早。按照“五早”要求，全省各级扶贫办进一步强化“我们早一天行动，贫困群众就早一天脱贫”的理念，积极主动狠抓当年工作，扶贫开发出现了前所未有的好势头。全省第一次彻底扭转了扶贫新村项目“今年资金明年干、后年再把效果看”的被动局面。二是为民。2008年，乐至县黄泥嘴村“两委”率领村民，走出了一条“坚持群众参与、搞好扶贫工程”，“搞好扶贫开发、建设扶贫新村”的新路子。为了搞好新村扶贫，从2月19日至6月17日，该村“两委”就召开了23次会议，到当年6月份，全村建成水泥路2.60千米、为计划的117%，整修水渠370米、为计划的100%。60岁的曾德英老大妈高兴地说：“现在穿拖板鞋就可以赶场了，好高兴啊！”村民秦孝端、秦孝长等绝对贫困户都享受到了“首扶制度”的实惠。三是务实。多数地方把抓早、为民与务实结合起来，始终坚持重实际、说实话、出实招、求实效，努力创造经得起实践、人民、历史检验的实绩。全省所有到村的扶贫资金怎样用、干什么，由老百姓说了算，基本做到把权力交给群众，极大地激发了群众参与扶贫开发的主动性、积极性。四是廉洁。为了加强社会各界对扶贫资金的监督，随着“四早”落实，各地提前了公示、公告、公开时段。2008年6月初，省财政厅和省扶贫办在《四川日报》上刊登《四川省2008年度第一批扶贫资金项目公告》，将新村扶贫、劳务扶贫等项目和投资规模向社会公开，比上年又提前了两个月。省扶贫办在5、6月份的检查中看到，扶贫资金已普遍下达到新村扶贫、劳务扶贫等具体项目上，并且管理严格、规范透明。

六、落实责任制度，创新奖惩机制

省委、省政府高度重视加快贫困地区、贫困群众发展步伐，把扶贫开发工作摆在突出位置，切实履行这个重大而光荣的政治责任，狠抓扶贫开发工作落实，积极创新奖惩机制，加强目标管理，落实目标任务，明确各级责任，强化考核评比，严格落实奖惩制度、兑现奖惩措施，充分调动各级党委政府和社会各界参与扶贫开发的积极性、主动性与创造性，提升扶贫开发工作效益，促进扶贫开发工作跨越发展。

（一）扶贫开发成效显著，受到国家级表彰奖励

2008年以来，在省委、省政府正确领导下，全省各级各界共同努力，狠抓扶贫开发工作落实，取得显著成效，扶贫开发工作水平不断提高，得到党中央、国务院和相关部委的充分肯定，受到社会各界的一致好评。2009年，省扶贫办被评为“全国民族团结进步模范集体”，受到国务院的表彰。省扶贫办外资项目管理中心、成都市扶贫开发办公室、中共广安市广安区大龙乡委员会等16个单位和南充市扶贫办主任冉中华、北川县扶贫开发局局长罗才君、四川禾邦实业集团有限公司董事长刘文旭等19名个人分别受到国务院扶贫开发领导小组、国务院扶贫办表彰。2010年，省扶贫移民局被省政府表彰为“民族团结进步先进集体”；同年，国务院扶贫开发领导小组组织的扶贫资金绩效考评中，四川省扶贫开发工作被评为B级，受到通报表扬，获得中央奖励性财政扶贫开发项目资金1300万元，用于贫困地区、贫困群众的脱贫发展。

（二）加强落实省级责任和奖惩，推动扶贫工作落实

省委、省政府高度重视贫困地区经济社会发展，大力加强扶贫开发工作落实，加强组织领导，加大工作力度，大力实施奖惩，确保扶贫开发目标任务圆满完成。坚持把扶贫开发作为一种重要的执政行为，纳入当地经济社会事业发展规划，统一部署、统一协调、统一检查，高位推动，强势推进。坚持“省负总责、市州统筹、县抓落实”的管理体制，建立完善“片为重点、工作到村、扶贫到户”的工作机制，实行党政“一把手”负总责的扶贫开发工作责任制，一级抓一级，层层抓落实。坚持按照分级负责原则，提出解决本地贫困问题的目标和时限，逐级确定扶贫开发目标责任，纳入绩效管理，加强工作考核。尤其是针对新阶段扶贫开发的艰巨任务，提出实行扶贫开发工作与农民增收、与经济发展、与评先评优、与效能考核、与干部使用的“五挂钩”制度，将扶贫开发工作作为各级领导班子、领导干部政绩考核的重要内容，对长期在贫困地区带领群众艰苦奋斗、取得实绩的干部提拔重用，对工作负责、业绩突出、群众认可的单位和人员给予鼓励、表彰；严格实行扶贫工作问责制，对完不成扶贫开发任务、执行

政策不到位、扶贫开发工作出现重大问题的单位和人员，严肃追究相关责任。

省委、省政府大力表彰扶贫开发工作先进单位和个人，充分调动各级、各界的积极性。2008年以来，共有1个扶贫移民工作部门和9名扶贫移民干部受到省委、省政府表彰。2008年，都江堰市扶贫开发领导小组副组长、农村扶贫发展局局长罗凌和北川县扶贫开发局副局长王国聪被省委、省政府表彰为"抗震救灾模范"、"抗震救灾优秀共产党员"。2010年，四川省扶贫移民局外资项目管理中心干部许鉴被省委、省政府表彰为"灾后恢复重建先进个人"。2011年，马尔康县扶贫两资以工代赈办公室被省委、省政府表彰为"记一等功公务员集体"，屏山县扶贫移民工作局局长唐作荣、理塘县扶贫开发办公室副主任阿热阿扎（藏）被省委、省政府表彰为"人民满意的公务员"，广元市元坝区扶贫办主任赵思彦、马边县扶贫移民工作局局长徐忠廷（彝）、江安县扶贫移民局局长贺鹤泉（女）被省委、省政府表彰为"记一等功公务员"。理县扶贫移民局党组书记、局长王小刚被省委表彰为"优秀基层党组织书记"。

省委、省政府还采取绩效考评、目标管理等方式，对行业扶贫、党政机关定点扶贫进行绩效考核，把扶贫开发目标任务完成情况纳入"民生工程"目标管理，对社会各界参与扶贫开发进行表彰奖励，推动全省大扶贫格局不断深化发展，共同推进扶贫开发事业。每年，对各级党委、政府和省直部门完成扶贫开发任务情况进行目标考核，严格兑现奖惩措施，确保工作有力有序推进。省委组织部、省直机关工委等相关单位，定期对省直部门开展定点扶贫、"领导挂点、部门包村、干部包户"活动情况进行考核评定，对先进单位和个人给予通报表彰，对存在问题限期改进，提高扶贫开发工作成效。

省委、省政府在加大表彰奖励力度的同时，注重加强扶贫开发项目的监督管理，加大力度纠正存在的问题，对违规使用扶贫资金现象进行严肃查处，确保扶贫开发资金项目安全。省纪委、监察厅制定下发《进一步强化扶贫资金项目管理工作监督检查的意见》，由省扶贫移民局牵头，组成由监察厅、省纠风办、财政厅、审计厅、省发展改革委、省民委、农业厅、林业厅、省残联的联席会议，加强对扶贫资金的审计检查和监督管理，及时发现纠正存在的问题。省委、省政府领导多次反复强调加强扶贫资金使用管理和检查监督，对发现的问题进行严肃处理，确保了扶贫项目资金安全、规范运行。

省扶贫移民局把创新奖惩机制作为推进扶贫开发工作的重要措施，结合实际不断提高完善，加大力度组织实施考核评比和检查监督，促进扶贫开发工作优质、高效落实。制定扶贫开发工作考核办法，每年对市（州）、县（市、区）进行考核。定期不定期组织扶贫开发资金项目管理情况检查调研，总结推广扶贫"阳光工程"、公示公告等经验做法，促进扶贫开发资金项目规范、公开、阳光运行。每年结合扶贫开发工作完成情况，进行档次、级次评比并予以通报表扬。2009—2011年，每年都开展了"全省扶贫开发工作一、二等奖"评奖工作。

“竞争入围”的资阳市安岳县人和乡阳坪村与县分管领导签订目标责任书

（三）市县加大奖惩力度，抓好扶贫工作落实

各市（州）、县（市、区）党委、政府高度重视扶贫开发工作，结合实际把扶贫开发工作纳入政府目标考核和市、县级部门绩效考核范围，细化有关分值及计分办法，严格实行考核奖惩，有力推动了扶贫开发工作落实。加大表彰奖励和检查处理力度，确保了扶贫项目资金安全和各项工作落实。2008年以来，各地都表彰奖励了一批扶贫开发工作先进单位和个人。在汶川地震灾区，11个扶贫移民部门19次、38名扶贫移民干部45次受到当地党委、政府表彰。全省各地出台扶贫开发工作考核评比办法，配套细化奖惩制度和措施，有力推进扶贫开发工作落实。广安市委办公室、市政府办公室出台《广安市扶贫攻坚目标考核办法》，对各区市县、广安经开区管委会和市级部门绩效进行考核，规定：“在全面完成年度扶贫任务的区市县中设一等奖1个，奖金3万元；二等奖2个，每个奖金2万元；其余为三等奖，每个奖金1万元。从广安经开区管委会、市级部门中共评先进集体30个，由市委、市政府授予奖牌。”同时明确规定：“凡未完成年度扶贫开发工作目标，工作不主动，成效不明显，没有达到市委、市政府提出的工作要求的，由单位主要负责人向市委、市政府写出书面检查，问题严重的从严追究其责任；对在考核中弄虚作假的，一经发现，考核结果以零分计，并追究单位主要领导和相关责任人的责任。”

第三章

扶贫开发亮点

在全面推进扶贫开发进程中，四川省各地涌现出了一大批扶贫开发的典型、亮点。乐山市彝家新寨、广安市连片扶贫开发、巴中市交通扶贫、叙永县林业扶贫、浙江省对口扶贫、资阳市驻村扶贫，就是其代表。榜样的力量是无穷的，这些典型、亮点，推动了扶贫开发事业的向前发展。

雅甜醇香 生态和谐

| 第一节 |

专项扶贫亮点

四川省扶贫系统开展的专项扶贫，涌现了许多亮点。南充市升钟库区扶贫开发、遂宁市企农股份合作扶贫、达州市劳务扶贫、西充县贫困村互助资金、马口村灾后重建等，在全省普遍推广。

一、南充市升钟库区扶贫开发

南充市升钟库区扶贫开发，包括南部县和阆中市，是近年来四川省扶贫开发的突出亮点。南部县又是其中的佼佼者，成效突出，经验可贵，为全省连片扶贫开发提供了借鉴。

（一）项目背景

1977年动工修建的升钟水库是我国西南地区最大的水利枢纽工程，总库容13.39亿立方米。水库枢纽工程在南部县境内，淹没区主要集中在南部县、阆中市和剑阁县，共19个乡（镇）、128个村。2005年12月15日第3900期《国内动态清样》反映了升钟水库淹没区大批农民返贫问题，引起了温家宝总理高度关注。

2006年3月3日，省政府印发了《升钟水库淹没区扶贫开发总体方案》，提出实施三年扶贫攻坚、切实解决升钟水库淹没区特别是重点贫困群众的生产生活困难。南部县是升钟库区扶贫攻坚的重点区域，三年间，该县坚持把升钟库区扶贫开发作为“解决群众疾苦，促进社会和谐”的重大政治任务来抓，按照“一年启动，初见成效，三年攻坚，改变面貌”的总体要求，累计投入资金7.71亿元。其中：扶贫专项投入 0 .88亿元，移民专项投入 0 .86亿元，整合其他涉农项目资金2.17亿元，市、县地方政府配套和群众自筹3.80亿元。突出“一低保两救助，解六难，一迁建”工作重点，圆满完成各项既定目标，使库区发生了脱胎换骨的历史巨变。为巩固升钟库区扶贫开发成果，推动库区可持续发展，近两年来，南部县投入资金8.50亿元，推动库区率先在全县实现道路水泥化、旱地产业化、环境优美化、农房村庄化、管理民主化的农村“五化”目标。

（二）主要成效

1. 脱贫目标如期实现，群众收入不断提高。经过3年扶贫攻坚，库区贫困人口由2005年的6.28万人减至2008年的3500人，减少了5.93万人。库区农民人均纯收入由2005年的1039元增加到2008年的2998元，增加1959元，年均增加653元。2009年以来，通过建设“万亩桑海”、“千里核桃走廊”、“十万西河山羊”优势产业大环线，库区群众的生活水平不断提高，人均纯收入由2008年的2998元增加到2010年的4580元，增加1582元，年均增加791元。

2. “六难”问题基本解决，库区环境不断优化。一是交通不再难。2006年，省政府规划建设通乡油路120.60千米，实际建成通乡公路151.60千米；规划建设村道公路580千米，实际建设村道公路928千米、超计划348千米；完成2个客运站点、13处小码头建设任务；西河大桥竣工通车。2009年以来投资3.20亿元，扩建县城通往库区骨干水泥路72千米，库区至盐亭、阆中、剑阁、梓潼周边地区水泥路50千米，串村产业环线水泥公路330千米，基本形成了接通阆中古城、剑门古道和梓潼大庙、将帅故里、三国文化的旅游交通网络和串通库区10个乡（镇）、104个村的生态农业、观光休闲、农家院落的多功能交通网络。二是用水不再难。累计兴建各类小微水利设施1.09万处，新增蓄水量466万立方米，整治维修渠系126.98千米，彻底解决了库区10个乡（镇）近10万群众的生产生活用水困难。三是上学不再难。改造库区11所中小学危房8183平方米，修建学生生活用房2.53万平方米，新增寄宿制学校校舍7200平方米，新增教师周转房8700平方米，装备升钟职中实验室4个，对贫困学生进行生活补助1.48万人，确保库区孩子有地方上学、上得起学。四是就医不再难。改造村卫生室104个，新建乡（镇）卫生院10个，购置设备812台（套），培训医务人员328人，新型农村合作医疗覆盖整个库区，农民参合率达到100%，实现“小病不出村、疾患不出乡”。五是用电不再难。完成库区10个乡（镇）、104个村、1.70万户的农网改造，做到家家通电、时时有电。六是增收不再难。按照蚕业“四化”和“七配套”要求，新栽桑树5.60万亩，桑园总面积达到6.60万亩，建蚕房25万平方米。2008年养蚕发种1.70万张，实现蚕茧收入1200万元。近两年发展密植桑园3.20万亩，2010年实现蚕桑收入6300万元；配套发展食用菌60万袋，实现菌业产值2000万元；栽植核桃150万株，养殖生猪13.80万头、山羊13万只、獭兔5万只、小家禽190万只；先后组织2.36万人参加劳动技能培训，每年劳务输出3.12万人、收入达2.49亿元。2009年以来通过创建国家4A级旅游景区、举办升钟湖钓鱼文化节和经营“渔家乐”、销售土特产品、提供体验服务等活动，实现旅游收入近6亿元。库区群众每户平均拥有“1亩桑园、1头生猪、1只山羊、50株核桃、1名外出务工人员”，初步形成了以蚕桑、干果、畜禽、劳务、渔家乐为主的增收产业，带动库区群众年人均增收近800余元。

3. 认真贯彻落实“首扶制度”，保障体系全面建立。一是将6905户、2.29万名特困群众全部纳入农村低保，每人每月补助20～40元；对8967户、2.87万名特困群众实施生活救助。二是畅通信访诉求渠道。建立“移民群众反映问题，基层干部调解问题，扶贫移民部门政策支持解

地处升钟库区的南充市南部县扶贫产业——山羊养殖。

决问题”的工作机制，做到矛盾及时化解，问题及时解决，库区社会和谐稳定。通过宣传解释政策、落实移民身份和编制实施后扶项目等措施，有效化解矛盾，维护了一方稳定。三是将库区10万群众全部纳入新型农村合作医疗，对特困户先后实施大病救助9856人次。四是对无房户、缺房户、危房户实行住房救助，维修、新建和扩建928户。五是新建、改建乡（镇）敬老院10个，集中供养五保户450人。以“一低保两救助为基础、水库后期扶持为补充”的救助体系基本形成，库区弱势群众充分享受到了扶贫开发带来的温暖。

4. 全面完成库区水环境治理，确保用水质量和安全。按照“以治理促开发、以开发保治理”的思路，投入资金近5000万元，于2008年3月底对湖内6882口网箱、5360亩拦网养殖进行全面取缔，处置鱼苗2700余吨，销售成鱼5130余吨。库区人畜排泄物通过沼气无害化处理，场镇生活垃圾得到有效治理，面源污染得到有效控制。目前，水库蓄水11.60亿方，水质明显好转，确保了180万灌区群众和20万城市人口的饮用水安全。

5. 旅游开发全面启动，库区持续快速发展。近两年，通过挖掘升钟湖自然资源禀赋，以创建国家4A级旅游景区为载体，全面启动体验式旅游开发，为库区的持续快速发展开辟了新路径。一是加快旅游设施建设，全力拓展资源优势。对景区入口及升钟半岛片区进行重点打造，建成生态游步道20余千米、游客码头5座、国际标准钓鱼池6个、游客休闲广场3万余平方米、生态停车场1万平方米、三星级公厕4座，购置游览观光车4辆、观光游船26艘，制作标识标牌和导览图128块。2012年1月，升钟湖荣获国家4A级旅游景区称号。二是加快旅游品牌打造，实现旅游资源转化。2009年10月和2010年9月，国家体育总局连续两年在升钟水库举办“中国升钟湖钓鱼旅游文化节暨全国钓鱼大奖赛”，吸引了来自包括港澳台地区的32个省（区、市）、2000多名运动员参加，被上海吉尼斯总部评为“中国规模最大的野钓比赛”。2010年，南部县也因此被国家体育总局授予“全国钓鱼城市”称号。目前，升钟湖已被确定为全国钓鱼竞赛训练基地，中国青年滑水队、中国特技滑水队永久性水上训练基地，“中国体育旅游精品推荐项目”和四川省作协、文联、书协、美协、摄协、音协、剧协创作基地。随着景区的成功创建，升钟湖正式成为休闲、体育、旅游的首选目的地，2010年景区共接待游客近90万人次，实现旅游综合收入近6亿元。

（三）主要做法

1. 整合统筹——解决政策资源和行政资源分散的问题。一是整合行政资源，实现决策指挥统筹。南部县建立了在县委领导下的领导小组负责制，成立了以县长为组长、主抓库区扶贫的县委常委为常务副组长、县上四大班子分管联系领导为副组长的升钟库区扶贫开发领导小组，16个相关部门为成员单位，下设办公室和现场督导组，统筹协调项目规划、项目建设和项目管理工作。二是整合技术资源，实现项目规划统筹。以扶贫办（库办）牵头，各项目部门抽派专业技术人员，按照库区 3 年扶贫攻坚目标，制定并实施项目建设的总体规划、年度规划和村级规划。三是整合政策资源，实现部门投入统筹。在统一规划的基础上，各项目部门按照年度规划和村级规划归口申报项目实施方案，争取各系统的项目投入，并按各系统批复和下达的项目计划落实到规划的项目村，既确保了资金渠道不乱、管理主体不变，又保证了库区扶贫总体规划的实现。四是整合管理力量，实现监督管理统筹。由库区扶贫现场督导组牵头，建立库区扶贫项目质量进度监测登记表，一项一表，一村一簿，项目部门各自负责本部门所下达项目的建设质量和进度监管，现场督导组督查督办，定期发出督查通报，确保政令畅通。五是整合验收标准，实现考核验收统筹。由库办牵头，各项目技术部门共同参与，编制了库区扶贫项目技术标准，在各部门分别对子项目实施验收考核的基础上，由领导小组组织综合验收组，进行整村综合验收与考核，严把村级扶贫项目质量、数量关，确保目标实现。

2. 下派承包——解决村级班子战斗力弱和技术力量缺乏的问题。一是下派干部到村任职，解决村级班子战斗力弱的问题。分三批下派72名副科级以上干部，到项目村担任党支部书记，全面负责扶贫开发项目建设任务、培育脱贫致富的长效产业、建立扶贫项目的后续管护机制。二是推行技术承包，解决扶贫项目建设中的技术保障问题。从交通、水利、蚕桑、畜牧、林业等相关部门抽派技术人员，落实到具体的项目村，与村签订技术承包合同，向全体村民公布联络电话号码，定期到村到户现场指导，全面负责项目建设的技术、质量问题。先锋蚕业合作社作为最大的技术承包团体进驻升钟库区，保证了6.80万亩桑园从育苗到投产、从养蚕到收茧整个环节的技术需求，为蚕农增收作出了重要贡献。

3. 多元投入——解决基础设施投入需求量大和项目资金不足的问题。一是创新项目投入机制。坚持以奖代补为引导，群众一事一议、投工投劳为主体，企业投入、业主投入、民间投入、对口帮扶和社会捐助为补充，变单纯依靠项目资金为多元投入，通过多元投入，弥补了部分项目资金的不足，推进了库区生产生活条件的改善，加快了项目建设的进程。二是动员群众就近迁建。通过扎实细致的群众思想工作，动员散居在高山孤岛、深沟幽谷的农户，向水、路、产业和人口集中的地方迁建，以实现公共资源共享。通过就近迁建节约了公共设施建设的投入，充分发挥了基础设施的最大效益。

4. 村规教育——解决项目管护和群众导向问题。一是制定村规民约，建立村级基础设施管护协会。完善协会章程，落实管护措施，明确管护人员和相应职责。对塘库堰、供水站、联户井实施有偿管护，受益农户支付管护费用；对村道公路按照“认树养路”的办法进行管护，谁享受道路两旁核桃树的收益，谁就负责相应路段的维护和保养；对桑园采取谁所有谁管护，谁的承包地谁受益。二是广泛开展群众教育活动。为克服库区群众“等靠要”思想，变“要我发展”为“我要发展”，培育贫困群众在扶贫开发中的主体意识，在升钟库区广泛开展“报党恩，求发展，自力更生建家园”的思想教育活动，充分调动了群众参与扶贫开发的积极性。

5. 五自长效——解决连片开发地区可持续发展问题。一是建立“五自”机制。以“自建、自管、自营、自治、自强”为内容的“五自”新农村治理机制，使农民真正成为库区扶贫开发的主体。自建：推行以“一事一议+政策扶持”为模式的自主建设机制，解决群众在扶贫开发建设中的自我投入、自我建设和自我发展问题。自管：推行以“支部+协会”为模式的基础设施自主管理机制，组建村级基础设施管护协会，解决村级公益设施无人管、无钱管、无技术管的问题。自营：推行以“支部+专合组织”为模式的支柱产业自主经营机制，引进科技兴农组织，走“支部+分社”、“公司+农户”的支柱产业发展之路，建立起群众发展支柱产业的科技和市场服务体系，解决群众在产业发展中缺技术、缺劳力、缺设备的问题。自治：推行以“民主管村”为内容的村民代表自主治理机制，组建村民议事会，提高村民民主管村水平。自强：推行以“固本强村”为目标的基层组织自主强化机制，加强村“两委”自身建设，增强带领群众建设新农村的凝聚力和战斗力。二是着力抓长效产业。把实现旱地桑园化、养蚕集约化、经营协会化作为中长期农民增收的支柱产业，积极推广桑药模式、桑豆模式、桑菌模式、桑菜模式，解决群众短期增收问题；启动旅游开发，着力实施“千里桑海、万亩湖面、核桃长廊、民俗生态”旅游产业，作为库区人民长效增收的支柱产业，真正奠定了长短结合的可持续发展的产业基础。

南部县大坪镇红光村村民李荣训自编诗歌朗诵：过去是：“水在库中游，人在山上愁”；而今是：“自来水儿清又甜，农民吃水不再难；山区交通好方便，水泥公路通屋前”。

二、广安市连片扶贫开发

2008年以来，两期国家“县为单位、整合资金、整村推进、连片开发”和1期省的扶贫连片推进新村建设试点项目相继落户重点县——广安市广安区。通过三年市区共建，扶贫连片开发取得重大阶段性成效，走出了一条连片困难地区跨越发展的新路子。

（一）着力脱贫，实现扶贫开发大跨越

三年来，广安市始终坚持市、区、乡、村“四级联动”，集中力量，集中资源，集中时间，强力推进扶贫连片开发，试点区实现了“五大跨越”。

1. 农户收入跨越式增长。通过落实惠农政策，推动优势产业发展，扶持低收入农户就业等措施，千方百计增加群众收入。试点区群众年人均纯收入从2007年的1392元增加到2010年的4950元，增长255%，远远超过全区同期20%的平均增幅，9192名贫困人口实现脱贫。

2. 农村面貌跨越式变化。短短三年，试点区发生了翻天覆地的变化。打通乡村断头路，修建联村环线路，建成了内通外联、四通八达的“四纵一横”的交通网络；利用配套建设的山平塘、蓄水池，大力发展塘堰经济，试点区处处呈现出鱼跃鸭欢的美景；建成面积达172平方千米的以果、蔬为主的现代农业示范片，辐射带动12个乡（镇）112个村产业发展，惠及近30万农民；推进农村环境综合整治，清洁能源使用率达90%，绿化覆盖率达50%，垃圾回收率达85%，实现了民居美化、村院净化、社区绿化。

3. 组织建设跨越式加强。入党积极分子、预备党员及正式党员人数由不足千人增长到2000余人，具有专业技术的党员比例由20%增长到60%，党员队伍素质大幅优化，数百名农村党员成长为致富带头人，基层党组织在建设发展中得到锻炼和加强。

4. 统筹城乡跨越式推进。大力发展文体、教育、卫生等公共事业，学生就近入学率从70%上升到100%，村级卫生室、图书室覆盖率从35%上升到100%，农村居民最低生活保障覆盖率从50%上升到 90%，“五保”供养覆盖率从20%上升到80%，新农合参保率达到98%以上，成为全市统筹城乡发展示范区。

5. 致富信心跨越式提升。劳动力转移培训将3000余名贫困劳动力变成了现代产业工人，开展农村实用技能培训近万余人次，群众发展能力大幅提升。试点区良好的基础设施条件、产业环境和完善的社会保障体系，使群众致富信心空前增强。试点区和谐度明显提升，群众幸福感明显增强。

广安市全民水库水淹区——广安区协兴镇牌坊扶贫新村景观。

（二）着力规划，推进扶贫思路大转变

坚持规划为先、规划至上，聘请西南大学教授编制扶贫连片开发试点规划，以规划的高起点引导扶贫思路的大转变，保障建设标准的大提升。

1. 注重创新思路。确立了“民生为主，解困为先；增收为主，产业为先；造血为主，路水为先；良居为主，环卫为先；自强为主，扶志为先”的扶贫方略和“聚合资源，整体联动，连片开发，梯次推进”的扶贫思路。规划的准确定位，突破了“散、乱、弱”的扶贫模式，突出“雪中送炭”，放大了试点效果。

2. 注重科学布局。广安地处秦巴山区、革命老区，连片贫困特征明显。试点项目安排在连片困难突出、地处水淹区的渠江南岸片区，涉及代市镇、护安镇、观塘镇、虎城乡“三镇一乡”。2008年初，市区规划在新桥、前锋两个乡（镇）建立工业集中发展区，在护安、观塘、虎城、代市4个乡（镇）建立现代农业园区，在代市、前锋两个镇建设省级试点小城镇。试点区的科学布局，使扶贫连片开发与统筹城乡发展、推进现代农业相融互动，为一步到位实现跨越发展奠定了基础。同时，试点区内又划分为试验示范基地、蔬菜制种基地、种苗繁育基地、出口创汇基地、农超对接基地、休闲体验基地等六大基地，通过功能分区，实现从粗放生产走向集约经营，促进了发展方式转变。

3. 注重持续推进。试点从2008年开始，用 3 年时间，集中实施并梯次推进扶贫连片开发。

2008年在最贫困的15个村连片进行试点，2009年在涉及14个村的第二个连片贫困区实施，2010年全面启动周边8个贫困村新农村建设试点。计划未来10年，以每年15～20个村的速度扩展。到2020年，广安区实现区域全覆盖，发展成全省丘陵地区体制机制创新的政策孵化区、农民快速增收致富的样板区。

（三）着力整合，推进扶贫力量大汇集

连片困难区域需要扶贫连片开发，必须整合资源，构建“大扶贫”工作格局。

1. 整合项目资源。由试点区项目整合领导小组负责，对全区所有涉农项目资金打捆使用。试点区通过山水田林路综合整治，累计整合各类涉农项目250余个、资金3.11亿元，为试点区的高标准建设提供了强力支撑。

2. 整合政策资源。一是对试点区出台特惠政策。为了鼓励社会资源参与试点区建设，出台了新办企业免费注册，土地租赁达 3 年的给予租金补贴，对投资额达300万元的农业项目事业性收费低限减半收取，市区行政性收费一律免收等10余项优惠政策。二是用足用够国家支农政策。各项农业补贴、新出台的农业保险、扶贫贴息贷款及贫困村发展互助资金试点等国家支农惠农和扶贫政策优先在试点区实行。三是创新扶贫资金使用方式。采取“以奖代补”、“以工代赈”的方式使用扶贫资金，制定了《广安区连片扶贫开发奖励扶持办法》，对大棚种植、圈舍建设、种猪引进、创建品牌等方面奖励扶助，使扶贫资金使用效益成倍放大。

3. 整合人力资源。成立了扶贫连片开发园区办公室，从相关部门抽调了10名专职人员负责试点工作。采取蹲点扶贫、选调扶贫、创业扶贫等多种方式，让更多优秀人才参与试点区扶贫开发。3年间，累计组织23个区级部门和乡（镇）富有农村工作经验的骨干人员组成30余个工作队驻村指导；选调36名优秀大学毕业生到贫困村任“村官”；出台优惠政策，鼓励一大批机关事业人员到试点区领办、兴办产业。

（四）着力增收，推进扶贫产业大发展

始终把发展产业作为试点工作的重中之重，通过重特色、重规模、重品牌，促进群众持续稳定增收。

1. 培育优势特色产业。大力发展优质粮油、蔬菜、龙安柚、生猪等地方优势产业，着力打造现代农业示范园区。建成以生产自动化程度高、暖温式钢架大棚为主的现代设施农业5000余亩，创建了优质蔬菜出口创汇示范基地，产品远销港、澳、台及韩国等高端消费市场；建成年出栏生猪万余头的“兴瑞”养猪场、年存栏4万只小家禽的“新兴”养殖场等大型养殖场，辐射带动观塘、护安、虎城周边15个村发展优质蔬菜5000亩、生猪3万头、小家禽160万只。

2. 做大龙头企业。以优惠政策鼓励和吸引企业、业主、大户到试点区创业，实现每个产业都有龙头企业带动，推进农产品规模化、集约化经营。鲲鹏农业科技开发专业合作社、巨泰油脂、正大公司以及重庆籍“蔬菜大王”汪世军等20多户市场前景好、产业带动力强的龙头企业和业主到试点区落户，形成了“公司+专合组织+农户”的产业链条，带动8376户农户实现年人均增收2000元以上。

3. 推进品牌战略。坚持标准化生产，开展无公害农产品认证，推行有机食品、绿色食品生产。试点区农产品统一注册为“优舒”牌商标进行销售，为思源红葡萄、台湾紫薯、冬季草莓等名特农产品建立了从出产到销售的档案资料库。由于品牌效应，“思源红”葡萄、“椿记”蔬菜、紫薯、辣椒等农产品已经销往香港、韩国及成渝等地，进入伊藤洋华堂、家乐福等大型超市。

（五）着力探索，推进扶贫机制大创新

试点的核心是机制的探索与创新，以创新增活力，以机制求效益，通过机制的完善与创新，为扶贫开发政策提供试验样本。

1. 探索建立资金监管机制。建立“群众审签制”，每个项目均建立民主理财小组和质量监督小组，项目建设的物资购买、资金使用均要签字审查；建立“项目公示制”，及时公示建设情况，群众全程监督和参与项目建设管理；建立“多部门联合验收制”，人大、政协、纪检（监察）、财政、审计、交通、畜牧等相关部门共同参与项目验收。

2. 探索建立土地流转机制。在遵循国家土地政策的前提下，积极探索土地流转新模式。一是按照“确权确利、权证到户”的办法，确认试点区1.20万户农户的土地权益。二是依托国家土地整理及中低产田改造项目，积极推行“田坎革命”，实行“小田并大田、小土并大土、薄土改厚土”，田土调形7600余亩，新增耕地600亩。三是试点村按照每年每亩800斤稻谷标准将土地统一出租给现代农业园区管委会，由管委会与业主签订不低于四年的土地承租协议。四是出台对业主土地租赁的奖励扶持政策，对承包土地期限达到四年的业主，后 3 年中每年分别给予其年租金50%、75%、75%的财政补贴。据统计，整个试点区域引进业主20余户，土地流转规模达6000余亩，农户每年收取土地租金和务工年人均增收2000元以上。

3. 探索建立后期管护机制。试点村以建成的固定资产为注册资本，组建“广安鑫泰农业发展国有独资有限公司”，按照一定的标准向业主收取租金，并按照6：2：2的比例分别用于农业二次返利、基础设施维护、公司日常经营管理，确保项目滚动发展、群众持续受益。

4. 探索建立利益分配机制。探索建立多种利益联结机制，促进企业、业主和农户的合作共赢。一是共建共享机制。观塘镇组建了“河星村鸭业合作社”，与区内“邓家牌盐皮蛋”等加工企业签订收购合同后，再与入社农户签订销售合同，按统一采购鸭苗、统一防疫检疫、统一技术培训、统一采购饲料、统一品质标准、统一对外销售的“六统一”模式进行管理。获取的收益中，提取部分收益建立风险基金，社员实现了利益共享、风险共担。目前该合作社已有成员123人，年存栏蛋鸭、肉鸭10万余只，年产值达600余万元，类似的专合组织在试点区已达24个。二是反租倒包机制。广安春叶发展有限公司在试点区租用了800多亩土地用于制种育苗，按照“统一管理、分户生产”原则，将土地返租给农户，农户通过反租倒包、空闲务工等方式，年获利可达5000余元。三是利益保底机制。广安丰润猪业合作社在试点区投资350万元，新建了40亩标准化猪场。合作社由业主向入社农户提供从种猪育种到生产销售的全程服务，入社农户承担15公斤以上仔猪的饲养管理，合作社实行保护价代销，农户实现了稳定获利。

2011年，广安区观塘镇八里村村民李友华与广安现代农业园区的春叶农业发展有限公司签订了一年的土地承包协议和农业订单合同。他说：“自家一亩多土地租金1000元；托管一亩土地进行制种，扣除各种成本，利润达到7000元；在春叶公司打工，工资收入5000元。一年的收入有13000元，比过去翻了几番。”

广安市水淹区基础设施改善和产业发展

三、遂宁市企农股份合作扶贫

遂宁市转变就扶贫抓扶贫的“单一扶贫”思维方式，创新思路，大胆探索，在产业化扶贫和连片扶贫开发的产业发展项目中实施“企农股份合作”的方式，让农民积极参与到现代产业当中，长期而稳定地享受扶贫开发成果，也培育壮大了骨干产业，使企业得以健康长足发展。

（一）选准企业抓机制，农户由配角变主角

“扶贫”是项长期而艰巨的工作，仅仅是依靠政府和企业远远不够，必须要让农户积极参与到扶贫开发中，才能达到全面小康的目标。“企农股份合作”就是调动农户积极性，在产业扶贫中让农户由配角变主角的一项扶贫制度。

企业要与农户融为一体，企业的选择、项目的管理、分红、财产监督等都成为十分重要的因素。在产业项目和龙头企业的选择中，市扶贫移民办按照“选择能较快培育壮大、持续发展后劲足、农户接受并支持发展、带动农户增收致富快的产业项目；选择诚实守信、有实力和社会责任感强、愿意参与扶贫开发的龙头企业”的原则，组织相关专家多次深入龙头企业、项目覆盖村调查研究，通过几上几下优化项目实施方案，确定产业项目和龙头企业。

2009年，在船山区复桥镇唐春村实施产业化扶贫项目，选择了农户普遍满意、发展后劲足的优质生猪基地建设项目，与实力雄厚、诚实守信的齐全公司合作建立“企农股份合作”模式。船山区复桥镇唐春村330户农户、1310人自愿同意以财政扶贫资金150万元入股加入专合组织，齐全公司投入392万元加入专合组织。按照“按股兜底+市场效益分红”的原则，在农户社员、企业社员的自愿协商下，确定农户社员每年分红必须在10万元以上，若受市场行情、自然灾害等因素的影响，不足10万元由企业社员补足等制度。射洪县金鹤乡才子村农户以财政扶贫资金200万元和自筹的30万元入股，占45.45%的股份，超强公司投资276万元占54.55%的股份，其中财政扶贫资金股份的90%属于全村农户，股份的10%倾斜给扶贫开发重点户。

企业的选择只是第一步，相关制度的制定才能保证农户由产业发展中的配角变主角，使“企农股份合作”模式有效实施。在市、区（县）扶贫移民、财政等相关部门和乡（镇）政府的指导下，通过宣传发动按程序建立专合组织。项目村农户和龙头企业经自愿申请加入专合组织，成为农户社员和企业社员。专合组织在广泛征求意见和双方同意的基础上，制定《社员（代表）大会制度》《理事会工作制度》《监事会工作制度》《财务管理制度》等规章制度。专合组织负责项目的实施、管理、经营、分红等工作。

建立“企农股份合作”模式，始终突出农户主体地位。实施前，采取全村农户自定产业项目、村“两委”申报项目、部门指导论证项目、区（县）扶贫开发领导小组评审确定项目的“竞争入围”机制。实施中，坚持“专合组织农户和企业自办、项目实施管理农户和企业自

管、专合组织事务农户和企业自理”的方式运作，政府不大包大揽，充分激发农户和企业的积极性、主动性和创造性。船山区复桥镇唐春村生猪产业化扶贫项目，生猪专合组织理事会和监事会成员、规章制度、项目建设、经营管理、效益分红都由农户和企业共同确定，政府和部门不再参与。

（二）农民变股民，农户收入持续稳定

“企农股份合作”模式，农户以财政扶贫资金入股、企业以现金入股，共建、共管、共享，达到了不是把农民从土地上挤出去，而是实现了农民变股民。按照“按股兜底+市场效益分红”的原则，确保了农户收入持续稳定。

距射洪县城15千米的金鹤乡，2009年人均纯收入比全县平均水平低653元。核心区5个村属全县贫困村，不少村道仍是泥巴路，个别社时常发生人、畜饮水困难现象。多数村社没有骨干支柱产业，增收较为困难。2010年，该乡推行“企农股份合作”模式后，通过近两年的努力，出现了一片生机，满眼连片的大棚、整齐划一的楼房，以及通到村民家门口的水泥路。

2010年，射洪县连片扶贫开发项目按照“核心示范、整乡推进、连片开发”的思路，规划了金鹤乡逍遥村、才子村等5个村为核心区。通过采取“龙头带动、股份合作、联建共享”的模式，依托乡上的超强现代农牧业发展有限公司，建立起养猪专业合作社、蔬菜专业合作社、鹅鸭专业合作社、肉牛养殖合作社，农户以财政扶贫资金入股成为社员。

才子村40多岁的陈明秀，是肉牛养殖合作社社员，在肉牛养殖厂打工，每个月有1400元工资，还包吃住。“以前种地是看天吃饭，收成好还好点，收成不好一家人就苦了。现在有稳定的工资，每天下班了还能去接小孩放学，年底还有分红。”

超强公司总经理李发雄介绍，合作社社员基本上是公司周边才子村、文家坝村的村民，有800多户，占到这几个村总人口的80%。去年底，公司拿出10万元作为分红，发给了社员。

船山区复桥镇唐春村9组56岁的村民蒋开秀是村里复桥唐春富民养殖专业合作社的社员，该合作社是遂宁市扶贫移民办与齐全公司合作实施优质生猪产业化扶贫项目而成立的。蒋开秀说：“现在，我在养殖场工作，上下班有规律、收入还高。第一次年底分红，我们家就领到了500多元。”“这样的扶贫方式更实在，也更加可持续。”唐春村党支部书记席安平介绍说，产业化扶贫项目实施后，农民成了股民，成了合作社社员，每年除了有保底分红和二次分红外，还可以在养猪场打工赚钱，目前唐春村农户已经分红12万元，村民们的日子越过越好。

大英县连片扶贫开发中，把万亩甜橙产业园的土地整理、购买种苗投入的230余万财政扶贫资金作为项目村农户的股本金，企业以现金投入入股。按照“扶持扶贫开发重点户、引导全村农户”的原则，采取7∶3的比例和分配办法进行利润分配。三年后开始分红，企业社员保证农户社员分到财政扶贫资金8%以上的利润。射洪县连片扶贫开发项目的鹅鸭产业项目见效后，覆盖村村民每年可以分到17万元以上的利润。

实施企农股份合作后，遂宁市大英县金鹤乡才子村村民加入肉牛养殖合作社，不仅在养殖场打工，年底还能分红。

（三）企业变社员，产业不断发展壮大

政府扶持企业、企业培育产业、产业带动农户,是产业扶贫的一条有效经验。通过建立“企农股份合作”模式，政府整合项目资金，整体推进的力度更大。引导企业入股加入专合组织成为社员，企业对产业发展更具有责任感，后续管理更有效，产业发展速度更快。2009—2012年3月，遂宁市有4个产业化扶贫项目、3个连片扶贫开发项目成功运用企农股份合作扶贫模式。参加合作的企业都得到了发展壮大，参加合作的贫困农户都得到增收。

船山区复桥镇唐春村以财政扶贫资金为引子，整合企业、交通、水利、能源、畜牧等项目资金近1000万元，建成一个年出栏仔猪万头以上的养殖场，为齐全公司解决商品猪养殖场的仔猪来源，饲料、兽药销售等问题。这样既为唐春村培育了增收致富的骨干产业，又为企业进一步发展壮大起到了助推作用。企业负责人介绍，2012年这个600余头的母猪养殖场可以创产值500多万元，纯利润可达到150万～200万元。企业不仅在这里分红，还有饲料、兽药销售利润和商品猪养殖场猪苗的保证。齐全公司正着手在全市建10多个以这种模式合作的养殖场。

超强现代农牧业发展有限公司曾是射洪县一家不太起眼的公司，建立“企农股份合作”后，将公司所在的金鹤乡800多户社员增收致富的责任挑在肩头，在市县扶贫移民、财政等相关部门和乡（镇）政府的指导下，按照现代畜牧业的发展要求，以生态环保和绿色养殖为突破口，转变发展方式，走种养结合的现代发展之路。在养殖场对岸租地200余亩，建标准化优质肉牛圈舍5000余平方米，存栏优质肉牛800头，种植大棚蔬菜和经济林木，采用现代自动灌溉系统，全部消化粪污，达到养殖污染零排放，实施生态循环经济养殖，现在已成为射洪县集养殖种植和食品加工为一体的现代大型企业。

大英县蓬莱镇梓潼村村民曾明芳说：“这两千多亩‘橘海’，可是我们的福地呀，以前这里基本是荒坡，土壤很薄，实施扶贫开发后，村里引进从事水果种植、加工、销售的公司，在村里建立了盈丰柑橘示范园。锄草、培肥、栽苗子，我们这里有500多个留守村民都被请去打工，人均年收入七八千元，就连和村民一起上班的原来的低保户，都盖起了新房子呢！”

四、攀枝花市产业扶贫

解决贫困问题归根结底是发展问题。省委九届四次会议以来，攀枝花市以科学发展观为引领，坚持开发式扶贫方针，把产业扶贫开发作为建立贫困地区增收长效机制的有效途径，狠抓产业扶贫开发，取得实效。

（一）做到“三个转变”，打牢产业扶贫基础

攀枝花市贫困地区绝大多数处于自然资源、生态环境条件差，经济落后的二半山区和边远地区，贫困程度深、贫困人口占全市人口比重大、少数民族数量多。二滩水电站部分移民搬迁和后靠安置后成为新的贫困群体。贫困地区主要呈现三大问题：一是人地矛盾突出。二是基础设施配套不完善、等级低、功能弱。三是生产发展缓慢，生产生活水平低。必须大力改善基础设施条件，把产业扶持发展起来，建立起群众增收的长效机制，才能使广大贫困群众摆脱贫困。为此，攀枝花市从实际出发，以产业扶贫开发为重点，以建立稳定增收长效机制为目标，正视三大问题，实现了奠基、治本、转理念“三个转变”。一是依托扶贫开发和移民后期扶持政策，配套完善基础设施，实施调整、购买、异地搬迁等多种举措，解决人地矛盾问题，大力改善群众的水、土、路、电、房等基础设施，实现了奠定贫困群众产业建设基础的第一个转变。二是增收致富谋发展，一手抓低保救助，帮助贫困群众渡过难关；一手抓产业发展，努力建立群众稳定增收的基础产业，逐步实现了治本的第二个转变。三是转变传统农业观念，树立现代农业和跨越发展理念，通过宣传教育、科技培训，提高群众的综合素质和产业发展技能，让群众看到希望、树立信心、转变理念，初步实现了群众思维方式和传统理念的第三个转变。

（二）坚持“四个原则”，突出产业建设重点

一是坚持自然资源原则。根据不同区域的资源优势，因地制宜地进行产业结构调整定位，

充分利用攀枝花市得天独厚的光热、土壤等资源优势和二滩水库优势，分类指导，分批布局，重点抓好“种好五种树，盘活一湖水，发展烟、菜、猪”，大力实施贫困地区产业建设。委托科技单位对早春枇杷、优质脐橙、晚熟芒果、优质核桃、桂圆进行产业规划，对二滩水库水面进行水产养殖规划，对二半山区进行以烤烟为主的其他种植、养殖业规划。以科研单位为依托，以扶贫开发和移民后期扶持政策为支撑，引导和动员广大群众实施较大范围的产业建设。目前，在贫困地区发展了2万亩优质枇杷、1.30万亩核桃、5000亩优质脐橙、2000亩优质芒果、1200亩优质桂圆、4500亩烤烟、4300亩早市蔬菜、35万平方米标准化网箱养鱼等产业。早市西瓜、水果玉米、甘蔗、养猪等其他种植业、畜牧业也得到相应发展。贫困地区收入年年增长，条件较好的地区2011年人均纯收入达到5400元。二是坚持市场需求原则。根据市场需求、市场空间进行产业定位，发展名、特、优产品，在良种化、规模化、品牌化上做文章，提高产品的竞争力。通过科技支撑和品种改良，做到该早则早、该晚则晚，例如早春枇杷、晚熟芒果。基本具备了名、特、优特点。三是坚持遵从政府区域性规划原则。把贫困地区产业发展规划与地方区域性开发规划结合起来，既形成集中连片的开发格局和产业规模，打造重点区域，使基础设施集中建设配套，防止分散、重复建设，又实行多项政策结合应用，资金拼盘投入。四是坚持政府引导和群众自愿的原则。充分尊重群众意愿，引导贫困群众在发展产业上，做到“宜农则农、宜渔则渔、宜商则商”。

攀枝花市米易县丙谷镇早市蔬菜基地

（三）创新“四个机制”，确保产业健康发展

1.“四位一体”的运行机制。建立政府、龙头企业、协会、基层组织“四位一体”的运行管理机制，扶贫移民部门在产业建设和发展规划、计划、政策、资金、培训、宣传、项目实施等方面进行管理、组织和监督，做到产业建设的有序推进。坚持走“公司+基地+农户+协会”的路子，由龙头企业为群众提供产前、产中、产后服务和技术支撑，从根本上解决了群众在技术、管理、销售等环节上的后顾之忧。坚持走“支部+协会”的路子，以支部为主体，积极引导种植、养殖户建立协会，建立水果、水产、畜牧等协会，按照自我组织、自我管理、自我发展的原则发挥积极作用。基层组织主要以乡、村为主体，在产业建设中具体负责项目实施和种、养管理，反映群众心声，在群众中起到组织、协调作用。

2.“四个结合”的管理机制。坚持政府扶持帮助与群众自力更生相结合，多项扶持与群众自筹相结合，产业扶持与生活救助相结合，扶贫开发与产业发展相结合，做到统筹兼顾、标本兼治。一是引导群众正确对待政府扶持与自力更生的关系，转变一切依赖政府的观念，鼓励和引导群众通过自己的勤奋劳动，在政府的扶持帮助下逐步发展产业、改善生活和致富奔小康。二是项目建设需要较大的资金投入，除运用扶贫开发和移民后期扶持政策外，市、县政府对重点项目进行专项安排，群众按发展项目在投工投劳的基础上承担部分资金，建立起产业发展筹

资互动效应。三是对群众采取多种产业帮扶手段，对特困户安排专款实施救助，解决困难群众基本生活问题。四是把扶贫开发与贫困地区产业扶持相结合。近年来，共争取扶贫资金2.66亿元，实施种植、养殖、培训等产业化扶贫项目23个。争取到二滩水淹区连片扶贫开发政策投入1.85亿元，主要用于贫困地区基础设施和产业建设，取得明显效果。

3. 社会互动的帮扶机制。攀枝花市委、市政府高度重视贫困地区产业建设和发展工作，为促进产业发展，动员以大企业为主的社会力量，大力开展社会扶贫工作。近 5 年来，帮扶项目达603个，帮扶单位直接支援物资3649.16万元 ，科技培训2.80万人次，送科技资料6.13万册，科技推广投入158.50万元。把市级66个部门和企事业单位划分为12个组对口帮扶12个重点扶贫移民乡（镇），累计无偿提供帮扶资金2300万元，主要实施了产业建设、科技培训等项目。有关部门在扶贫解困、农田水利基本建设、退耕还林、农业产业化建设等方面给予了重点倾斜，有效促进了贫困地区群众产业建设和经济发展。

4. 能力提升的培训机制。把科技培训摆上重要议事日程，制定培训计划，安排专项资金，依托大专院校、科研单位、农技部门和龙头企业针对群众的种、养项目分批、分期进行培训。采取编制科技读本、印制科普日历、录制科普VCD光盘、制作管理技术流程图、利用示范基地现场操作培训等群众喜闻乐见、通俗易懂的方式普及科技知识，深受群众欢迎，有效提高了群众的科技素质和劳动技能，为生产发展和产业建设营造了环境。

（四）抓住“四个环节”，提高产业扶贫实效

一是抓住产业定位、制定规划和调动群众的积极性这个基础，做到一抓几年不变，这样做的效果是使群众从不认识到认识、从被动发展到主动发展，群众发展产业的热情不断提高，努力向规范化种植、规模化发展的方向迈进。二是抓住产业化发展资金筹措、技术依托这两个关键，充分利用有限的资金，对部分重点项目实行倾斜，把重点放在良种化、规模化、品牌化、技术培训和促进群众增收上。积极争取国家、省的专项扶持，把天保工程、退耕还林、城乡环境整治等政策与贫困地区产业建设有机结合起来。三是抓住产业管理和市场营销这两个重要环节，以龙头企业为依托，培训和建立技术管理队伍，加强对产业建设的管理和技术指导，以龙头企业为主体建立市场营销网络，逐步形成产销一体化。四是抓住发挥产业效益、实现持续发展、建立稳定增收的长效机制这个最终目标，在不断总结经验，巩固现有成果的基础上，进一步加大发展力度，积极争取各方面支持，形成规模化、标准化、市场化，提高产出效益。

四川省委常委、副省长钟勉：“攀枝花农业规模不大、比重不高，但特色鲜明，效益凸显，完全有条件、有能力探索出一条优质、高效、品牌的农业现代化新路子。”

五、达州市劳务扶贫

达州市既是革命老区、边远山区，又是人口大市、劳务开发大市。“扶贫先扶智”，科学有序推进农村劳动力培训、转移就业及增收是整个扶贫开发工作的重要内容。近年来，达州市按照“选准培训基地，严格对象标准，规范培训内容，配好师资力量，强化台账管理，扩大就业增收”的思路，2004—2011年间，全市共举办劳务扶贫培训班168期，累计培训农民工4.05万人，办理初级技术等级合格证4.05万人，就业安置3.89万人，转移就业率达96%。

（一）五大成效

1. 农村贫困劳动力素质得到提高。参加劳务扶贫培训的对象均来自贫困山村，以前在农村均靠传统落后的种养业为生，缺乏外出务工所必需的相关知识和业务技能，自身增收能力十分脆弱。实施劳务扶贫，结合市场需求，针对不同人员进行家政、营销、酒店服务、餐饮、电脑、缝纫、服装、建筑施工、电工电器、钳工焊工、机械设备等专业的技能培训，做到理论与实践相结合，提高农村贫困劳动力的就业技能和综合素质。

2. 帮助贫困劳动力实现转移就业。对培训的贫困劳动力，采取多渠道输出就业和就地转移就业。2008—2011年，非农就业率均达到96%以上。大多数经培训合格的农民工被安置到广州、东莞、青岛、重庆、佛山、深圳、上海等大中城市的企业就业，并签订正式用工合同，一部分人在本市或乡（镇）的餐饮、娱乐业和服务行业找到适合的工作，实现了非农稳定就业。

3. 促进贫困劳动力实现稳定增收。通过实施劳务扶贫，贫困劳动力实现了从简单体力劳动向

达州市宣汉县巴人职校参加劳务扶贫培训学员喜获劳动技能等级证书

达州市达县劳务扶贫培训电焊工培训现场

技能型服务转变，从低收入向中高收入转变。经培训合格后转移就业的贫困劳动力，月收入平均在1200元以上，高的达到3000多元，基本实现“培训一人、输出一人、脱贫一家”的目的。

4. 农村职业培训机制进一步完善。根据农村贫困劳动力培训愿望和市场用工实际需求，及时调整和完善培训思路，强化师资，拓展场地，增加设施，优化课程，严格管理，认真考核，有效促进了农村职业培训机制的健全完善，确保了培训效果。

5. 提供返乡农民工培训平台。2007—2008年，由于受全球金融危机冲击和沿海省市产业转型，部分企业开工不足，订单减少，造成部分农民工返乡回流，就业形势相当严峻。针对这些特殊情况，达州市自筹资金100余万元，先后安排培训了近2000名返乡贫困农民工，在培训专业上以新型适用的农业种养加工业技术为重点，有效提升了贫困农民工的就业素质，拓宽了就业渠道，为他们再就业奠定了坚实的基础。

（二）五大举措

1. 加强领导，落实责任。各县（市、区）党委、政府分别成立了以主要领导为组长，分管副书记、副县（市、区）长为副组长，同级扶贫移民局（办）、财政局、教育局、劳动保障局、劳务办、培训机构等相关部门负责人为成员的劳务扶贫培训工作领导小组；各乡（镇）党委、政府也成立了相应的工作班子，明确了具体工作人员，切实做到了领导落实、工作落实、责任落实、人员落实、任务落实。

2. 公告公示，锁定对象。一是广泛宣传。各县（市、区）通过广播、电视、会议、标语、宣传车等多种形式，大力宣传劳务扶贫的意义和实施办法，做到家喻户晓。二是锁定培训对象。严格坚持培训对象必须是备案的建卡贫困户、重灾“三无”户或失地农户、年龄在18～45周岁的初中文化以上人员，每户只能参训1人。三是张榜公示。坚持做到学员参训前，将受训人员姓名、培训专业、培训时间、资金补助等在乡（镇）、村的中心位置或交通要道张榜公示，接受群众监督，从而保证参训人员对象准确。

3. “竞争入围”，确定基地。全面推行培训基地“竞争入围”新模式。在2008年4月底前，全市7个县（市、区）劳务扶贫培训基地全部实行公开“竞争入围”。大竹县职中等十几所学校被批准确认为劳务扶贫培训基地，并根据每年完成培训任务情况，实行定量定性的严格考核，末位淘汰。

4. 强化管理，提升质量。一是抓好基地建设。支持承担劳务扶贫培训任务的宣汉县农广校、县巴人职校等培训基地增添机械加工、电子电器、服装制作、计算机等设备，添置学员桌椅及床铺，为参训学员提供了良好的学习、生活条件。二是保证师资力量。培训基地除在本校安排专门的培训教师外，同时外聘部分专业课和实习指导老师，确保培训的师资力量和水平。三是编印培训教材。组织专家和老师，编印《劳务扶贫培训教学大纲》和讲义，增强了劳务扶贫培训的实效性。四是加强督促检查。各县（市、区）扶贫移民局（办）、财政局、纪检监察等相关部门采取定期或不定期的方式在培训的各个环节进行抽查监督，及时弥补不足，有效促进了培训工作的正常开展。五是健全激励机制。对劳务扶贫工作实行年度单项目标考核，通过年终统一考核评比，每年从7个县（市、区）中推选两三个进行通报表彰，对在工作中存在问题的县（区），责令制定整改措施，限期整改。

5. 订单培训，确保就业。各培训基地注重加强与用人单位的联系和沟通，不断拓宽培训渠道和就业途径，提高就业率。一是加强市场调研，全面掌握用工信息。各劳务扶贫培训基地多次前往广东、重庆、成都、深圳、北京、上海、浙江、福建等地的企业和人才市场进行调研，掌握市场用工信息，然后根据市场需求，确定劳务扶贫培训的内容和就业走向。二是密切校企合作，实行订单培训。按照用人单位的需求进行定向对口培训，基本实现了培训目标。三是坚持全方位培训，努力提高综合素质。除加强礼貌礼仪、法律法规、务工常识、普通话、卫生急救的基本培训外，特别强化了相关工作技能的实际操作能力培训，使贫困劳动力真正掌握一门专业技能。

开江县任市镇新庙村村民陈佳，在参加了县扶贫办举办的劳务扶贫培训班，学习美容美发和形象设计，并取得初级美容师证书后，被学校推荐到上海迪兰朵美容美发有限公司工作，月薪达到3000余元，她高兴地说：“农民工进城打工，首先要学门技术，才能立住脚，赚到钱。否则，时不时还会被老板扫地出门。我要注意学管理、攒本钱，今后自己开美容店。”

六、凉山州易地搬迁扶贫

凉山州易地扶贫起步早。2008年以来，结合“三房改造”又加大了工作力度。易地扶贫抓得实、效果好，既解决了贫困居民的脱贫致富，又缓解了生态环境的压力。

（一）主要成效

2001—2011年，凉山州易地扶贫搬迁试点工程累计投入资金5.74亿元，其中：国家易地扶贫搬迁专项资金4.56亿元、地方配套资金2373万元、整合中央其他投资3147万元。国家发展改革委和省以工代赈办年度计划下达凉山州后，由州发展改革委会同州以工代赈办及时将项目投资及建设计划下达到了各项目县执行。项目计划严格按照人均5000元、户均2.50万元进行安排补助，其中：国家易地扶贫搬迁专项资金的40%用于建房补助，60%用于配套基础设施建设。2001—2011年，全州易地扶贫搬迁试点工程共计完成搬迁安置2.44万户、11.76万人。易地扶贫建设住房197.97万平方米（户均80平方米），附属设施93.69万平方米；开发和调整基本农田4.72万亩；修建乡村公路1410.10千米；建水池（塘、堰）36.26万立方米，灌溉渠（管）148.62千米，新增和改善灌面1.98万亩；打井1181口，建蓄水池2.43万立方米，饮水渠（管）2021.31千米；学校建设1.48万平方米；卫生院建设6040平方米；同时，配套完成部分输电线路、农村沼气池、微水电、绿化等基础设施建设。

1. 改善了生活条件，提高了生活质量。搬迁户由过去的木板房、石板房、瓦板房住进开窗透风、小青瓦屋面的砖木结构住房；通过配套项目的建设，迁入地的水、电、路、学校、卫生院等基础设施建设得到明显改善，解决了贫困群众吃水难、行路难、就医难、用电难、上学难等问题。

2. 改善了生产条件，促进了脱贫增收。通过迁移到交通便利、资源相对较好的区域，搬迁群众的基本生产条件明显改善。同时，加大基本农田建设，兴修水利灌溉设施，推广先进实用技术，改革耕作制度，调整种植结构，促进了生产发展，改变了原居住区“广种薄收、靠天吃饭”的被动局面，解决了温饱问题，为脱贫增收奠定了基础。

3. 群众思想观念得到转变，劳动力素质明显提高。搬到新居住点后，由于其生产生活环境的改变，加之各级各部门的共同帮扶，迁入群众的思想观念发生了深刻变化，科技意识、商品意识、教育投资的意识有了明显提高，刀耕火种的原始耕作方式得到彻底改变，科技为农业生产注入活力。学龄儿童入学率得到提高，辍学率逐步下降。

4. 生态环境得到保护，生态屏障有效巩固。原住区由于生存环境恶劣、生产方式落后，贫困群众为了生存采取的唯一方式就是毁林开荒，对环境资源进行掠夺性开发。通过易地扶贫搬迁，结合“退耕还林工程”、“退牧还草工程”和“天保工程”的实施，有效地促进了迁出区

凉山州易地搬迁点

生态的恢复、建设和保护，真正实现了扶贫搬迁与生态建设的良性发展、“迁出地绿起来”的可持续发展目标。

5. 促进了民族团结融和，改善了安置地原住民众的生产生活条件。易地扶贫搬迁给安置地原住民带来了三大变化：一是进一步加强了生产、生活等基础设施建设，特别是交通、通水、通电状况明显改善。二是改善了学校、医疗卫生等设施，使新老住户共同享受到改革发展的成果。例如2005年盐源县改扩建清水小学，硬化操场800平方米，新增教学用房500平方米，学生规模由300多人扩大为近千人，成为全县最大的村级办学点。受益面不仅覆盖了全体移民户，也覆盖了原住地老百姓，彻底改变了贫困群众饮水难、入学难、就医难和信息闭塞的状况。移民群众感慨地说，民主改革使我们在政治上一步千年跨入了新社会，易地扶贫使我们一夜之间过上了新生活。三是改善了原住地劳动力缺乏状况。由于原住地汉族农民外出务工较多，劳动力缺乏，新迁入的彝族群众为原住地提供了充足的劳动力，不仅使荒芜的土地得到了耕种，也增加了迁入群众的收入，促进了民族团结和民族融和。

（二）主要做法

1. 广泛宣传发动，统一思想认识。易地搬迁工作量大面广，群众思想观念差异大，面临的问题复杂多样，宣传思想工作意义重大。一是通过召开各种动员和宣传会议，在各安置区制作标语牌和工程牌等方式，加大宣传力度，坚持把搬迁政策宣传到位。二是进入迁出地和迁入地，了解群众的真实愿望和实际困难，做好搬迁群众思想工作，消除搬迁群众的思想顾虑。三是广泛动员群众参与项目建设，按标准发放劳务报酬，充分调动搬迁群众自建家园的积极性。

2. 加强组织领导，完善运行机制。项目地的县委、县政府高度重视，把易地扶贫搬迁工作作为“雪中送炭”工程，放在心上，抓在手上，全力支持。县政府成立强有力的工作机构，建立由政府分管领导任组长，发展改革局局长、以工代赈办主任为副组长，有关职能部门领导为成员的易地扶贫搬迁工程领导小组，对项目建设实行全过程参与、全方位服务。领导小组下设办公室，具体负责易地搬迁工程的规划编制、计划上报、资金审核、项目实施的协调及监督检查等工作。

3. 规范项目管理，确保工程质量。一是推行项目公示制。在项目区树立永久性公示牌对项目进行公示，鼓励群众对项目进行有效监督。二是实行“四制”管理。明确项目实施责任单位，以乡政府为实施责任主体，从项目的筹建、施工、竣工到今后的运营管理全过程负总责。分散安置点实行“帮扶责任人制”，即从分散安置的人户中寻求一位已参加工作的亲戚或朋友作为具体帮扶人，与之签订责任书，对分散安置的人户全过程负责，帮扶到底。对承建单位实行合同制管理，对重点单项工程聘请专业监理公司实行监理制。三是规范档案管理。工程建设各种文件资料都及时、科学归档保存，严格管理，保证工程建设规范运行。四是项目实行二级验收制。工程结束后，由乡村组织以技术人员为主的初验组，严格按照设计标准和质量要求，进行全面检查评估。初验合格后，向县领导小组报送总结报告和验收资料，经领导小组严格审查合格后，组织相关部门进行验收。五是到户工程由县以工代赈办统一规划和设计后，群众自行组织建设，项目竣工验收后由县以工代赈办按标准发放建房补助。由于搬迁户亲自参与工程的管理与建设，有效防止了工程建设过程中偷工减料，杜绝了“豆腐渣”工程的出现。

4. 严格资金管理，确保安全高效。在资金管理使用上，严格按照《扶贫资金管理办法》《四川省财政扶贫资金管理办法（试行）》《国债资金管理办法》《国家以工代赈管理办法》等的有关规定和要求，强化项目资金管理。做到了封闭运行、专户储存、专人专账管理、专款专用。工程实施中，县级发展改革、财政、监察、审计等部门全程介入，定期对工程建设情况、运行情况、资金使用情况、效益发挥情况进行跟踪检查，做到资金到项目、管理到项目、核算到项目、审计到项目，确保了资金使用安全，很好地发挥了工程投资效益，真正让群众放心、人民满意。

西昌市洛古渡乡移民新村——暑波村村民解巴莫阿牛高兴地说：“以前在山上住的房子上面用塑料薄膜盖住，边上用泥巴糊着，底下砌点石头。搬到山下后，政府给我盖了新房子，还通路、通电、通自来水了，买点东西也方便了，车子直接通到门口，现在生病后自己就可以到附近的医院去（看病）。”

七、乐山市彝家新寨扶贫

2010年，省委、省政府把乐山市马边彝族自治县、峨边彝族自治县和金口河区（以下简称“两县一区”）纳入全省《大小凉山综合扶贫开发规划总体思路》。从此，“两县一区”40万彝汉群众踏上改善环境建彝寨、增收致富奔小康的新征程。

（一）“三强化”建新寨，让群众住上好房子

1. 强化规划引领。按照“三打破、三提高”要求，高起点规划、高标准设计、高质量建设，做到规划到村庄、布局到村落、设计到农户。彝家新寨的示范村和极度贫困村由市住建局统一规划设计，经领导小组审核确定，其他村庄规划由市住建局负责审核。2010年，乐山市住建局因地制宜，设计了21套户型图供彝区群众选择。2011年，在进一步完善调整的基础上，再次推出了16套户型设计图。在建筑色彩、房屋结构、外观装饰等方面，都充分体现彝族特有的文化元素，彰显浓郁民族风情。

2. 强化功能配套。在抓好住房建设的同时，从健全功能出发，同步规划完善教育、医疗、商场、活动室、文体设施、污水垃圾处理、沼气设施、广电通信、菜园圈舍等“九配套”，统筹推进公共基础设施和公共服务设施建设，让群众不仅住得舒适，而且生活方便。2010年以来，项目区新建小微型水利设施36处、沼气池1373口、垃圾处理池83个、民俗广场14个、商贸场所72个、农家书屋82个，解决了2.20万名群众饮水安全问题和5686户群众用电困难问题。

3. 强化群众主体。把新寨建设的主动权、选择权、监督权交给村民，实行项目民选、工程民建、质量民管。在“普惠制”基础上，出台特困户住房补助办法，落实特困户建房财政补助资金750万元，并引导市内金融机构发放小额贷款600余万元，群众参与彝家新寨建设的积极性普遍高涨。2011年，1.10万户农户主动申请进入彝家新寨项目“笼子”，建设总量比省定目标多实施了482户。

彝家新寨建设，不仅仅是一般意义上的住房建设，还包括基础设施、环境、公共服务设施等配套建设。乐山市坚持规划与特色、生产与生活、进度与质量相统一，着力打造功能齐全、布局合理、景观优美、生态良好、宜居宜业宜游的新寨民居。

（二）“三筑牢”增强后劲，让群众过上好日子

1. 筑牢交通基础。突出交通先行先导，规划实施乐汉高速、仁（沐）新高速、峨边至马边通道、成昆铁路新线峨昆段、乐山至马边铁路支线等一大批重点项目；加快彝区出境大通道、县乡公路、村组道路建设，不断提高彝区路网密度和通达深度。1年多来，共改造国、省道路13.50千米，新改建县乡公路14千米、通村公路120千米，有效解决了22个村“出行难”问题。

乐山市峨边彝族自治县解放新村彝家新寨远景

2. 筑牢产业支撑。利用资源富集、生态良好、特色鲜明的优势，加快特色产业发展步伐，发挥比较优势，立足产业谋发展，依靠发展促跨越。特色工业固根基，依靠丰富的水电、磷矿资源，走“电冶结合”、“磷电结合”发展道路，对接硅材料、盐磷化工产业，做长做宽产业链，提升精深加工能力，提高产品附加值。特色农业促增收，围绕茶叶、中药材、马铃薯、林竹等特色优势产业，通过政府引导、龙头带动、专合组织联结，大力提升农业产业化经营水平。峨边县建成全国马铃薯科普示范县，启动创建全国马铃薯产业先进县；马边县成为西南地区最大的有机茶基地，正在打造国内最大的有机禽蛋生产基地；金口河区跻身全省中药材现代化种植特色示范基地，正在加快开发大鲵、野鸡、野猪等特种养殖业。特色旅游求突破，充分挖掘彝族独特的文化内涵，大力发展节庆游、乡村游、生态观光游、探险游等特色旅游产业，加快马边县大风顶、金口河大峡谷、黑竹沟等旅游景点的深度开发，打响旅游品牌。马边大风顶成为国家级自然保护区，金口河大瓦山天池成功申报国家级湿地公园，峨边县黑竹沟创建为国家4A级景区。2011年，通过产业扶贫，彝区群众人均纯收入增长17%。

3. 筑牢民生保障。围绕“一人就业、全家脱贫”目标，有效整合劳务扶贫、阳光工程、劳务品牌、工会技能等培训资源，通过条块集中与分散相结合，大力开展务工、务农“双技能”

培训，让彝区群众增强就业能力，拓展增收空间。2011年，就地就近转移彝区农村劳动力9.50万人，实现劳务总收入6.60亿元、增长27.70%。以医疗服务建设为切入点，加快提高医疗卫生服务水平，开通了华西医院远程诊疗系统，完成了县级医院、乡（镇）卫生院标准化建设，统筹推进社会保险、社会救助、社会福利等体系建设。2011年，由市、县财政出资500多万元，提前在彝区开展新农保试点，使彝族同胞人人享有“新农合”、“新农保”。

贫穷不是社会主义，发展才是硬道理。乐山市综合扶贫以彝家新寨建设为载体，不断改善群众生产生活条件；以交通扶贫为先导，进一步夯实发展基础，形成内生动力；以产业扶贫和就业扶贫为支撑，确保彝区群众稳定增收奔小康，长远生计有保障；以医疗卫生扶贫为后劲，让群众老有所养、病有所医、困有所助。

（三）“三注重”树新风，让群众养成好习惯

1. 注重发展教育。坚持扶贫先扶智，以义务教育、职业教育为重点，改善办学条件，落实助学政策。深入实施素质教育，启动中小学数字校园建设，积极推广数字优课教学、远程教育，让彝区下一代分享优质教育成果，提高文化素养。1年多来，“两县一区”新（改）建中小学8所、职教基地1.10万平方米，生活补助惠及寄宿制学生2.60万人次，4500余名彝区学生

享受免费中职教育。

2. 注重移风易俗。从硬件入手，发动群众改水、改厕、改厨、改圈，在落实彝区新生活行动“四件套”基础上，再向彝家新寨实施户每户赠送1台电视机，丰富精神文化生活。从软件入手，引导编制村规民约、新寨公约，分村分寨开展“五星农户评选”等精神文明创建活动，让群众自觉树立健康文明、厚养薄葬等新观念。峨边县的吉克毛尔获2011年全国道德模范（孝老爱亲）提名奖。

3. 注重社会管理。大力夯实基层基础，深入推进基层党建“磐石工程”、新型农村社区建设，广泛开展“四好”支部、示范村寨、平安和谐家园等创建活动，彝区基层组织战斗力和村级事务管理能力明显增强。围绕创建“无毒小凉山”，全面深化社会治安综合整治，“禁毒防艾”工作扎实开展。积极推广彝区“德古”（“德古”，彝语，意为德高望重、调解民间纠纷能力强的人）调解模式，促进民间纠纷矛盾自调自消，一批突出信访问题妥善解决，彝区社会保持和谐稳定。

乐山市峨边彝族自治县脱毒马铃薯基地

制约彝区进一步发展，除了资金的不足、技术的落后，更深层次的原因是落后的风俗习惯和狭隘的思维方式。革除陋习、改变不良、倡导文明，乐山市注重循序渐进，从基本的生产生活条件改善到好习惯的培养，再到健康文明新风尚的形成，彝族群众真的是“硬件”建得好，“软件”也跟得上。

（四）“三突出”聚合力，形成攻坚好局面

1. 突出党政主导。坚持“一盘棋”推进，及时充实彝区扶贫开发领导小组力量，完善领导挂联、部门联席会议制度，由市党政主要负责同志牵头抓总，36名市级领导分头负责联系村寨，通过督促指导、现场办公等方式，协调解决问题，推动工作开展。坚持“一根针”落实，按照“谁牵头编制专题实施方案，谁牵头组织实施”原则，由10个专题牵头部门，24个责任部门具体负责，逐一落实项目、资金、队伍。加强对重要决策、项目推进、帮扶措施、后续管理等的督查，及时发现问题，督促整改。坚持“一票制”考核，制定目标考核管理办法，将综合

扶贫开发纳入目标管理，市、县、乡（镇）、村逐级签订目标责任书，形成一级抓一级、层层抓落实的工作格局。

2. 突出组织保障。以基层党建“磐石工程”为抓手，大张旗鼓开展村级党组织“三分类三升级”活动、党员创先争优活动和“小凉山系列之星”评选表彰活动，涌现党员示范乡（镇）23个、党员示范村85个、党员示范彝家新寨56个、党员示范户459户、“四好”支部65个，彝区基层党组织战斗力、凝聚力明显增强。出台职级晋升、生活待遇等倾斜政策，调动彝区干部积极性。组织开展形式多样的感恩奋进教育，激励群众不等不靠、自力更生，以实际行动报党恩。

3. 突出社会协同。注重发挥整体合力，建立以“两县一区”为主体、24个部门全力配合、全社会共同支持的“3+24+N”的合力帮扶机制，推动从区县抓、领导小组抓向全市、全社会齐抓共扶转变。创新结对帮扶，组织市内6个相对发达的县（市、区）、100多个市级部门单位、1万余名共产党员，对应帮扶12个示范村、100多个建设村和1万余贫困户，并选派115名优秀中青年干部到彝区乡、项目村挂职，协助项目村理清发展思路，寻找致富路子。充分调动群团、工会、妇联、科协、慈善、志愿者等组织的力量，通过搞慰问、送温暖，办实事、献爱心，募集各类资金6000余万元，为综合扶贫开发提供了强大的后续支撑。

综合扶贫开发，是党委、政府的责任，也是全社会的责任。乐山市按照党政主导、组织保障、社会协同思路，完善机制，统筹各方，形成了推进综合扶贫的强大合力。

辛勤的耕耘，获得了丰厚的回报。自2010年项目实施以来，共完成83个彝家新寨6518户住房建设，配套完善了基础设施和公共服务设施建设，极大地改善了彝区群众的生产生活条件，优化了农村人居环境，丰富了人们的精神生活。如今的小凉山，一幢幢彝家新寨拔地而起，一条条整洁公路环山而上，一片片产业基地充满生机，一张张幸福的笑脸喜迎四方宾客……综合扶贫开发如同缕缕春风，吹遍了彝区每一个角落，小凉山区已扬帆起航，随着彝区综合扶贫开发的继续深入，相信不久的将来，一个美丽富饶、文明和谐的新彝区必将呈现在人们面前。

四川省委常委、副省长钟勉：省委、省政府自去年（2010年）启动大小凉山综合扶贫开发工作后，乐山市委、市政府高度重视、组织有序、措施有力、成效明显。

八、旺苍县农村金融创新扶贫

为进一步缓解贫困村低端金融缺失问题，2010年四川省在旺苍县、仪陇县和岳池县选择了3个贫困村开展农村金融创新试点。旺苍县的试点，进一步扩大了扶贫互助社的资金规模，满足了社区居民扩大生产、加快发展的需求。

（一）试点背景

自2006年开始，旺苍县利用世界银行第五期技术援助项目资金，开展贫困村互助资金试点，有效缓解了试点村金融覆盖不足、发展资金短缺的矛盾。随着试点村经济、社会的发展，互助资金的小额短期借款模式，已不能满足试点村扶贫互助社社员生产发展的需要，深化互助资金试点工作势在必行。

2009年全国人大常委、财经委副主任吴晓灵提出了“创新农村金融，支持三农发展”的思路，并与四川省政府就此达成共识，确定将旺苍、仪陇、安岳县列入全国农村金融创新工作试点县的范围。

2010年2月2日，农村金融创新试点工作在旺苍县龙凤乡锦旗村启动。农村金融创新项目在不改变扶贫互助社互助资金运作方式的前提下，互助社以财政扶贫资金10万元作为担保，信用联社按放大1倍的比例和基准利率向互助社提供授信贷款（简称“金融创新贷款”），把互助社社员借款最大额度从4000元上升到1万元。2010年3月实现首批放款，截至2011年12月，累计放款22批73.90万元，还款20批49.16万元，占用费（相似于金融部门的贷款利息）收入3.11万元，偿还信用社贷款利息2.56万元，到期还款率100%。通过试点，进一步扩大了扶贫互助社资金运作规模，破解了互助资金借款量小力弱的难题，满足了社区群众扩大生产、加快发展的资金需求。

（二）主要做法

1. 部门联动，形成合力。一是强化领导。县政府成立了以常务副县长为组长的农村金融创新试点工作领导小组，研究制定了《旺苍县农村金融创新工作试点方案》（以下简称“《试点方案》”）和《旺苍县农村金融创新试点工作指南（试行）》。二是部门协作。项目试点组织协调工作由人民银行县支行负责，财政担保资金由财政局足额拨付，业务指导由扶贫移民局承担，信贷资金使用监管由信用联社具体抓，各成员单位职责明确，相互配合，形成了支持、推动试点工作的强大合力。

2. 宣传动员、竞争定村。一是广泛宣传。通过组织召开农村金融创新试点工作会、互助社互助联保小组长会、互助社管理人员会议等多种形式进行宣传动员，组织互助社社员围绕农村金融创新项目的性质、使用办法、借贷方式等核心问题进行讨论。还在村内显著位置张贴宣传资料，粉刷宣传标语，扩大了试点工作的知晓度。二是竞争确定试点村。龙凤乡锦旗村在互助社理事会的宣传发动下，组织社区“能人”制定比选方案参与项目竞争，在全县86个互助社中脱颖而出获得项目实施权。

3. 严格程序，规范运行。一是按照程序放款。旺苍县严格遵照《试点方案》的规定，不断遴选、优化和固定实施步骤，形成了一套清晰的农村金融创新借款操作程序。试点中，坚持按照“财政扶贫资金担保—互助社申请—信用社审批—获得金融创新贷款—社员申请—互助小组联保—执行小组审核—理事长审批”的基本程序，遵循互助资金“整借零还、费随本清”的借还款方式，互助社社员按照实际需求，通过互助小组讨论同意后向互助社理事会提出借款申请，理事会审核通过后放款借款。二是坚持公示制度。互助社通过设立公示栏，对每月借款还款情况进行公示，保障互助社社员的知情权，促进项目的阳光运转。

4. 强化监管，良性运转。严格按照《试点方案》规定，建立项目监测指标体系、监测组织体系。一是强化内部监督。主要通过村民选举产生的互助社监督小组代表全体村民行使监督权。二是加强外部监督。试点工作开展以来，县财政、人民银行县支行、扶贫移民局、信用联社等部门，多次深入锦旗村，通过同理事会人员座谈、查看会议记录，了解项目运作情况；通过查看联保协议、互助小组签章、借款申请审批表和还款收据等资料，指导完善借款审批程序；通过清点出纳的库存现金，查看手工账，核对电脑账，规范金融创新贷款管理程序；通过实地走访农户核查是否账实相符，了解互助社是否有违规操作，是否接受群众投诉和合理建议。

（三）试点成效

1. 进一步帮助了社区群众脱贫致富。金融创新贷款以贫困社区互助社为载体，以财政扶贫资金扶持为支撑，通过引入金融机构对互助社发放信贷，把社员借款最大金额从4000元上升到1万元，满足了社员扩大生产创收致富的现实需求，增强了农户自我发展能力，极大地促进了产业发展，增加了农民收入。龙凤乡锦旗村七社村民向贵强，利用从互助社所借资金，发展肉牛养殖，取得了初步成效。2012年初，他再次通过互助社获得金融创新贷款支持，用于进一步扩大养殖场规模。预计同年5月建成后，肉牛养殖规模将从现在的20余头增加到100头，年纯收入将实现10万元。

2. 进一步提高了社区群众素质。在试点中，开展致富小组、文明小组和清洁小组评比活动，提升了社区群众综合素质，进一步增强了互助社凝聚力，形成了团结、互助、文明、诚信的农村新风尚。一是培养了社区群众团结互助精神。农村金融创新依托互助社，将松散的农户结成互助小组，相互有了共同的利益联结，互帮互助、相互支持、共同发展。2010年12月25日，锦旗村一社发生了火灾，腾彩兵、代云伍和腾彩全三家房屋被烧，社区群众主动捐款3100

元、捐粮4560斤，帮助解决生活困难和恢复重建。二是增强了社区群众诚信意识。借款者需要征得互助小组成员同意并签字后才能从互助社获得借款。开始还款后，如果社员没有按时还款，或者还不了款，不仅会影响到小组其他成员借款，今后也不会有人同意他再次借款，客观地促使了借款户主动还款，在农村重新树立了“借款及时还，再借就不难”的诚信观念。龙凤乡信用社信贷员在谈到锦旗村互助社到期还款率始终保持在100%时说：我们信用社的支农贷款能收回95%就不错了，你们互助社借款回收率达到100%，简直想不到。三是提高了社区群众的技能水平。项目实施过程中，互助社通过农村现代远程教育网络、农民科技书屋、信息发布栏等形式，向社区群众传播农用技术、发布市场信息，社区群众不但掌握了新技术，而且学会了如何适应市场需求来发展产业。

3. 进一步促进了基层民主建设。农村金融创新通过把资金交给互助社管理，极大地促进了基层民主政治建设。一是激发了社区群众民主管理意识。在试点过程中，社区群众始终以主人翁姿态，全程参与项目管理的各个环节，坚持用“一事一议”方式决定项目运作重大事项，社区群众成了项目管理决策者，互助社理事会成员成了执行者。二是提高了基层干部的服务能力。在锦旗村，村“两委”成员和村民小组长通过民主选举，成为了互助社理事会成员。通过对理事会成员开展政策法规、会计业务、信息化办公等业务培训，提高了村组干部科学理财、民主管理和驾驭农村工作的综合能力及水平。三是密切了党群干群关系。项目为基层组织联系群众和服务群众提供了新途径，党员、干部通过与困难群众结成互助小组，带领大家发展生产，帮助解决实际困难，大大增强了党员干部和群众之间的亲切感、信任感。

2009年，全国互助资金培训会议在广元市旺苍县召开。

4. 探索出了农村金融服务的新思路。农村金融创新工作是针对特定历史阶段、特定区域、特定人群、特定方式的“四特”产物，既是对现有金融工作的一种有效补充，又是扩大贫困社区互助资金运作规模的有效手段。一是将农村信贷与互助资金相结合，实现发展与惠民双赢。信用社通过农村金融创新项目，将业务扩展到了最贫困的互助社，延长了信用社金融服务链条，扩大了服务半径，丰富了服务内容。社区群众通过项目获得了更多的资金支持，进一步扩大了生产规模，增加了经济收入。二是建立财政扶贫资金担保机制，控制了项目风险，通过建立以财政扶持为支撑、财政金融配合互助的机制，合理分散了项目金融风险，切实做到了风险可控。通过在锦旗村的成功试点，为我们下一步探索与各大商业银行合作开展涉农信贷合作，开发农村金融创新服务新品种提供了借鉴。

中国社科院农村发展研究所研究员孙若梅博士，在旺苍县农村金融创新工作座谈会上说：“旺苍县农村金融创新工作是针对特定历史阶段、特定村落、特定人群、特定方式的‘四特’产物，是对现有金融工作的一种有效补充。”

九、西充县贫困村互助资金

西充地处四川东北部、嘉陵江和涪江脊骨地带，幅员1108平方千米，全县72万人，其中贫困人口占到总人口的1/3。2007年启动实施互助资金试点项目，目前已成立扶贫互助社52个、互助小组894个，涉及农户5905户，其中，贫困户入社1425户，占贫困户总数的82.30%。截至2011年12月，全县累计发放借款2647户852.99万元，其中贫困户160.53万元。近年来，互助资金不断发挥“撬动”作用，在产业培育、基础设施、基层组织建设等方面发挥了极其重要的作用，初步实现了由“输血式”扶贫向“造血式”扶贫的成功转变。2011年，入社农民人年均纯收入达4500元。

（一）竞争定村，把最优秀的村纳入互助资金项目

以群众为主体、竞争立项是抓好扶贫互助资金项目工作的前提。按照“自愿申请、适度集中、竞争比选、固点扩面、保障得力”的原则，通过实地考察、竞争演讲、综合权衡的办法，最终确定扶贫互助资金试点项目村。2007—2010年，全县共有154个村参与竞争立项，仁和镇大湾头村、凤和乡三角沟村、金源乡席家庙村、大全镇沙子岭村等52个村由于有一定产业基础、村班子团结有力、群众积极性高、村风民风淳朴，比选成功。竞争机制的不断创新，大大激发了基层组织和群众参与的积极性，迸发了工作活力。

南充市西充县互助社宣传栏

（二）治贫为本，营造互帮互助的良好社会氛围

互帮互助是培养互助社社员团队精神的重要方式。一是强调“一个也不剩”。对家庭特别贫困的群众，实行“一帮一”定点扶持，确保贫困群众、特困人员入社全覆盖。仁和镇大湾头村冯文举，一家三口其中两人是二级残疾，家庭非常困难，互助社理事会减免入社费支持其入社，在无人愿意与他组成联保小组的情况下，村党支部书记、互助社理事长冯晓君主动与其结对联保，解决了其入社、联保、借款难题。二是推进“多个帮一个”。成立社员“帮忙小组”、生产突击小组等，在生产生活中帮助缺劳户、贫困户。2010年，仁和镇大湾头村社员冯异鸾在南充打工受重伤，家里两亩多稻谷无人收割，互助社11名社员迅速帮助抢收，实现了颗粒归仓。社员冯启银的妻子有严重智障，家中劳力缺乏，当年秋季，在大蚕上蔟、水稻无人收割的关键时候，生产突击小组社员迅速出击，帮助收割。三是坚持“以穷人为本”。开展互助社特困群众节日慰问、生病看望等活动。2010年重阳节，县扶贫移民局在大湾头村互助社开展了以“金秋话重阳，互助促和谐”为主题的关爱留守老人节日茶话会，全村老老少少、社员群众载歌载舞欢聚一堂，畅所欲言，共庆佳节，共叙互助社带来的发展变化，干部群众其乐融融、感情融洽。大湾头村长年坐轮椅的冯良裕，每年过年过节都会得到互助社“穷亲戚”的上门慰问。2010年4月，在县扶贫移民局资金扶持下，社员们主动出劳力帮助其改厨房、建猪圈、硬化“出门路”，冯良裕感慨万分地说：“感谢互助社，感谢共产党。”

南充市西充县仁和镇大湾头村扶贫互助社集体活动现场

（三）培育产业，实现贫困群众发展能力提升

增加群众收入，引领贫困群众脱贫致富，是互助资金项目的最终目的。而增收脱贫离不开支柱产业的形成和发展，针对互助社项目村产业基础条件和贫困户实际，西充县创新三种模式将贫困户与互助资金紧密结合，实现增收脱贫。一是创新“干群结合”模式。在减免特困群众入社费的同时，针对有劳动能力、有发展意愿、有信誉的特困户，采取党员干部与特困户结对联保形式为其担保借款，引导贫困户结合自身条件及当地实际发展种养殖业，党员干部为其提供信息、技术、销售等跟踪服务，扶持特困户由小做大、由弱变强。二是创新“社社结合”模式。将互助社与项目村当地专业合作社有机结合，互助社为群众提供生产发展所需资金，专业合作社提供管理及市场服务，解决了群众生产发展各个环节的问题，最大限度保障群众增收致富。如金源乡席家庙村扶贫互助社与乡鸭业合作社充分协作，全村发展土鸭养殖大户30余户，成功打造出“金源宝”土鸭、鸭蛋品牌，全村全年鸭业收入达100万元以上。大全镇沙子岭村互助社以村海椒协会、核桃协会为依托，带动全村海椒种植大户28户，种植海椒400余亩，发展核桃种植大户12户，种植核桃500亩，2011年全村仅海椒、核桃产值就近200万元，人均增收近2000元。三是创新“大小结合”模式。在产业发展过程中，业主大户与分散农户的捆绑结合方式，既能让大户更强，又能让农户增收，实现互利双赢，而扶贫互助资金则在此过程中起到至关重要的联结作用。义和乡冉家庙村党支部书记、互助社理事长何光红，利用长期种植香芋的技术及市场优势，鼓励贫困群众入社借款进行香芋种植，自己为其垫付种子、肥料，包回购及销售，群众得到收益后支付种子肥料费用，此举已带动全村50户贫困农户参与香芋种植近100亩，年户均增收2000元。

（四）强化管理，促进互助资金项目规范有效运行

强化监督管理是不断推进互助资金项目规范有效发展的动力。一是创新管理办法。坚持互助社工作联系会制度，成立县扶贫互助社管理中心，配套编制、落实人员和工作经费，按照统一资金监管、统一业务指导、统一技术培训“三统一”的办法，严格按互助资金操作手册要求，将宣传、培训、监督工作贯穿于项目实施全过程，加快推进全县互助资金项目组织管理和健康运行。二是加大项目整合。按照“用途不变、渠道不乱、各司其职、各尽其责”的办法，有效整合农业、扶贫、畜牧、水利、交通等涉农项目资金投入互助社项目村，加快贫困村庭院经济、连户道路、立村产业等建设。组织部门优先对项目村选派村官、配置党员远程教育设施设备。目前，项目村共有大学生村官45人，远程教育室52个。全县共整合投入连片扶贫、村道扶贫、对口帮扶等资金300余万元，用于项目村基础、产业、风貌建设。三是强化技术指导。实行技术人员派驻贫困村制度，蹲点指导群众产业发展，从农业、畜牧、蚕桑、有机办等职能部门抽调技术人员15人，组建产业发展技术服务小组，开展群众产业发展现场技术培训指导。四是落实工作职责。制定完善扶贫互助工作方案，把互助资金项目纳入各级目标考核，明确相关部门资金整合、结对帮扶、技术指导、人员蹲点工作职责，细化产业培育、分步推进计划，逗硬目标考核，确保了扶贫互助工作扎实有序推进。五是创新激励机制。把外部激励作为推进互助社建设的强大动力，通过每年评先评优、典型交流和实地考察学习，不断促进互助社整体管理水平的提高。把互助社管理运行情况作为项目乡村争取其他扶贫资金的考核内容，对管理规范、卓有成效的村，扶贫项目资金优先倾斜、率先投入，对特别优秀的村，通过各种途径给予充实资本金的奖励。2011年，大全镇沙子岭村得到省互助资金项目奖励5万元，县扶贫移民局通过对口帮扶资金奖励东太乡长坪沟村互助社资本金5万元，极大地调动和促进了互助社项目村干好工作的积极性。

（五）协作整合，不断探索互助资金项目发展新途径

与其他金融机构的有机结合是互助资金做大做强的有效途径。互助资金项目作为农村合作金融的创新，填补了商业金融机构对农村支持不足、覆盖不够的难题，有效解决了贫困群众生产资金短缺的困难，对提升群众发展能力起到了极大的积极作用。但互助资金项目作为农村金融服务领域的试点项目，存在财政资金量小，管理机制还不够成熟等问题，而且项目运行工作受到多方面政策规定的制约。互助社资金总量和单笔最高放款的限制，在当前物价飞涨，各项生产成本较高的情况下，不能满足群众生产发展的需要。针对这一情况，西充县创造条件引入北京农发扶贫基金会，在西充注册成立西充县农民发展服务社，将互助社与农民发展服务社有机结合，共同致力于针对西充农村贫困群众的支农工作。目前，农民发展服务社已在全县7个有互助社的乡（镇）先行试点，与当地互助社相互协作，互为补充。互助资金在用于低收入及

贫困群体的资金扶持的同时，将有群众资金需求超过互助社借款限额的部分引向农民发展服务社予以满足。同时农民发展服务社发挥其不受资金需求总量限制及单笔资金放款量较高的优势，将主要目标群体定位为农村中上水平收入群众或业主大户，从而满足了不同层次群体的发展资金需求，进一步扩大和延伸了农村金融服务的覆盖面，为农村群众提供了多样化的金融服务，受到干部群众的好评和欢迎，达到了群众受益，互助社、农民发展服务社发展提升的双赢效果。

西充县仁和镇大湾头村的残疾人冯文举很高兴地说：2009年初，我加入了村扶贫互助社，成为社员后，申请贷到了第一笔1000元的扶贫互助资金养了4张纸的蚕，不仅还清了贷款，家里还多了3000元钱的收入。

十、大竹县华山村新村扶贫

华山村位于达州市大竹县庙坝镇西南部，地处山区，原是当地有名的特困村。2008年以来，该村开展了新村扶贫，经过三年的奋斗，基础设施改善、特色产业形成、公共服务跟进、人居环境优化、村民脱贫致富。2010年，华山村年人均纯收入已达6371元，三年间增幅高达253.94%，甚至已超过全省2010年5140元的农民人均纯收入水平1231元。而今，华山村正朝着“贫困村向新农村、小康村的转变，贫困户向宽裕户、小康户的转变”方向迈进。

（一）规划先行，绘制美好蓝图

2008年以前，华山村到处都是破旧凌乱的土坯房、茅草房，村民缺水、缺电，加上交通不畅、信息闭塞，是当地出了名的特困村。“山高石头多，出门就爬坡。姑娘都外嫁，光棍起砣砣。”这首村民自编的歌谣，形象地描绘了华山村当时的面貌。因为贫穷落后，导致男女比例失调，华山村光棍最多时达80多个。交通的不便，还严重影响了农户收入。华山村2组村民张凤英早在1999年就开垦荒山种植了70多亩李子，由于当时只有一条长约3千米的土路与外面相连，山里的李子卖不出去，“那时候就是请人家来山上摘李子，让他们随便给点钱，也没有人愿意。大量的李子烂在地里”。不仅如此，63岁的村民蒋朝相回忆，由于电网线路老化，该村电费曾达到两元多一度，高昂的电费让很多村民靠点松香灯度过漫长夜晚。2007年，华山村年人均纯收入仅为1800元，尚不到当年大竹县农民人均纯收入4072元的一半。大竹县一位领导曾在华山村慰问困难户时遇到这样一件事，得到慰问钱物的困难户非常感激，而一旁有些没有得到的群众却有了意见："我比他还要穷些，为什么他有我就没有呢？"一句很自然的话，让当地领导认识到，华山村这样的特困村，不仅基础设施落后，而且长期无偿扶持还养成脱贫对象"守株待兔"观念，影响其脱贫的自主性。

2008年，为实现三年脱贫致富的目标，华山村党支部在上级党委、政府和县级有关部门的帮助下，广泛征求意见建议，根据该村实际，实事求是地确定奋斗目标、建设内容、实现措施、帮扶单位和资金来源，科学制定了华山村新村扶贫规划。做到以规划统领，依规划建设，分年实施、分期投入、分步提高。在规划过程中，华山村党支部组织党员干部分片包组征求群众意见建议，广泛征求基层干部、专家和有关部门意见，反复召集班子成员开会讨论。在村庄规划上，华山村通过达州市规划建设局，得到市建筑设计研究院的帮助，免费从定居点选址到民居造型再到基础配套等几个方面的科学而详细的设计规划。其间，华山村所在的庙坝镇政府也为华山村派来了一名大学生干部驻村工作。

（二）夯实基础，构筑发展支撑

基础设施建设的严重滞后，制约着扶贫工作的开展和扶贫效率的提高，更成为经济发展的重要"瓶颈"。为此，华山村在新村扶贫建设中，将基础设施建设，尤其是村道建设放在了所有项目的首位。通过修建村道公路、机耕道、便民路，解决了困扰当地群众多年的"行路难、运输难"问题。为村民出行和农副产品运输提供了方便，提高了农副产品的产出效益；囤水田、山平塘、蓄水池等解决了人畜饮水困难，进一步为发展种植、养殖业创造了条件；电网、村村通工程的新建、改建，又为村民提供了丰富的外界信息，开拓了视野。基础设施的建设，极大地增强了华山村自身造血能力和抵御自然灾害的能力，为脱贫致富构建了强有力的支撑，昔日落后的山村已发生巨大变化。三年间，全村累计新修村组道路15.70千米、维修7.60千米、修便民路1千米，还修通并硬化了该村村委会办公室至广安地界的5千米断头路；新建和改造电网16.80千米，改善了全村5个组209户、891人的用电条件；坚持"宜集则集、宜散则散"原则，建蓄水池19口、集中供水点2处，受益80户，基本解决了村民饮水安全问题，同时整治水库1座，修引水渠7.80千米，为生产用水提供了可靠的保障。路、电、水等基础设施的改善，为华山村的发展提供了有力支撑，也托起华山村村民心中的希望。2009年路刚修好，村民张凤英家种植的李子还没成熟，就已经有经销商主动找上门来。"路通了，李子好销售了，这几年收入一年比一年高啊。"张凤英说。不仅如此，这段刚修好的水泥路还被当地人称为"姻缘路"。村党支部书记杨帮武说："路修好后，一年时间里就有6个40岁左右的光棍解决了婚姻问题。而当地的电费在电网改造后也下降到了5角多一点，村民也彻底摆脱了昏暗又不安全的松香灯。"

（三）产业支撑，实现脱贫致富

贫困村脱贫致富，根本在于产业发展，增强自身造血功能。华山村路修通了，房子换新了，但村民的腰包尚未鼓起来。村党支部抓住大竹县财政连续三年每年为村里安排10万元产业发展资金的契机，以找路子谋发展为主题，把农业技术员请到村里，认真听取专家的指导意见。华山村所在的庙坝镇也与西南大学开展技术合作，成立产业发展专家顾问团，指导华山村的产业规划、发展。在多方共同努力下，华山村党支部从收集到的20余条意见建议中找准了两个突出问题："华山村群众致富门路还不够宽"、"产业结构调整力度虽然不断加大，但粮经比例不尽合理"。村"两委"采取了发展山区"常规经济"和"特色经济"的两轮驱动模式，有效增加了村民收入。华山村根据地处山区、林土资源丰富等特点，坚持"宜牧则牧、宜林则林、宜果则果"原则，利用县财政提供的产业发展资金，建立大户激励和特困户种养业帮扶机制，采取据实发展，按"量"补助等形式激励扶持村民发展生猪、牛、羊等养殖业，做大山区"常规经济"。2009年，华山村发展牛、羊、兔等养殖户92户，其中圈养100只以上的养羊大户4户、50头以上的养羊大户15户、小家禽100只以上的大户17户。村民梅贤召在技术人员的指导和大竹县引进的现代畜牧企业的辐射带动下，发展生猪养殖，年存栏出栏生猪20多头，年收入达到2万多元。在发展传统产业的同时，华山村结合本村地处山区，荒山荒坡较多的实际，采取"公司+农户"、"基地带农户"等模式，积极流转农民土地，广泛进行农业招商引资，做优、做精山区"特色经济"。2009年，该村发展核桃300亩、李树160亩、香椿400亩、枇杷112亩、烟叶110余亩、套种马铃薯300亩。"常规经济"加"特色经济"的两轮带动，使华山村当年实现人均纯收入4850元。

（四）民生为本，完善公共服务

针对村内土墙房、茅草房普遍，危房较多的严峻现实，华山村在规划阶段就给予重点考虑，借助市建筑设计研究院为其开展规划的机会，以改造"土坯房、茅草房"为重点，集中23户农户，坚持建房统一规划设计、统一采购材料、统一规范管理等，既让建房农民得到实惠，又体现出川东民居的特色，还让村容村貌发生了巨大变化。村"两委"建立起了奖优助学基金、教育慈善会，解决村民子女入学难问题，确保了适龄儿童入学率达100%，贫困家庭子女上不起学的现象得到彻底改变。开通远程教育网络，着力提升"民智"，邀请涉农部门每年到村开展1～2次实用技术培训，安排1～2名技术人员定点开展"一事一训"、"一技一训"服务。做好农村最低生活保障工作，解决特困人员基本生活问题，保障50户53人。建成村卫生室，新型农村合作医疗参保率100%，使村民小病可以就近医疗，大病得到保障。特困群众无房住、上不起学、看不了病的现象彻底改变。全村安装"村村通"直播卫星授权设备209套，让全体村民收看、收听到44套电视节目和43套广播节目，广播、电视、通信覆盖率分别达到100％、100％和80%；整修村办公室、文化活动室90平方米，建设"农家书屋"1个。

达州市大竹县华山村居民点统一规划建设的“乡村别墅”。

（五）组织保障，催生长久动力

农村工作千头万绪，基层组织是关键，为确保华山村顺利实现脱贫致富，大竹县采取了多种措施。“村民富不富，核心在支部”，大竹县把后进的华山村与先进的长乐村“联姻”，长乐村党支部书记杨帮武被公推直选为联合党支部书记，成为带领华山村脱贫致富的“核心”。长乐华山联合党支部牢牢把握村级层面的特点和村情实际，把提升班子队伍带领群众发展致富的能力作为加快华山村脱贫致富的突破口。坚持“请进来，走出去”，先后邀请专家3次到村里给大家讲课，切实抓好党员干部执政能力和业务技能学习。在杨帮武为首的村党支部带领下，三年间华山村已由昔日贫穷落后的村，变成社会主义新农村、示范村。村“两委”的战斗力、凝聚力空前加强，干群关系空前密切。2009年，杨帮武同志被15家主流媒体相继报道为“舍肾忘死”的铁支书。其他村民们也高兴地说：“杨书记不顾惜自己的身体，像铁人一样带领我们脱贫致富奔小康。这样的好支书我们打心眼里拥护！”

四川省委书记刘奇葆对杨帮武的事迹给予了充分肯定：“像达州市帮武同志那里，积极探索建立联合党支部，采取‘富村带穷村’这种模式就很好，一是带动了农村经济发展，二是充分利用了人才，应该加以推广。”

达州市大竹县华山村新村扶贫建设后，在村口树立的感恩碑。

十一、广元市利州区马口村灾后重建

“5·12”汶川特大地震对马口村造成了极大损失。马口村“两委”率领村民奋力抗震救灾、开展灾后重建，取得了显著成绩并创造了“马口经验”。这为全省地震灾区贫困村灾后重建提供了借鉴和样板。

（一）马口村的基本情况

马口村位于四川省北部边缘山区，辖3个村民小组、210户、767人，其中贫困户29户、139人，是省定扶贫重点村。2008年“5·12”汶川特大地震造成全村死亡1人、受伤5人；农房全部受损，其中101户农户无房居住；损毁通村通组公路和联户路7.50千米、山平塘3口、排灌渠道1.50千米、田地180亩；42户农户必须异地重建；村小学、村卫生室、村办公室等全部垮塌。农民人均年纯收入由地震前的3500元（2007年）下降到2008年的1800元。据有关部门估算，地震造成马口村直接经济损失549万元。

2008年9月，马口村被确定为全国第一批贫困村灾后重建试点，在外部的大力援助下，马口人团结一心，自强不息，全村群众“力气用不完，汗水流不尽，甩开膀子拼命干”，积极投入抗灾自救和恢复重建工作。该村灾后恢复重建始终贯彻灾后恢复重建与扶贫开发相结合、灾后恢复重建与新农村建设相结合的科学发展理念，坚持“参与式”理念和方法，互助合作共同建设家园。在地震后一年多时间，全村灾后恢复重建共投入资金1400万元，其中农户自筹（含投劳折资）近900万元，财政扶贫资金115万元，信贷资金165万元，国际援助74万元。马口村恢复重建取得的成效，受到多方的肯定和赞赏，被誉为震区贫困村灾后恢复重建的“马口样本”。外部的大力援助与内源力量的充分发挥是马口村灾后恢复重建取得优异成绩的主要原因。在外部与内源互动的过程中，马口村提前完成了灾后重建的各项基本任务，而且在灾后恢复重建中的各种理念和创新作法对四川省扶贫开发，甚至农村发展都有积极的影响。

（二）灾后恢复重建的效果

马口村灾后恢复重建是一个社区综合性重建的过程。灾后恢复重建基本任务的完成给社区生产生活的发展改善产生了积极效益，并为进一步发展奠定了坚实的基础。

1. 道路建设网络形成。灾后恢复重建的道路建设使马口村整体性的道路网络得以形成，实现了一组、二组、三组的全部贯通。改造恢复村道4千米，重建通组水泥路7千米、连户路3.20千米。马口村整体道路网络的形成，对社区经济社会的发展起到了积极作用。一是村庄整体道路网络形成。以往行路难，组内互动强度远远高于组间互动强度，村组间的交流与信息沟通受到很大影响。如今，日益普及的摩托车加上宽阔平坦的水泥道路，使村民之间的互动日益频繁。二是全村水泥硬化道路网络的形成为村民外界的经济联系提供了坚实的基础，为社区农业规模化经营和产业发展提供了有利条件。

2. 社区人居环境得到改善。一是农房重建效果明显。马口村农房恢复重建分为维修加固、分散重建和集中重建。109户维修加固农房全部完工，101户新建完工，其中长方梁等3个集中安置点农房建成并安置受灾群众36户；为解决特殊弱势群体的住房问题，在外部的支持下，马口村争取援建260平方米爱心民居，集中安置4户孤残人员。农房维修加固和分散重建都采取建立互助小组互帮互助的形式完成。而集中重建则采用“统规联建，统建统分”和“五统一、三公开、一分户”的统建统分的建房模式。“五统一”：统一规划设计、统一资金管理、统一建材采购、统一施工作业、统一排工用工；“三公开”：国家建房补助政策、建房内容及程序、物资采购及资金使用全部向群众公开；“一分户”：分户集资，抽签分房。与单户自建相比，统一建设的每套住房户投资约为6.50万元，平均节约1.70万元。二是社区生活环境得到美化。马口村灾后恢复重建的目标不仅仅是改善村民居住条件，而且还按照社会主义新农村建设的要求进行社区环境改善。修建污水处理池，对村民的生活垃圾进行分类、填埋或回收等更是改善社区人居环境卫生的有效举措。社区环境设施的投入使用，提高了社区卫生标准，村民生活更有质量，卫生、环保理念深入人心。

3. 公共服务水平得到提升。经过震前的新村项目建设，马口村的社区公共服务水平已经有了较大改善，村民具有较高的社区公共事务参与水平。地震后，马口村公共服务设施都受到不同程度的损坏。为尽快恢复社区公共服务设施，马口村整合社区内外部各种资源修建院坝、新建村阵地、建农民书屋、卫生室等。这些设施投入使用让马口村的公共服务水平又上了一个台

建设中的广元市利州区马口村一号居民安置点

阶。例如，新建的村阵地是一个集卫生室、会议室、村民活动室、村“两委”办公室等于一体的综合性场所。村民对新建办公室内崭新的座椅、琳琅满目的图书、舒适的环境等感到非常满意，用村民的话来说就是“非常地安逸”！

4. 农田水利设施得到恢复与发展。马口村本是一个山区贫困村，长期缺水，农户生产用水绝大部分依靠平时下雨积累。而山平塘则是收集雨水的最重要水利设施，被村民亲切地称为“生命塘”，地震后马口村所有山平塘都受到不同程度的破坏。马口村灾后重建重点对长方梁、老院子等山平塘进行扩容开挖、整治和修复。山平塘的修复与扩容不仅消除了山平塘带来的次级灾害隐患，而且也为马口村灾后农业产业化发展提供了保障。

5. 生计恢复与农业产业化发展。马口村生计恢复主要通过农业产业化发展来实现灾后生计恢复可持续发展。建设养殖小区3个，发展生猪养殖年出栏5000头、生态土鸡养殖年出栏2万只；恢复发展果蔬产业，栽植枇杷50亩、辣椒200亩，管护梨树400亩、樱桃80亩。在养殖业上，组建生猪专业合作社，与企业合作采取“公司+合作社+农户”模式发展生猪生态产业化养殖；在种植业上，成立扶贫互助社，解决农户生产启动资金困难，发展海椒、枇杷产业化种植。马口村生计恢复的农业产业化发展，提高了农户的积极性，有效恢复了社区的农业生产，为马口村在灾后实现可持续发展积累了宝贵经验。

6. 积累了丰富成功经验。马口村抗震救灾和灾后恢复重建具有前瞻性、动员性和创新性等特点。这三个特性主要体现在马口村的如下成功经验当中：

一是坚持把“科学发展”理念贯穿于灾后恢复重建和经济社会发展全过程。科学规划，整村推进，和谐发展。坚持规划为先，在项目规划中，坚持“我的事情我做主”。在项目实施中，坚持“自己的事情自己干”。在项目管理上，坚持“集体的事情大家管”，实现了灾后恢复重建与扶贫、新农村建设、统筹城乡发展、农业产业化经营相结合。不仅包括了农房、道路硬化、饮水工程、污水处理等生产生活设施，而且也将农业产业发展、农民劳动技能培训等社区生计可持续发展项目纳入灾后重建当中，在社区生产生活得到恢复的同时也为社区超过震前水平可持续发展提供了保障。因而具有社区发展的前瞻性，是对新时期四川省社会主义新农村建设的积极探索。

二是社区成员（村民）在抗震救灾和灾后重建中的深度参与。村民的深度参与，政府、非政府组织等多部门多领域合作是马口村灾后恢复重建强大动员性的体现。社区内外力量的多领域合作，为马口村迅速恢复和发展提供了源源不断的动力。

三是农房集中统建模式。成立农村社区经济专业和金融组织，并在此基础上的有益探索等，使马口村灾后恢复重建具有农村社区发展的创新性。为孤寡老人建设的爱心民居工程，实现了社区灾后重建对弱势群体的关怀。

全省十年规划重点贫困村、全国灾后恢复重建试点村——广元市利州区马口村一角。

（三）灾后恢复重建的影响

马口村灾后恢复重建具有多部门合作、内外部组织化等特点。灾后恢复重建基本任务完成不仅使马口村发生了翻天覆地的变化，而且对四川省扶贫开发和农村社区发展产生了重要影响。

1. 马口村的影响。从道路建设到整治山平塘，从农房重建到社区环境设施的改善等等，马口村村民广泛参与到了灾后重建过程中。马口村灾后恢复重建是其有史以来最大规模的社区建设，村民参与范围广、程度深。在参与的过程中，村民学习了各种技术，劳动技能得到显著提升，个人发展能力显著增强。灾后农房重建也极大改善了社区居住环境，村民生活质量得到提高。另外，在灾后恢复重建中各种理念如环保理念等的引入，更是让村民开拓了视野，提升了素质。从社区发展来看，生产生活基础设施水平的提高如农业水利设施的改善、社区道路网络的形成等，使村民与外界的联系更加顺畅，为社区灾后发展振兴奠定了坚实的基础；社区公共服务设施的完善，社区服务水平的提升，使社区治理进一步完善和规范化。社区文化发展如恢复庙会等，丰富了村民的文化生活，增强了社区凝聚力。

2. 对灾区其他贫困村的影响。马口村灾后恢复重建中有很多好的做法对地震灾区其他村庄的恢复重建具有借鉴意义，如马口村在集中安置点农房重建中，采取“统规联建，统建统分”和“五统一、三公开、一分户”的统建统分的建房模式，既保证了建房的质量，而且还省心、省钱、省材料。另外，抗震救灾及灾后恢复重建取得优异成绩，对社区内源力量的充分发挥也起了很大的作用。马口村内源力量主要体现在社区快速动员能力与有效组织化，这都值得其他灾区贫困村学习和借鉴。以村党支部书记王先烈为代表的经营型村庄精英不仅实现了社区有序治理，运用经营理念发展社区公益事业，而且在灾害面前表现出超前危机意识。这种个人能力使得经营型村庄精英在灾害发生后能够广泛动员全体社区成员组织起来，有效应对灾害。

3. 对扶贫开发的影响。社区参与是马口村灾后恢复重建的亮点之一。从规划到项目实施，灾后项目的后续管理和监督，村民参与了灾后恢复重建整个过程，社区成为灾后重建的主体。马口村灾后恢复重建社区参与，是四川省扶贫开发中长期坚持参与式村级规划和参与式实施项目的体现，也是对四川省参与式扶贫开发的进一步完善。马口村参与式灾后恢复重建的成功对四川省参与式扶贫开发的研究与发展起到积极推动作用。四川省扶贫开发虽然也强调多部门合作与资源整合，但各部门自上而下的管理体系使得部门间协调困难，影响了多部门合作扶贫效果的发挥。马口村灾后恢复重建得到了外部的大力援助。多部门合作与资源整合则保证了外部资源效益的最大发挥。而马口村外部多部门合作与资源整合最大的特点是以广元市利州区委、区政府为核心，行业部门和扶贫系统共同参与成立灾后恢复重建指挥部并组织和协调部门之间的合作与分工。这就有效解决了部门之间协调困难的问题，实现了部门之间的有效合作与资源整合。马口村灾后恢复重建中多部门合作与资源整合的模式对今后四川省扶贫开发多部门合作具有借鉴意义，对四川省扶贫开发有重要影响。汶川特大地震给马口村造成了极大破坏，致使社区贫困人口大幅增加，贫困程度加深。防灾减灾和灾后恢复重建与扶贫开发相结合是马口村灾后恢复重建的重要内容。对集中农房重建点选址进行地质灾害评估，加固山平塘堤坝和增设排水系，组织村民进行自然灾害应急演练等等，增强了村民防灾减灾意识，提高了社区防灾减灾能力。汶川特大地震对灾区贫困村造成的严重破坏必定对四川省防灾减灾和灾后恢复重建与扶贫开发相结合的研究与实践产生推动作用，马口村灾后恢复重建与防灾减灾相结合机制对四川省防灾减灾和灾后恢复重建与扶贫开发相结合产生积极影响。

4. 对四川省农村发展的影响。马口村灾后恢复重建坚持灾后重建与社会主义新农村建设相结合，农村社区经过灾后重建实现了跨越发展。马口村灾后恢复重建中社区建设的成功对四川省农村发展至少有以下几点启示：

一是农村社区的可持续发展应完善社区生产生活设施。农村社区的可持续发展关键是农业的可持续发展。农业生产离不开农田水利设施的保障，村庄道路的顺畅是农产品运出社区的保障。因此，完善的社区生产生活设施是农村社区可持续发展的基础。

二是农村社区发展中应开展政府、社会组织和社区的共同合作。农村社区的发展也是农民自我能力提升的过程，因此在农村社区发展过程中农民始终是主体，应尊重村民意愿，充分激发村民参与的积极性，发挥村民在社区发展中的主体作用。政府是农村社区发展最大支持者，应该发挥农村社区发展的主导作用，引导社区和社会组织积极参与农村社区发展；社会组织具有灵活性和专业性强等特点，应充分发挥社会组织在农村发展中的优势，鼓励其参与农村发展。政府、社会组织和村民需要共同合作，充分发挥各自优势，才能实现农村的可持续发展。

三是建立清洁环保的农村社区。社会主义新农村的目标之一是村容整洁。如何实现村容整洁，不同的村庄在探索中有不同的做法。在国家有关部门支持下，马口村通过与国际组织合作建立垃圾填埋场、垃圾屋、垃圾中转站等一批社区环境美化设施，对垃圾进行分类，不可以回收的垃圾运送垃圾填埋场填埋，塑料、金属等污染环境的垃圾进行回收后运往社区外的垃圾回收站进行处理。马口村在污水、垃圾、生猪养殖等方面探索实现了社区环境清洁、美化，对其他农村社区建设具有借鉴意义。

四川省委、省政府决策咨询委员会委员王思铁调研马口村灾后重建后说：“一个支部一面旗，一名党员一颗心。”灾情发生后，村党支部干部和党员充分发挥“主心骨”和表率作用，快速反应，成立马口村抗震救灾应急工作组、抢险救灾突击队、志愿者服务队3支队伍，带头深入各家各户，组织村民展开自救。这是马口村抗震救灾和灾后恢复重建取得成功的最根本的经验。

第二节

行业扶贫亮点

行业扶贫是“大扶贫”的重要内容。四川省行业扶贫亮点多多，绵阳市的科技扶贫、巴中市的“大交通”扶贫、叙永县的林业扶贫，不仅带动了贫困居民脱贫致富，而且也促进了当地经济社会发展。

一、科技扶贫结硕果

2007年以来，绵阳市坚持开发式扶贫方针，充分利用该市为国家级科技城，科技力量雄厚的优势，大力实施农村科技扶贫。四年间，农村贫困户由53.80万人减少到28.70万人，贫困发生率由11.70%下降到6.80%，贫困地区农民年人均纯收入从1180元增加到5030元，增长4.26倍。

（一）加强领导，科学规划

中共绵阳市委、市政府把做好科技扶贫工作提高到构建和谐绵阳的战略高度，切实加强组织领导，成立了以市政府分管科技工作的副市长任组长，市委组织部、市委宣传部、市委农办、市科技局、市教体局、市农业局、市民政局、市人社局、市残联、市扶贫和移民局等部门为成员的科技扶贫开发领导小组。强化综合协调职能，切实做到统一规划、统一部署、统一协调、统一检查、统一落实。按照“依靠科技、因地制宜、产业优先、脱贫解困”的要求，科学制订科技扶贫规划，分年度进行实施。分别制定出台了《科技扶贫中长期发展总体规划》《科技扶贫区域发展规划》《科技扶贫实施办法》等等。各县、市、区政府也建立了政府分管领导负总责的科技扶贫开发领导机构，明确了科技扶贫的目标任务、工作措施和绩效考核机制。同时，也结合自身特点，制定了科技扶贫规划，确保了科技扶贫工作落到实处。

（二）科技支撑，发展产业

绵阳市在扶贫开发中，坚持“以科技进步促进产业发展”的理念，强化科技在产业发展、转变生产方式、培育扶贫龙头企业、发展农村专合组织中的引领作用，引进、培育、推广新品种150余个、新技术100余项。

2007—2011年，全市贫困地区根据不同区域发展状况，初步建成以三台县、梓潼县、安县为主的高产优质水稻、小麦良种繁育基地20万亩，以江油市、涪城区、游仙区为主的规模化高品质商品蔬菜基地15万亩，平武县、北川县高山生态蔬菜20万亩，核桃、猕猴桃、山野菌、中药材等特色产业种植基地15.10万亩。以梓潼县、盐亭县为主建成纤维林、优质水果科技示范基地20万亩，培育了一大批以生猪、白山羊、小家禽畜良种繁育为特色的养殖业生产基地。

以科技为支撑、产业发展为载体的扶贫龙头企业有了长足发展，构建起“企业+基地+农户+市场”的农业产业化模式。2007年以来，有北川维斯特、五洲农业、建丰林产、鑫庆食品、恒力通等近30家企业被认定为国家、省、市级重点龙头企业。北川维斯特农业科技集团公司充分发挥寿光蔬菜集团产业化运作优势，引入寿光农业产业化发展的先进模式与理念，围绕高山蔬菜、中药材、山野菌、花卉等高山农特产品实施产业化运作。目前，这些整体实力强、市场占有率高、在全省乃至全国行业排位靠前的重点龙头企业，大幅提升了在扶贫开发中发展优势特色产业的带动能力。同时，全市贫困地区各类农民专合组织达到了584个，其中工商登记的农民专业合作社329个，加入专合组织的农户达到4.80万户，为贫困地区产业发展、先进农业适用技术的推广应用奠定了坚实的群众基础。北川县以曲山镇沙坝村为中心，辐射清泉、战斗、花龙等5个贫困村，连片开发猕猴桃种植和林下土鸡养殖，猕猴桃种植面积达3820亩，土鸡养殖达3万只，项目区贫困农户年增收达1200元以上。盐亭县针对贫困群众不同的致贫原因，对每户贫困户规划了1～2个脱贫项目，并通过花卉、蚕桑、生猪、白鹅等基地建设，引导、带动贫困户发展经济，实现脱贫致富。绵阳市游仙区投入资金115万元，在全区贫困村和贫困人口相对集中的6个乡（镇）的7个村中实施优质蚕茧和优质巨丰大豆产业化扶贫项目2个，项目区农民年人均增加纯收入500多元。梓潼县建兴乡建立村充分发挥当地劳动、技术等资源优势，立足市场需求，科学地确定了发展生猪、核桃、海椒为主的三大种养业项目，2007—2011年该村农民收入连续四年实现四级跳，成为远近闻名的“跃进村”。安县兴仁乡长沟村以实施科技扶贫项目为契机，大力发展生猪、山地土鸡、獭兔3个骨干优势产业，短短三年，全村农民人均纯收入从2008年的4143元提高到2011年的1.10万元，一跃成为全县第一富裕村。三台县云同乡禅寂村13组村民贾文通，因劳动力缺乏且无技术，家庭十分贫困，2010年县扶贫办在该村通过科技扶贫发展莲藕产业扶贫项目，帮助他提高技术，增加投入，贾文通当年将3亩水田全部种植优质莲藕，在专合组织的技术指导下，当年产莲藕6000公斤，实现收入4万元，走上了脱贫致富的路子。

（三）依托院校，增强实力

绵阳是国家级科技城，依托大专院校、科研院所的科技实力，充分调动科技人员参与扶贫

绵阳市江油市皇钦沅农业开发有限责任公司与西南科技大学、四川农业大学和四川农科院等单位合作建立的食用菌生产基地现场。

的积极性是科技扶贫的重点。近年来，该市整合了绵阳农科院、西南科技大学、绵阳师范专科学校、绵阳农业专科学校、绵阳职业技术学院以及30余所各类职业培训学校和科研单位，在扶贫开发规划的制定，农民职业技能培训，新技术、新品种的研发、引进上，发挥了不可替代的作用。西南科技大学充分整合科技力量，在贫困地区大力开展食用菌种植、品种选育等技术培训，2011年，全市贫困地区的食用菌种植面积达到2万亩，项目区农民增收近亿元。绵阳市农科院依托国豪种业集团，在贫困地区集中连片发展水稻、小麦、油菜良种繁育，不仅解决了全市粮油种植对良种的需求，还远销国内外，农民年均增收2000元以上。

（四）技术培训，提高素质

农民科技意识的强弱，是能否解决农民脱贫致富的根本。一方面要转变农民的思想观念，从“要我脱贫”转变为“我要脱贫”，这是扶贫开发的原动力。另一方面，积极开展农村实用技术培训，提高农民科技素质。绵阳在扶贫培训中坚持“实际、实用、实效”的原则，充分发挥市县有关部门和科研院校的培训优势，开展了农业产前、产中、产后技术培训和非农技能培训。一是抓农村实用技术培训；二是组织专家进村入户培训；三是利用“专家+基地（协会）+农户”联动培训；四是充分利用劳务扶贫培训基地学校，开展各具特色的非农职业技能培训。如“阳光培训”、“劳务扶贫培训”、“移民培训”、“劳务品牌培训”、“岗前技术培训”等等。2008—2011年，累计培训农民18万多人次，印发培训材料20余万份。通过科技扶贫培训，大多数农民基本掌握了有关技术要领，增强了农民的科技意识和科技水平。

（五）抓住难点，增加投入

近年来，针对虽有科技实力，但财政投入力度薄弱的不利情况，绵阳市、县加大扶贫财政资金的整合投入力度，共整合投入各类扶贫资金1.20亿元，用于扶持贫困地区发展特色种植业和养殖业。建成了一大批各具特色的商品生产基地，扶持了一批以农村种养加工为主的扶贫龙头企业，培育了一批农村专业合作组织和专业大户。财政资金的注入，起到了积极的引领和示范作用，吸纳了行业和社会资金对扶贫开发的投入，为科技扶贫插上了腾飞的翅膀。

（六）强化宣传，凝聚力量

在科技扶贫开发中，各社会团体、企事业单位和热爱扶贫事业的个人结合自身特点开展了专项扶贫、产业扶贫、社会扶贫、科技扶贫等活动，形成了全社会关心扶贫、热爱扶贫、参与扶贫济困的大好局面。四年来，绵阳市充分利用广播、报纸、杂志、电视、新闻橱窗、电影、图片、网络等媒体，广泛报道科技扶贫典型事例、政策措施、新闻和扶贫动态，形成了良好的社会氛围。

二、破解交通瓶颈，缓解区域贫困

交通闭塞、信息落后，曾是巴中市经济社会发展的制约“瓶颈”；“背二哥”曾是巴山群众出行的真实写照。“六路大交通”和农村公路的建设，初步并必将使这一“风景”成为历史。

（一）下决心破解交通瓶颈

巴中市位于大巴山腹地、川陕交界处，既是川陕革命根据地中心，素有“红军之乡”之称，又是连片特困地区，4个县（区）中有3个为重点县，1个为省定有扶贫开发工作任务的县。对巴中的扶贫开发，党中央、国务院和省委、省政府历来高度重视，温家宝同志两次到巴中考察，并把巴中作为他的扶贫开发工作联系点。通过多年扶贫开发，巴中一穷二白的面貌有所改变，“一闯二干”的巴中经验名扬全国。但是，这里是一个无高速路、无铁路、无机场、无港口的“四无地方”，“出门难”严重制约着巴中经济社会发展，更制约着老区人民的脱贫致富。2005年4月，温家宝同志第二次到巴中视察时谆谆嘱托：“一定要切实解决好群众的行路难、饮水难、上学难、看病难，让老区人民过上好日子。”巴中市牢记温家宝同志的嘱托，开始谋划交通建设，一手抓大交通建设，一手抓乡村公路建设，着力破解交通制约瓶颈。

（二）“六路建设”打通出口大通道

2009年，巴中市首次提出了“六路建设”的大交通奋斗目标，并打响了交通建设大决战。

巴中市大交通建设中的广元—巴中的高速公路一景

通过三年多努力，其中“两路”建成通车，即巴中到广元的高速路和巴中到广元的铁路。另有“四路”——巴中到南部的高速路、巴中到达州的铁路、巴中到汉中的高速路、巴中到达州的高速路已经开工建设。

1. 广（元）—巴（中）高速。广巴高速路起于广元杨家湾，途经旺苍、南江正直镇，止于巴中穆家坝，全长148.67千米，总投资71亿多元，设计时速为80千米，双向4车道，全封闭、全立交。建成后，巴中到成都行车时间将缩短至4小时左右。作为国家重点公路建设规划“13纵15横”中杭州至兰州横向通道的重要组成部分，广巴高速路是巴中连接甘肃、陕西、重庆地区的重要交通纽带，也是巴中市第一条高速路。自2010年5月巴中第一条高速路——广巴高速路通车以来，巴中人民对“快速、便捷”的感受从没有如此深刻过。市民张先生说：“过去，到大城市比如成都要坐七八个小时，遇上天气等原因，有时要一天，除了非去不可，一般人也不想坐车折腾；现在，只要有车，想去便去，快捷舒适，只要四五个小时，很多家长也因此愿意把孩子送去成都上学。”

2. 乐（坝）—巴（中）铁路。乐巴铁路作为四川铁路路网建设的重点工程之一，由铁道部成都铁路局、四川省地方铁路局和巴中市三方合作修建，设计技术等级为地铁Ⅰ级预留国铁Ⅱ级基础，正线数目为单线。乐巴铁路起于乐坝火车站，途经乐坝、沙河、下两、枣林，止于巴中火车站，全长53.20千米，设计大中桥梁55座、隧道17座，设计时速100千米，总投资8.49亿元。乐巴铁路是铁道部路网规划中襄渝线和宝成线的重要连接线，也是“六路建设”构建的第一条大通道。

3. 巴（中）—南（部）高速。巴中至南部高速路起于巴中市东兴场刘家坝，与在建的广巴路互通；路线全长113.36千米，全线采用双向四车道高速路标准建设，设计速度为80千米/小时，路基宽度24.50米，总投资92.26亿元；到2011年底，巴中段完成投资4.80亿元。线路走向：起于巴州区东兴场刘家坝，接待建的桃园（川陕界）至巴中高速路终点，与在建的广巴路互通；途经巴州区的恩阳镇、柳林镇、下八庙镇，仪陇县的金城镇、土门镇，南部县的度门镇、铁佛塘镇、东坝镇，在西充县的李桥与待建的广元至南充高速公路相接。预计2012年巴南高速

巴中市乡村道路建设现场

路建成后，巴中到成都的里程将缩短到3个多小时。

4. 巴（中）—达（州）铁路。巴达铁路起于巴州区兴文，途经曾口、平昌、涵水，止于达州，全长147.90千米，设计时速160千米，预算总投资66亿元。巴达铁路建成后，将与乐巴铁路贯通，连接宝成、襄渝、达万铁路，融入全国铁路网，为西北地区开辟一条通江达海的捷径。初设方案的沿途站点为：巴中—兴文—芦山—平昌澌岸—兰草—坦溪—县城金宝—岳家—磴子—涵水—达县石桥—石梯—达州。2010年10月份开工建设，2011年完成2000万元的投资建设任务。

5. 巴（中）—汉（中）高速。巴汉高速公路起于广巴高速公路西互通立交桥，途经沙河、南江、光雾山风景区、桃园（川陕界），止于陕西汉中白虎。全长109.31千米，估算总投资137亿元，至2011年底已完成投资22亿元。线路走向：桃园（川陕界）至巴中高速公路，止于陕西汉中白虎，途经南江县桃园（川陕界）、光雾山风景区、南江县城、沙河镇，终点到巴州区东兴场互通式立交桥，与广巴高速公路直连。巴汉高速公路建成后，将成为四川北上出川的又一条快速通道，并有力带动光雾山国家重点风景名胜区的旅游开发。预计2013年巴中至南江段通车。

6. 巴（中）—达（州）高速。巴达高速路是四川省高速公路网广元—巴中—达州—万州（川渝界）高速路的重要组成部分，全长110.60千米，预计总投资98.70亿元。其中巴中段76千米，投资67.80亿元；达州段34.60千米，投资30.90亿元，到2011年底巴中段已完成投资18亿元。全线采用双向四车道高速公路标准建设，设计速度为80千米/小时。巴达高速路途经巴中市穆家坝、水宁寺镇、驷马镇、坦溪镇、县城南河子、大淋滩、板庙、青凤乡，达州市的北山、魏兴镇，与达陕、达万高速公路衔接。预计2012年通车。

同时，到2011年底，已完成巴中—广安—重庆高速路前期工作，并于 12月下旬开工建设；绵阳—巴中—万源高速路已纳入省高网方案，已完成OD调查、线路踏勘、内业资料收集。

（三）绘就山村道路新蓝图

在“六路建设”的同时，巴中市加快推进农村公路建设，乡乡基本通水泥砼路，村村基本通公路，群众出行难问题得到较大解决。为打好新一轮扶贫开发攻坚战，巴中市委、市政府规划在“十二五”期间，全市农村公路建设完成投资63.74亿元，改造县道破损路550千米，建设联网路1600千米，硬化村道路5408千米，不断扩大路网规模，提高通达深度，根本性解决百姓“出行难”问题，并确定：随着农村公路状况的变化，把交通建设重点向服务产业发展转移、向促进富民增收转移。市、县（区）交通部门积极探索修建农村公路的新机制，把农村公路建设与产业发展有机结合，围绕产业发展，完善乡村路网规划，以交通带动产业兴旺、产业促进交通发展。

1. 围绕产业发展，完善乡村路网规划。2011年，巴中市把农村公路建设工程规划与新村建设、产业集中区、农业产业化基地、沟渠整治、农村新居工程建设及重点镇、中心村建设等统筹安排、科学规划，充分发挥农村公路综合效应，方便群众出行，改善村容村貌，带动产业发展，繁荣农村经济，提高群众生活质量。通江县按照“因地制宜、量力而行、科学规划、分步实施、政府主导、业主主体”的原则，立足全市产业分布，在项目规划上，与新农村建设配套、与乡情民意合拍、与生态环境相宜的同时，优先发展产业路网；在道路设计上，既注重满足片区产业发展需要，又努力满足村民发展“庭院经济”、“田坎经济”需要。广纳、铁佛、麻石等南部较低的片区为优质粮油主产区，农用物资需求量大，重型车辆较多，产业区道路按6.50米宽设计，路面为水泥砼；烟溪、兴隆、永安等为茶叶连片开发区，产业季节性强、轻型车辆多、游客较多，产业区道路按4.50米宽设计，路面为沥青砼；平溪、空山、两河口等片区既是“两耳一菇”生产区，也是旅游参观区，道路设计技术标准更高，一律建成水泥砼路，做到基稳路畅。路随产业走，产业围路转。南江县坚持农村公路修到哪儿，特色经济就发展到哪儿，产业链就延伸到哪儿，走“公司+专业合作社+基地联农户”的特色产业发展模式，走一村一品，因地制宜的可持续发展之路。全县涌现出长赤、付家、红光翡翠米示范带，发展优质水稻7.64万亩；大河、兴马、关路金银花示范带，发展金银花23.40万亩；桥亭、上两、赶场核桃示范带，发展核桃20.30万亩；北极、寨坡、杨坝黄羊示范圈，发展黄羊120万头；有各类特色产业村157个，特色产业已成为全县农民增收致富的法宝。养猪专业户文代全深有体会地说：“以前不通村道公路，卖头肥猪要七八个人往街上抬，光人力费就要100多元。现在方便了，水泥公路通到养猪场门口，无论是卖猪还是买饲料，一个电话，客户就上门来了。”

2. 多元融资，破解资金投入难题。“如要改变巴中农村落后面貌，就必须彻底扭转农村落后的交通状况，把农村道路一条一条地修通。”“修公路不能只靠交通部门，要市、县（区）、乡（镇）、村四级联动，全市人民共同参与公路建设！”随着市委“追赶跨越、加快发展”的总体要求和建设“两地两区一中心”的发展定位的确立，全市人民的认识越来越清醒。2008年以来，全市农村公路建设通过采取“受益群众筹集一点、社会贤达捐赠一点、一事一议争取一点、整合项目捆绑一点、施工企业垫支一点”的办法解决启动和建设资金不足的问题。一是项目投资。市发展改革、交通运输部门加大项目争取力度，千方百计确保项目投资到位；市财政、国土、农业、扶贫等相关部门加大项目整合力度，确保集中大财力兴办农村交通。二是群众筹资。主要是用好用活“一事一议”，项目必须筹足应筹资金的60%才允许立项建设，凡是群众不愿意筹资或筹资额度未达到规定标准的，项目实行动态调整。2011年，全市农村公路建设已通过“一事一议”发动受益群众筹资筹劳6500多万元。三是施工队垫资。将垫资办法纳入合同进行约定。四是社会捐资。通江县唱歌乡在外企业家向俊杰向家乡捐赠了100万元用于农村公路建设，南江县赤溪乡在外务工人员仁德文捐款50万元为家乡修建农村公路。五是财政注资。主要是“一事一议”的财政奖补政策，2011年，市、县（区）财政已到位农村公路建设资金近亿元。巴州区通过招商引资、金融机构借贷，采用BT或BOT建设模式等方式，筹集建设资金。打捆使用扶贫开发、移民、新农村建设、土地整理及以工代赈等相关项目资金，集中用于农村公路建设。充分利用“一事一议”，积极发动农民群众筹资投劳、筹料抵资和换工互助，有效破解农村公路资金投入难的问题。

3. 创新机制，农村公路加快推进。为了解决乡村群众行路难问题，巴中市坚持把基础设施建设中的农村公路建设摆在交通建设重要位置，狠抓落实。2011年，是该市全面启动“十二五”农村公路规划的开局年，为加快农村公路建设，“加快形成南连北接、承东启西、外畅内达、便捷快速的综合交通辐射网络”，市委、市政府以国家有关法律法规、新一轮西部大开发相关政策、国家“十二五”规划对革命老区和贫困地区的扶持政策及省政府《关于加快巴中革命老区发展的意见》为支撑，印发了《巴中市农村公路建设工程实施办法》。当年，市、县交通部门创新农村公路的建设方式，严格按照“有利于加快推进农村公路建设工程的方式，公开、公平、公正地选择项目施工单位”，真正招到有资质、有实力、有信用、有经验的施工队伍，有效解决借牌投标、围标串标及“大牌子小队伍”的问题。进一步创新管理方式，充分发挥“群众主体”和自建自管作用，用好用活“一事一议”，按照“县道县养、乡道乡养、村道村养”的要求，逐一落实县道、乡道、村道的管养责任，实现“有路必养”，确保农村公路常年保持安全畅通。

4. 公路畅通，加快农民脱贫步伐。“十一五”期间，巴中市完成农村公路建设投资20多亿元，建设里程7950余千米，实现了乡乡通油路、村村通公路和40%的村通水泥路。巴州区西华村四社有80多户人家，大多数人家把小洋房修建在公路旁，村民放弃去外地打工而选择在家做生意或发展种养业增收致富。得益于农村公路修建的地方不仅仅是城郊村社，距离巴中市区100多千米的通江县贾观村2010年人均收入达到3970元，而通公路之前仅有1200元。贾观村党支部书记李述立说：“修路之前村中没有一间砖瓦房，路修通后不到一年时间，80%的村民都建起了砖瓦房，2011年村里还引进了葡萄，准备发展观光旅游农业，几年后村民的生活会更加幸福。”

巴州区西华村四社80岁的老军人李宝全看着自家的白墙黛瓦、别墅式小洋楼，望着门前的水泥公路，笑呵呵地说：“一年前，我家的房子和周围邻居一样，都是木瓦房，一下雨，就会漏雨，周围到处是泥水路，不好走，进城要花一个多小时，还要沾一身泥，后来村上组织修水泥公路，我们只投人工，路通了，家家户户修起了小洋房，进城只花20多分钟。”

三、烤烟产业，助农增收

古蔺、叙永两县（以下简称“古叙两县”）地处四川盆地南缘，既是重点县，又是乌蒙山连片特困地区片区县，既是中国工农红军长征时战斗过的革命老区，也是汉、苗、彝、回等13个民族聚居区。自省委九届四次全会后的四年来，泸州市和古叙两县党委、政府紧紧围绕烤烟生产经营目标，把扶贫开发与农户致富产业结合起来，把控制总量、稳定规模、提高质量、促进增收作为贫困群众增收致富的首要任务，既推进了烤烟生产、收购目标任务实现，又推进了农民增收脱贫。

（一）烤烟产业扶贫的做法

泸州市委、市政府始终坚定不移地把烤烟生产作为古叙两县农村经济的主导产业来谋划发展，作为引领两县经济发展的重要突破口来组织实施。在不折不扣地落实好各项惠农政策，让烟农得到更多实惠的基础上，加大扶持、增加补贴、实施救助来实现烟农增收致富。

1. 用够扶贫政策，加大资金投入，夯实烟草产销基础设施。一是投放资金，建设烟水工程。2008年至2011年，共投放资金1.36亿元，建设蓄水池698口、小水窖62口，新增蓄水量29.63万立方米，新增烟草灌面11.22万亩；建设引排水沟渠40.24千米；建设输水管道535.56千米；整治水塘坝坎55处；修建提灌站1座。这些烟水工程设施建成后，为进一步增强烟草生产抗御旱涝灾害的能力产生了积极作用。二是投放资金，建设生产道路。四年来，修建烟草生产必需便道33.78千米，为减轻烟农人力运输强度提供了便利。三是投放资金，建设烟叶烤房。四年共投资1.30亿元，新建各类烤房7584间，其中，全自动密渠型烤房4952间，热源外置式烤房2317间，热源内置式烤房315间，为增强烟叶调制烘烤能力提供了有利条件。四是投放资金，建设站点仓库。投入资金1.07亿元，新扩建烟站（点）76个，其中标准化烟站（点）15个，烟叶仓库2座，且购置了烟司办公大楼1幢，这为顺利开展烟叶购销业务创造了条件。

2. 组建专业服务队伍，为烟农提供“零距离”服务，严把烟草产销质量关。四年来，古叙两县不断扩大专业化队伍覆盖率，使烟叶质量不断升级，有效地提升了购销双方的满意度。两县已组建烤烟专业合作社5个，专业育苗队 38个 425人，专业植保队4 个44人，专业机耕队2个26人，专业烘烤队2个10人，覆盖面积14万亩。每个专业服务队伍组织严密，分工明确，优质低价，为烟农提供专业性服务，深得烟农欢迎。与此同时，叙永烟草公司还投资101.50万元，购置了中型拖拉机4台、微耕机450台、机动喷雾器80部，用于烟地耕耘、起垄、烟草病虫害的统防统治，以减轻烟农劳动强度，保障烟草提升性价比，实现双赢。

3. 按照扶贫纲要要求，实施成片开发，体现规模效应。古蔺县高标准规划设计了成片开发

泸州市古蔺县烟草现代化育苗基地

建设方案，提出了重点打造“百、万工程”，即从大寨至箭竹打造“百里金叶长廊”；从金星乡金星村至龙田坝建设“万亩烤烟园区”，总规模达1.50万亩。全县计划种植烤烟9.40万亩，实际落实面积10万亩。其中大寨—箭竹、金星两个园区落实面积2.80万亩，实施的大小项目有28个，总投资2.08亿元，建成标准化中心烟站1个、规范化专业合作社1个，完成分散式烤房建设580间、烘烤工厂1个，新建富民通村水泥路5.74千米，硬化观景台水泥路600米，硬化大寨向阳至叙永合乐水泥路200米。新建新村聚居点2个，集中居住58户；改造大寨、箭竹两乡住房2967户；改造学校1座；新建村级活动室1间，开设农家店1家，提升打造村级卫生室1所，改造电力设施3个村，完善电力配套3个村。完成防洪堤、排湿沟16.60千米，建设山平塘1口，安装管网35千米，建成蓄水池10口。叙永县为推进成片种植烤烟，对县域南面17个宜烟乡（镇）的部分农田进行流转，每年放田6000亩以上种植烤烟，四年共放田种烟2.56万亩，有力地推动了成片扶贫开发计划的实施，传统式的散乱种植习惯正逐步消退。

4. 兼顾点线，强化烤烟产业扶持力度，促进烟农持续稳定增收。烤烟产业是一个系统工程，需要系统理论作指导进行操作，才能获得事半功倍的效果。搞好技术培训，搭建一个个育苗大棚等，看似一个个点，实为一条线。没有技术培训，烟农种植、烘烤烟叶的水平就难以提高，烤烟质量就难以保证；没有育苗大棚的科学搭建，露天传统式育苗质差效低的状况就难以改变，有关技术推广也会存在死角。有鉴于此，烟区各级党委、政府会同烟司及其下属站（点），不遗余力地增加烤烟生产扶持力度，推动烤烟产业上水平。四年来，各种渠道实际投资1.16亿元（不含烟农投工投劳，与前同），用于建设育苗大棚250座、烤烟技术培训、绿肥种

泸州市叙永县合乐乡现代烟草农业建设示范片

雅甜醇香 生态和谐

植、生产补助、灾害救助、烟煤补助、田烟补助等。此外，按照烟叶税收返还政策，四年累计返还9492.74万元，扶持烟农发展烤烟，为调动农民种烟积极性起到了催化剂作用。

5. 加强领导，明确责任，有序推进产业扶贫。按照国务院关于“省负总责，县市抓落实，工作到村，扶贫到户”的要求，从市到县、乡（镇）都把烟叶产业扶贫工作纳入党委、政府的重要议事日程，进一步完善“一级抓一级，层层抓落实”的工作和管理机制，把烟叶产业扶贫的政策措施真正落实到贫困乡、村和农户。同时，各级主要领导是当地扶贫开发工作的第一责任人，负总责，把扶贫开发任务纳入目标责任管理，对扶贫开发工作成效纳入各级领导班子年度工作实绩实施动态考核。

（二）烤烟产业扶贫的成效

省委九届四次全会以来，泸州市各级党委、政府更加坚定信心，组织带领相关部门、社会力量，与古叙两县贫困人口一道，积极培育脱贫增收产业，倾斜解决扶贫产业发展中遇到的困难和问题，使古叙两县产业扶贫工作取得了系列成效。

1. 烤烟种植面持续稳定，支柱产业地位更加凸显。从烤烟种植的范围看，2008年到2011年的四年间，有32～35个乡（镇）、244～261个村，1.30万～1.80万户以种植烤烟为主，2010年通过严格实施“三优化”措施后，种植烤烟的乡（镇）、村和农户都没有突破范围底线；从烤烟种植面积和销售烟叶量看，面积始终保持在20万亩以上，销售烟叶42万～50万担，年实现产值3亿元以上。在两县辖区内，种植烤烟的乡（镇）占总乡（镇）数的近60%，占村总数的50%，可见，烤烟产业在扶贫开发中的重要地位。

2. 烤烟产业配套设施更加完善，经济效益明显提升。在各级部门的大力配合支持下，与烤烟产业发展相关的通行道路、育苗大棚、灌排水设施、水池水窖、烘烤房、产品销售站（点）等配套设施，一应俱全，有力地保障了烤烟产业发展的需要，也为山区新农村建设起到了辅助作用。由于配套设施的完善，大大降低了自然灾害带来的损失，产业经济效益单位量较2008年前提高了近10个百分点，烟叶等级也不断得到提高，贫困农民的收入也随之增长。

3. 连片开发日渐拓展，规模效应明显呈现。至2011年底，古叙两县连片种植烤烟面积达千亩以上的村有109个，连片百亩种植的社有328个，10亩以上优质种植户有4873户，长期以来分散种烟的习惯正在被集中连片种植优势取代，连片规模高效益的好处正在冲击着船小好掉头、独家生产自主的经营理念。部分农民正向职业烟农转变。

4. 烟农收入增加，脱贫致富步伐加快。就古蔺烤烟片区看，烟农从烤烟产业中户平获得的经济收入一年比一年增长，2008年是1.80万元，2009年是2万元，2010年是2万元，2011年是2.10万元；叙永片区也是如此，烟农人均收入2008年为3812元，2009年是4596元，2010年是5497元，2011年在遭受自然灾害后仍收入4798元，可谓是一年一大步，年年上台阶。若比照国家扶贫新标准2300元计，两县烟农收入（剔除成本后）均在此线之上，这就表明，烟农脱贫致富的步伐加快。

5. 产业发展联动机制进一步健全，合力攻坚扶贫格局形成。古叙是泸州扶贫开发的重中之重，这种共识至今仍未动摇。为使产业扶贫工作有序开展，取得成效，泸州市在原已建立的扶贫产业布局确定共商机制，资金项目投放监督机制，部门、社会配合发展产业协调机制，产业技术服务低偿机制的基础上，进一步作出完善，确保这些机制与时俱进，发挥其应有作用，以保证扶贫事业取得更多的实效。

（三）烤烟产业扶贫的体会

总结泸州市烤烟产业扶贫推进工作，主要有以下几点体会：

1. 因地制宜，科学规划。古叙两县历来就有种植烤烟的历史，规划时注重客观历史，选择民众容易接受，国家政策给予扶持，又有相应基础的烤烟产业作为山区脱贫致富的重点产业来落实，大力激发了山区烟农的生产积极性，体现了规划的针对性和实效性。符合客观、顺应民情的规划，实施起来顺利，即使在发展过程中出现一些矛盾和问题，也容易解决。

2. 循序渐进，连片开发。推进连片开发有利于更好集中谋划发展思路，有利于更大平台整合使用各类资金，有利于更大范围动员社会力量。从连片开发实践情况看，两县制定的规划实、措施力、实施有新招，在基础设施、产业发展、素质提高、社会事业、民生保障等方面都取得了较好的效果。

3. 社会参与，群众主体。贫困群众是扶贫开发的主体，贫困群众自身的努力是摆脱贫困的内在动力。泸州市在产业扶贫中，始终坚持群众主体作用，充分尊重群众的知情权、决策权、参与权、管理权和监督权，积极发挥群众的创造性，并广泛动员社会各界力量参与产业扶贫开发。

4. 注重培训，提升能力。贫困群众生产生活科技含量低，土地产出率低，科技普及率低，科技成果转化进程慢，是泸州市贫困山区普遍存在的重要问题。针对这些问题，泸州市在烤烟产业成片开发工作中，始终坚持走依靠科技进步路子，结合产业发展，强化科技培训，提升贫困农户能力，促进增产增收。

古蔺县金星乡烟农郭和平笑着说：“这烟叶还真是个‘金叶’，种植烤烟不仅能享受各种扶持与技术指导，政府还通过补贴为我们买了种植保险，有了好政策，我们增收的信心更足了。”

四、推进水利建设，解决饮水困难

省委九届四次全会以来，广元市各级党委、政府按照统筹规划，突出重点的原则，规划在“十一五”期间重点解决氟超标、苦咸水以及取水困难与改善移民村等对农民生活和身心健康影响较大的饮水安全问题，在省直有关部门单位的大力支持下，工作取得明显成效。

（一）项目背景

解决人畜饮水共涉及7个县（区）、175 个乡（镇）、816 个村、50万人，其中：利州区14个乡（镇）、62个村、4.59万人；元坝区18个乡（镇）、47个村、4.73万人；朝天区22个乡（镇）、67个村、5.28万人；旺苍县28个乡（镇）、204个村、7.01万人；青川县26个乡（镇）、109个村、5.13万人；剑阁县28个乡（镇）、140个村、9.38万人；苍溪县39个乡（镇）、187个村、13.87万人。在所涉及的乡（镇）中，饮用水氟超标42 个乡（镇）、262 个村 、9.92万人；饮用苦咸水涉及16 个乡（镇）、60个村 、2.38 万人；涉及饮水严重困难的移民村12个乡（镇）、63个村、3.55万人。

2006—2010年，广元市共完成总投资2.18亿元，其中国家资金1.50亿元，地方配套及受益群众投资6739.95万元，共修建供水工程1.13万处，总供水能力3.27万吨/日，解决了50.12万人的饮用水安全问题，其中，解决农村学校63所、3.17万名师生的饮水安全问题。乡（镇）集中供水工程移交县（区）供水总站管理；20人以上的村级集中供水工程，移交受益村管理；200人以上的村级集中供水工程，由受益村成立用水协会管理；分散供水工程由受益户自行管理。

广元市库区建设的防旱池

广元市剑门河小流域坡改梯示范工程

根据“5·12”汶川特大地震灾后重建总体规划及其中期调整，广元市农村供水灾后恢复重建任务为：恢复重建农村供水工程1.62万处，其中集中供水工程477处，农村分散式供水工程1.58万处。黑龙江省援建资金1338万元、浙江援建资金2.90亿元，中央灾后重建基金3.24亿元，以工代赈基金3705万元，其他资金1.47亿元，受益群众自筹2.06亿元。解决了受地震影响的153.19万农村人口饮水问题。

（二）项目效益

根据国家灾后重建“三年任务两年基本完成”的总体部署，广元市农村供水工程灾后恢复重建项目按照中央和省的要求，严格项目管理程序，认真执行项目招投标、政府采购、合同管理、工程监理、资金拨付审批、竣工验收、决算审计等规定。截至2011年9月底，广元市农村供水工程灾后恢复重建已全面完成主体工程建设任务，已解决受地震影响的153.19万人饮水问题，占任务的100%。

这些人口饮水安全问题的解决，为改善全市农民生活条件、提高农民生活质量和健康水平、拉动内需、促进经济社会发展、促进农村社会和谐、社会稳定等起到了巨大的作用。

一是保持了社会稳定，促进了社会主义精神文明建设。缺水是造成农村不安定团结的因素，解决农村饮水问题促进了社会主义精神文明建设，有利于国家构建和谐社会战略方针的实施。

二是树立了党在人民群众中的形象，密切了党群、干群关系。

三是拉动了地方经济，促进地方经济发展。农村饮水安全工程建设项目的实施，不仅节省了贫困地区缺水人口因背水、挑水而耗费的工日，降低了他们的劳动强度，而且还刺激了地方经济，为地方经济找到了新的增长点。饮水工程的实施，拉动相关产业如物资、建材等行业，为物资、建材等行业提供了广阔的市场，扩大了内需，增加了地方政府的财税收入，为贫困地区经济的发展拓展了空间。

四是提高了农民生活质量和健康水平。农村饮水安全工程项目实施，为缺水地区的缺水人口提供了卫生的生活用水，减少了缺水人口因饮用不洁净的水源而引起的肠胃性等疾病，减少了因缺少生活卫生用水而引起的皮肤传染性疾病，减少了医药支出，提高了农民的健康水平和生活质量。

五是改善了生态环境，为国家的可持续发展战略奠定了基础。农村饮水安全工程项目的实施，为本地区统一开发、合理利用水资源提供了契机，本着全面规划、统筹兼顾、注重效益的原则，既解决农村人口的饮水困难，又杜绝了乱开发水资源而导致的水土流失和水污染，是改善生态环境的一项重要措施，饱受缺水之苦的农民会倍加珍惜水资源，自觉地保护自然植被，种树种草、涵养水源，保护和改善生态环境，以水资源的可持续利用保证经济和社会可持续发展。

（三）项目措施

1. 坚持政府主导，实现整体联动。一是落实领导挂帅抓。市、县（区）政府成立了农村饮水安全工作领导小组，由分管水务的市、县（区）委常委、政法委书记和分管副市、县（区）长，分别从组织人事保障和工作保障上具体抓农村饮水安全工程建设工作。二是组建机构经常抓。为进一步强化农村饮水安全工程建设与管理的日常工作，各县（区）水务局分别成立了县（区）人口饮水安全办公室、县（区）供排水管理股、县（区）水质监测中心、县（区）乡（镇）供水服务公司、县（区）供排水管理中心等股室，专门负责宣传贯彻执行农村饮水安全工程建设管理的政策、法规，编制县（区）农村饮水安全中长期规划和年度实施计划并组织实施；负责农村饮水安全服务体系建设，拟定农村饮水安全工程建设管理的实施办法；负责对本行政区域内农村饮水安全工程建设、技术指导、竣工验收和项目资金使用进行监督；负责水源保护，严格实施水质检测，协调搞好水价确定等工作。同时，将所有乡（镇）集中供水工程统一纳入城乡水务一体化管理，由乡（镇）供水服务公司实行企业化经营和管理。三是落实目标责任分层抓。层层落实目标，层层分解任务，逐级签订目标责任书，把农村饮水安全工作作为市、县（区）“一号工程”来抓，纳入了年度单项目标考核，严格奖惩。四是推行四项制度逗硬抓。实行了市、县（区）级领导包乡（镇）、乡（镇）领导包村社、村社干部包农户、技术干部联工程的项目挂包制；对项目规划、工程招投标或比选、资金拨付、工程验收等实行重大事项报告制；对各执行组的工作进度及完成情况进行严格考核；对因重视不够、工作责任心不强、执行不力、落实不到位、进度缓慢而影响整体工作目标任务的实行问责追究。

2. 坚持群众主体，实现整村推进。在政府主导、群众主体的前提下，广元市普遍推行“五到村”的工作方法，发扬民主、集中民智、依靠民力，确保了农村饮水安全项目的顺利实施。一是规划“民评”，建档立卡到村。规划建卡过程中，坚持水量可靠、水质达标、用水方便、供水保障的标准。首先，按照发动群众找水源、卫生部门搞检测的程序进行水源规划；其次，充分尊重群众意愿，采取“农户自愿申请，群众代表评选，村民大会投票，村组集体审定，建卡农户公示”的办法建立“三卡合一”的工程建卡管理制度，做到一卡一处工程，建立档案，按卡实施，按卡验收。二是内容“民晓”，项目公示到村。充分尊重群众的知情权，让群众熟悉政策，知晓责任和义务。以项目村为单位，将饮水安全项目安排计划、补助资金等进行公示，接受社会监督。层层召开政策宣讲会、工程动员会、骨干培训会，利用“村务公开栏”将饮水不安全对象、国家补助政策、设计方案、建设管理、财务决算、干部责任等进行张榜公示，接受群众监督。工程竣工验收后，以村为单位，将资金兑付、工程建设、解决人数等情况在电视、报纸上公示。通过形式多样、内容丰富、行之有效的项目公示和宣传，为项目顺利实施奠定了坚实的群众基础。三是方案“民选”，技术服务到村。按照“工程建设规范化、普及农村自来水”的要求，采取“群专结合”的办法，由规划建卡农户协同工程技术人员现场规划方案，坚持“集中与分散结合、新建与改建结合、提引与自流结合、单户与联建结合，宜大则大、宜小则小、宜井则井、宜池则池、宜窖则窖”，因地制宜确定工程建设类型。对技术指导员实行包指导、包进度、包形象、包质量的“四包”责任制。项目工程建设时，工程技术员驻村指导，严把规划设计关、严把对象审定关、严把群众参与关、严把材料使用关、严把施工队伍关、严把技术指导关、严把竣工验收关，确保了工程质量。四是工程“民建”，干群参与到村。在项目建设上，对集中供水工程，由县（区）纪委、审计、财政、发改和受益群众代表全程参与监督，严格按照程序确定资信良好的专业施工队伍建设；对独户、联户饮水安全工程，由专业技术人员驻点指导，乡村组织受益农户自主建设，民主协商筹资投劳和施工管理办法，并由农户自行负责室内的水表、龙头、管材等材料。在工程竣工验收时，由受益群众、村主任、乡（镇）长、技术责任人按照《验收办法》，层层签字认可方可报账。在群众参与上做到让群众主动参与规划测设，主动参与方案审定，主动参与工程建设，主动参与投劳投资，主动参与工程验收，主动参与工程管护。五是财务“民审”，资金补助到村。实行专户存储，专人管理，县级报账，县财政集中支付中心统一支付。验收合格后的工程，由受益农户或农户代表、工程技术人员、验收人员共同填卡、核算、审议、签字。

3. 坚持行业主管，实现长期受益。第一，确定产权，构建管护责任体系。经验收合格的工程，农户或单位向所在地村民委员会、乡（镇）人民政府提出申请，村、乡（镇）审核，县水务局审查后，统一办理饮水安全工程竣工移交手续。在管理上主要推行了五种模式：一是户建自管。将一家一户自建的水池、水窖、水井确权给受益户，由受益农户自己管理。二是联建轮管。将联户分散供水工程确权给受益农户共同所有，由受益农户民主推选责任心强、群众公认的能人轮流管理。三是专人专管。对村内集中供水工程确权给村委会，由受益户推选人品好、能力强、公道正派、乐于做好事的人专人负责管理。四是协会直管。将跨村和涉及面较大、供水人口较多的集中供水工程确权给村民委员会，推行协会制管理，由受益农户讨论决定组建用水协会，共同协商管理办法、明确水费标准、落实管理人员。五是公司统管。将所有乡（镇）所在地的集中供水工程作为国有资产，确权给县乡（镇）供水服务公司实行企业化管理。第二，规范运作，构建水质监测体系。工程建成后，一是市、县（区）水务局会同卫生、环保等部门共同划定饮用水水源保护区，报县（区）人民政府批准，设置饮水保护标志。二是规范工程运行。对集中供水工程落实专人负责水质监管，严格加药消毒，定期清洗；对分散供水工程，落实片区技术人员现场指导农户进行定期消毒。三是强化水质监测。为了抓好日常水质检测，县（区）水务局组建了“饮水安全水质检测中心”，配备了水质检测专业人员，建立了水质检测中心实验室，配备了水质检测实验设施和设备。第三，强化监管，构建管理服务体系。针对农村饮水安全工程点多、布局分散的实际，为充分发挥部门主管作用，一是以县（区）乡（镇）供水服务公司为中心，依托片区中心供水站，建立了乡（镇）供水站。二是搞好水价管理，根据水利部《乡（镇）供水价格核定原则》，由县物价局按照“补偿成本、合理收益、优质优价、公平负担”原则测算供水价格。

广元市朝天区朝天镇金堆村五组的10余名村民，一起将镌有“执政为民，心系百姓”的锦旗和感谢信送到朝天镇政府。“我喝上了放心水，感谢党委政府的关怀！”朝天镇金堆村五组村民刘明德说。

五、林业产业装满贫困农民“钱袋子”

名片：叙永县位于四川盆地南缘，地处川滇黔三省结合部，素有“鸡鸣三省”之称，既是革命老区县又是重点县。全县有25个乡（镇），其中少数民族乡5个；农业人口60.68万人，占总人口的84.60%，其中贫困人口15.99万人。2011年全县生产总值（GDP）达到66.68亿元，农民人均纯收入4752元。

镜头：春风拂面，万物复苏。初春时节，走进叙永县落卜镇，一座座绿意盎然的山岭，一株株苍翠欲滴的树木，一幅幅热火朝天的栽竹场面……尽显眼前。然而，谁又会想到，早在多年以前，这里曾是一处“只长石头不长草”的石漠化十分严重的不毛之地。经过不懈的治理，如今的叙永县处处荒山披绿，林带吐翠，生机盎然，到处展现着绿色的生机。

泸州市叙永县落卜镇的石漠化治理成效十分明显，石头山栽上“摇钱树”。

数据：叙永现有林业用地238.90万亩，有林地面积210万亩（其中竹林面积89.50万亩,位居全省第一），活立木蓄积680万立方米，森林覆盖率达50.90%。近10年来，全县完成天然林保护工程公益林建设人工造林14.40万亩，飞播造林2万亩，封山育林24万亩，人工促进天然林更新1.30万亩，母树林基地建设1600亩，对全县210亩森林实施了常年管护；完成退耕还林工程退耕还林20万亩，配套荒山造林22.70万亩，封山育林2.50万亩；巩固退耕还林成果专项建设33.40万亩；森林植被恢复3.10万亩；省级财政现代林业产业基地9.60万亩；其他人工造林3.20万亩；完成义务植树1558万株。

荣誉：该县先后荣获全国造林绿化先进县、全国天然林保护工程先进县、全国林业工作站建设合格县等荣誉称号，并被评为省林业经济十强县、省速生丰产用材林基地县、省竹林基地建设重点县等。2009年2月，该县被省林业厅确定为全省首批10个林业产业发展重点县之一，11月，又被确定为全省25个林业产业强县培育县之一。2010年12月，被省政府正式认定为首批“四川省现代林业产业强县”。

历经十余载，该县林业产业正实现着绿色的飞跃，逐步实现了“活一方经济，富一方百姓，促一方和谐，保一方生态”的综合效应，正逐步鼓起山区农民的“钱袋子”。

（一）“三百工程”，构筑农民“绿色银行”

由于叙永县地处川南向云贵高原过渡的喀斯特岩溶地貌突出地带，气候条件复杂。据此，该县把深化林权制度改革，加快农业结构调整，促进农民增收作为建设社会主义新农村的首要任务。

从20世纪90年代中期起，叙永县制定了“三大基地”的长远规划——以杉木和柳杉短周期工业用材林为代表的商品用材林基地、以银杏产业为龙头的中药材基地、以纸浆和竹笋为发展重心的竹产业基地。从此先后陆续实施了第一、二期速生丰产林基地建设项目，世界银行贷款国家造林项目和贫困地区林业发展项目，共计营造人工林90万亩。自1998年以来，实施的天然林资源保护和退耕还林两大工程，累计完成成片造林71万亩，国家投入资金3.24亿元，转移农村剩余劳动力6.50万个。2001年，县委、县政府正式将林竹产业列为全县农村经济发展的三大支柱产业之一，使全县的生态建设步入了快车道。

2007年初，叙永县提出了实施“三百工程”（即沿主要河流两岸各100米范围内的宜竹区造竹100千米、沿主要公路两旁各100米范围内的宜竹区造竹100千米、全县竹基地建设规模达100万亩）、实现“三个一目标”（即竹基地总规模达到100万亩、竹产业实现年产值10亿元、年创税收1亿元）的构想，印发了《关于加快竹产业发展的意见》，通过制定激励优惠政策和签订目标管理责任书，强化了目标考核和督查督办。与此同时，县上成立了以县长为组长的竹产业发展领导组，确立了“整村推进，成片推进”的基地建设原则，把规划落实到16个竹基地建设重点乡（镇）的村社农户和山头地块。当年从县财政专门安排竹产业发展资金150万元，用于补助造竹农户和奖励发展竹产业成绩突出的乡（镇）和部门，完成新造竹5.60万亩。从2008年开始，县财政每年将竹产业发展专项资金提高到了200万元，进一步加大了投入力度和工作力度，每年整合涉农资金1000万元以上，用于支持竹基地建设。四年累计完成新造竹42.10万亩，平均每年突破了10万亩进度。一些从事矿产开发、房地产开发、物流运输的私营业主也把眼光投向了竹产业，以租赁荒山耕地、“公司+农户”等方式投资竹基地建设。落卜、震东、水尾、向林等乡（镇）还建设成上千亩整片推进竹林示范片。

“别人以前是笑我种竹，如今是叫我教他种竹！”水尾镇青杠村种竹大户叶洪荣自豪地说。该村2010年竹业收入1380万元，人均高达7282元。以户为单位计算，年收入在3万～5万元的农户较为普遍；年收入在10万～20万元的农户76户，占总户数的17.50%；20万元以上的12户。脱贫致富后的村民先后集资340万元修通了竹区公路，通户率达95%，极大地改善了交通落后面貌，“贫困村”成了远近闻名的“富裕村”。2007年9月，青杠村被中央宣传部、中央文明办、全国绿化委员会、国家林业局联合授予“全国绿色小康村”。

自此，叙永以水尾、江门、马岭等北面乡（镇）为主的“北竹”产业格局正式形成，为农民增产增收建起一座巨大的“绿色银行”。

（二）特色经济，农民新增“绿色存折”

叙永县是川南竹产业发展集群核心县之一，资源优势明显，发展潜力巨大。近几年来，随着竹产业的发展壮大和逐步投产，农民享受“绿色银行”的回馈越来越丰。

截至2011年12月底，该县完成林业总产值20.60亿元，比2010年增长30%，农民从林业上获得的纯收入达到1316元。

同时，为了方便竹材运输，叙永县林业部门还会同交通、农机部门，把竹区公路列入村级公路网重点规划、建设，着力打通竹区环线通道，改善竹区交通条件，推进竹产品加工的工业化进程，进而带动农业和服务业的兴起，成为叙永打造竹业大县的主线。

2007年，浙江安吉客商投资的江丰竹业在江门镇落户投产，主要生产竹筷、竹签、竹窗帘；投资400多万元建成年生产15万平方米竹地板坯板的永鑫竹业有限公司在天池镇开工生产；“年产1万吨竹笋深加工生产线项目”包装完成，年产值1.01亿元，实现利税1000万元。

2010年6月29日上午，备受瞩目的四川永丰叙永县江门20万吨竹浆一体化项目举行签约及开工仪式。项目采用DDS超级置换蒸煮、ECF中浓漂白、封闭筛选等国际先进技术，年产20万吨造纸竹浆；其整体工艺、装备水平、环保设施等均达到国内先进水平，制浆工艺达到国际先进水平。项目总投资达15亿元，包括浆厂工程、60万亩原料林基地两个大项。项目预计2013年6月建成。项目投产后，预计年销售收入10.50亿元，利税总额2.50亿元。同时，该项目还将产生较大的社会效益，年新增80万吨原料需求，增加农民林竹收入4亿元，有力地带动叙永及周边区林农植竹造林，实现经济和生态效益可持续发展，从而极大地推进叙永县地方经济的发展，壮大泸州市竹产业经济实力，成为川南竹业经济圈上的一颗耀眼明珠。

除此之外，林下养殖大肆兴起。竹林下散养生态“蚂蚱鸡”，每只可获纯收入逾百元。生态林鸡价比“凤凰”，这不是天方夜谭，而是天池镇甲寨子村6组村民陈丹的林下养鸡的致富经验。通过林下散养生态鸡，陈丹不仅增加了收入，还盘活了竹林。“这些昆虫全部是土鸡的天然饲料，大大节约了我的喂料成本，鸡在年底就可以出栏了。”据她介绍，由于鸡主食林下大量的昆虫，因而最多就是辅助喂点玉米面，喂养一只鸡玉米成本不会超出30元。由于鸡主食昆虫，又是散养，肉质比起家养的鸡更加鲜美可口，按每只鸡3公斤计算，一只就可以卖到150多元，每只鸡纯赚100元没问题。目前，陈丹喂养的生态“蚂蚱鸡”存栏300余只，2012年底出栏，按照市场价格每公斤50元计算，预计年底产值就达5万余元。

与此同时，叙永县本地竹类企业也不断培育壮大。鲜笋加工企业野植珍食品公司生产的苦笋、水笋、罗汉笋等罐头食品远销沿海和东南亚，成为叙永县首家出口创汇企业。利用本地优质竹材进行加工的凤凰胶合板厂等人造板材企业，也不断壮大。此外，向林、大石、水尾、天池的竹编，水尾、大石、分水的竹笋已粗具规模，其中水尾大竹笋、苦竹笋等部分产品已形成独特的品牌，扬名省内外。

林业经济的发展，尤其是竹产业的发展，一改传统的农业发展模式，让农民真正得到了实惠。

（三）强化服务，巩固农民“绿色粮仓”

天赋资源，惟我独用。近年来，叙永县紧紧围绕“发展林业产业、建设生态叙永、实现兴林富民”的工作思路，以巩固造林绿化成果、推进林业灾后生产自救为基础，以林业工程建设

泸州市叙永县水尾镇竹产业链中的竹笋加工

为重点，以加快林业发展为目标，全面实施重点林业生态工程，夯实了林业后续产业，增加了全县林业资源总量，惠及全县广大农民特别是贫困农民。

仅2008年，全县新造竹10.60万亩，超过市里下达计划1.60万亩，投入竹产业各类资金达1300万元，其中县财政资金200万元，争取省市资金200万元，县级部门投入400万元，民间私营业主投入500万元。

2009年，叙永县继续加快林竹产业发展步伐，推进林业民生工程建设，促进富民强县，全年完成8万亩竹基地建设。引进和培育一批林竹加工企业，加强竹区基础设施建设，加快玉皇观森林旅游的开发，抓好林业“一村一品”建设，发挥林业优势，促进农民增收，带动产业发展。按泸州市创建国家森林城市和国家园林城市叙永县总体规划，加快国土绿化，对道路、河流、城区实行包干负责，大力推进城乡绿化和全民义务植树，提高全县国土绿化水平，有效改善了全县生态环境。

为改变林区基础设施建设滞后的现状，2011年，该县财政投入180万元用于林区公路建设；同时，整合农村通村公路建设项目、省级财政产业基地项目、新增巩固退耕还林成果专项建设项目，大力新建和改造林区公路，全年完成林区公路建设100千米，其中新建林区公路50千米、改建50千米。同时，大力培育龙头企业。一是积极推进江门20万吨竹浆纸一体化项目建设；二是投资2500万元，完成泸州金山林木业有限公司、叙永闽兴木业等林产加工企业的升级扩建，年新增加工能力（细木工板）2.50万立方米。2011年，泸州金山林木业有限公司、荣大竹业有限公司被省林业厅认定为省级林业产业化龙头企业。

在基础设施全面推进的基础上，该县竹产业更是迎来新一轮发展的生机，每年以新栽竹10万亩的速度递增。

（四）综合治理，还农民“绿色保障”

种下一片绿叶，收获一片森林。然而，在多年以前的落卜镇人民看来，这只是一个梦想。因为泸州大树硫铁矿一直用土法炼磺，在长达40年的炼磺生产中产生的滚滚磺烟，将周围10千米范围内的植被全部熏死，导致水土流失异常严重，久而久之，土地里白花花的石头裸露，成为了全县最为严重的石漠化区域。当地流行的“只长石头不长草”便是这里最为生动的写照。

为治理面积达83万亩、占总面积18.60%的石漠化，改变“只长石头不长草”的现状，改善生态环境和生产生活条件，该县于2004年在全省率先启动了石漠化治理试点。在无统一的技术指导标准的情况下，该县立足县情，结合多年实施生态建设项目的经验和做法，在探索中治理，在治理中探索，不断总结出切合当地实际的石漠化综合治理模式，并独创出全国唯一的“湿稻草栽竹法”，在石头山上栽种竹子。“十一五”期间，该县成功综合治理石漠土地38万亩，摸索出一套有效的石漠化综合治理模式。该治理模式引起了中国科学院地质专家张信宝研究员的关注，他决定在该县实施“石漠化岩溶坡地植被修复矿质肥料施肥”试验。2012年1月，该县被确定为全国石漠化治理试点县。

经过综合治理，全县水土流失面积得到有效遏制，永宁河、赤水河水质明显改善，原来的许多不毛之地现已被长势良好的竹林、香椿、杉木等绿色植被覆盖，森林覆盖率大幅提高，生态环境得到明显改善，广大干部群众生态意识显著增强。当地农民在有限的土地里从林竹当中获得更多收入，助农增收效果更加明显。据县林业局有关人员介绍，目前，落卜镇连片种植极具经济价值的绵竹、慈竹3.50万亩，预计三年过后全部投产，可以为当地农民增收3000多万元，人均增收上千元。如今，叙永人在解决生态难题的基础上，昔日的石头山上生长着的正是农民的“致富希望”。

2010年，全县国内生产总值（GDP）54.18亿元，林业总产值16.14亿元，占全县GDP的29.80%，林业产业在促进县域经济发展、促进农民脱贫致富上作出了较大贡献。农民从林业上获得总收入6.98亿元、人均纯收入1150元，占农民人均纯收入的29.40%。在人均纯收入中，从第一产业获得收入745.20元，占总收入的64.80%；从第二产业获得收入291元，占总收入的25.30%；从第三产业获得收入113.80元，占总收入的9.90%。

2012年2月，四川省委、省政府决策咨询委员会委员王思铁在叙永县交叉检查林业生态、农村公路时说：林业经济在叙永县得以不断发展和壮大，农村生产和生活环境也日益得以改善；叙永山区的林业产业，正逐渐鼓起了农民的“钱袋子”。

| 第三节 |

社会扶贫亮点

2008年“5·12”汶川特大地震以来，四川省社会扶贫出现了前所未有的好势头。党政机关定点扶贫、东西对口协作、社会各界扶贫，都涌现了许多感人至深的事迹。交通部定点扶贫、浙江省对口帮扶、资阳市驻村扶贫等，都受到了贫困地区广大干部群众的交口称赞。

一、交通运输部定点扶贫

“5·12”汶川特大地震后，交通运输部定点扶贫阿坝州。四年中，灾后援助阿坝州交通建设项目20个、援建资金3亿多元；无偿支持阿坝州黑水、小金、壤塘3个重点县26个扶贫项目，总投资4.46亿元。

（一）定点扶贫背景

2008年，突如其来的“5·12”汶川特大地震给阿坝州人民的生命财产带来了巨大损失，公路交通基础设施也遭到了毁灭性破坏，多年建设成果瞬间几乎化为乌有。全州公路损毁5032千米。值此十分危难之际，交通运输部按照国务院扶贫开发领导小组的决定，定点扶贫阿坝州，重点扶持其中的黑水、小金、壤塘县。

（二）定点扶贫举措

1. 编制交通规划。为加快阿坝州灾后恢复重建，实现灾后发展振兴，交通运输部党组高度重视，紧紧围绕贯彻落实科学发展观和“三个服务”要求，迅速落实帮扶措施。部、司领导多次深入一线指导，积极组织技术力量，实地考察调研，形成了《阿坝州农村公路调查报告》。结合阿坝州交通建设实际，编制了《阿坝藏族羌族自治州扶贫公路规划纲要（2009—2020年）》和《阿坝州干线公路网规划（2009—2020年）》。统筹兼顾、科学布局，体现交通建设扶贫帮困、服务民生的规划理念，为交通发展帮助群众脱贫致富，促进产业复苏，加快灾后恢复重建，实现发展振兴奠定了坚实的基础。

2. 完善管理制度。为开展好帮扶工作，交通运输部还制定了《阿坝州交通扶贫建设项目管理暂行规定》《阿坝州农村公路调整方案》，完善制度、规范管理，指导项目科学建设。同时，重点支持黑水、小金、壤塘3个重点县的交通基础设施建设。

3. 培训技术力量。为加强民族地区交通技术力量，交通运输部选派能力强、业务精的骨干力量成立了驻阿坝州扶贫联络工作组，常驻现场指导工作。在驻阿坝扶贫工作组的努力下，阿坝州与交通运输部公路科学规划院、管理干部学院在交通科研开发、人才培养培训等领域开展了多形式的合作交流。

4. 表彰扶贫先进。2011年11月，交通运输部在阿坝州举行了“全国交通运输行业援助阿坝州灾后重建工作总结表彰会”。全国交通运输系统29人获得“全国交通运输行业援助阿坝州灾后重建先进个人”荣誉称号。这次会议还总结了援建活动的成功经验，提出进一步把灾后重建、技术援建与交通扶贫有机结合起来，不断创新、探索和丰富交通扶贫的工作模式。

（三）定点扶贫成效

1. 恢复交通重建。从2009年开始，交通运输部每年安排1亿元专项资金用于阿坝州扶贫公路项目建设，四川省交通运输厅也每年落实阿坝州专项帮扶资金2000万元，切实减轻地方政府和群众负担，加快项目建设。到2011年底，阿坝州共实施了规划内的扶贫公路项目20个，涉及农村公路、桥梁、汽车站点和安保工程等，累计完成投资超过3亿元。沿岷江峡谷，从映秀到汶川，黑色的沥青路面一路蜿蜒。这条在“5·12”汶川特大地震中完全毁损的生命通道，在交通运输部的帮扶下，现已双向通车，成为阿坝人脱贫奔小康的幸福路。凭窗眺望，咆哮南下

阿坝州汶川特大地震后新建的省道209线一段

绵阳市平武县到松潘县的平松公路漳黄段一景

的岷江水，从堆雪千里的岷山一路走来，冲出千沟万壑，穿越羌寨藏乡，奔入都江堰，给沿途带来奇丽的峡谷风光。

2. 重点支持三县。自交通运输部定点帮扶阿坝州交通发展以来，交通扶贫工作以支持黑水、小金、壤塘3个重点县兼顾周边县农村公路等交通基础设施建设为重点，坚持项目支撑，规划实施2009年至2011年交通扶贫项目26个，其中2009年至2010年扶贫项目18个已完工14个，完成投资2.93亿元，完成总投资3.25亿元的90.20%；2011年扶贫项目8个，计划投资1.22亿元，已完工项目1个（松黑路），其余项目已全部开工。据壤塘县统计数据显示，受益于交通运输部扶贫政策，该县交通运输行业发展较往年有了大幅度攀升，2010年全县交通运输、仓储和邮政业实现增加值1626万元，比2009年增长26%；客运量10.07万人，货运量12.50万吨，货物周转量5650万吨，均比2009年增长38%以上。

3. 带动产业发展。三年多来，在交通运输部党组高度重视和亲切关怀下，阿坝州交通基础设施条件得到明显改善，交通扶贫工作成效显著。阿坝州，尤其是黑水、小金、壤塘等3个重点县的干线公路和农村公路服务能力和服务水平大幅提升，进一步方便了群众出行，增强了贫困地区的自我发展能力，直接带动了当地旅游、矿产、水能、农畜特产品等资源的开发利用。交通条件的改善，改变了山区闭塞落后的现状，带动了农畜产品流通，促进了当地资源开发，带来了地方群众收入的增加、观念的转变。老百姓说，扶贫公路是带着他们奔向小康生活的幸福路。

四川省委、省政府决策咨询委员会委员王思铁：“5·12”汶川特大地震以来，中央国家机关在川定点扶贫单位普遍加大了帮扶力度，给予受扶地特别是极重、重灾地区极大的无私的帮助。交通运输部则是他们的代表，做出了为人称道的帮扶业绩，这是阿坝州人民永远不会忘记、永远感恩的。

二、浙江省对口协作扶贫

1996年开始，浙江省对口协作扶贫四川省广元、南充两市的12个贫困县（2001年后为重点县）。2008年，汶川特大地震后，浙江省帮扶单位加大了工作力度，帮扶成效更为突出。

（一）对口帮扶广元

帮助解决了部分农村贫困人口的温饱问题，为重点贫困乡村脱贫奠定了基础。

1. 注重改善民生，加大基础投入，改善了部分贫困群众的生产生活条件。累计支持建成扶贫新村191个（含越温示范村66个），改田改土7846亩，建乡村公路722.50千米，硬化便民路671.33千米，建微水池2018口、山平塘383口，解决12.68万人、57.80万头大牲畜的饮水困难，培植产业园3400亩，种植经济林木280多万株，改造农户住房2.13万间，实施农户改厨、改厕、改圈2.25万户。援建学校71所、卫生院70所，救助失学儿童7811名。

2. 着眼长远，强化产业支撑，建成了一批能促进群众增收致富的产业项目。帮助实施农业开发项目183个,建立蚕桑、茶叶、天麻、木耳基地36个，畜牧良种繁育场16个，各类专业村131个。引进了长毛兔、太湖猪等牲畜养殖，太湖银鱼、日本昭虾、武昌鱼等水产养殖，黑李、核桃等优质水（干）果种植，春大豆、甜玉米、浙麦等新品种试验，木耳、香菇等食用菌种植，杜瓜等中药材及优质蚕种推广。提高了农业的科技含量，培植了新的产业，加快了农村产业结构调整，增加了农民收入，为贫困乡村经济持续发展夯实了基础。

3. 强化根本，开展智力帮扶，增强了贫困群众的自我发展能力。广泛开展干部交流、人才培训和劳务合作。浙江先后接纳了495名基层干部交流培训，使其开阔了眼界，增长了见识，学会了管理，多数现已成为农村基层管理骨干。浙江还先后开展农业生产实用技术培训81期次、1.98万人次，协助劳务输出5.30万人，为广元贫困群众非农就业提供了帮助，使他们增加了收入，提高了综合素质，增强了自我发展能力。

浙江省援建的青川县职中

4. 开展互惠互利经贸合作，推动了广元经济社会的发展。通过充分利用对口帮扶工作平台，积极引导浙江企业用其技术、资金、品牌等优势带动广元经济发展，并组织工商企业界人士到广元考察投资、洽谈合作项目，把浙江先进的生产技术、新颖的创业理念、科学的经营管理经验与广元丰富的自然、生态、农业和劳动力资源对接，积极开展经济技术合作。到2011年底，浙江在广元落户开业的企业达216家，开展经济技术合作项目308项，建成大小专业市场12家，提供就业岗位5000余个，总投资32.75亿元，累计实现税收5.30亿元。两地间的经济技术合作，既促进了企业自身发展，也增强了广元经济发展的活力和后劲，实现了“合作发展、互惠共赢”的目标。

5. 休戚与共克时艰，风雨同舟建家园。在“5・12”汶川特大地震发生后，浙江省委、省政府视灾情为命令，第一时间组织救援队伍和救援物资抵达广元，在非常之时尽非常之责、出非常之力，与广元灾区人民并肩作战、共克时艰。在对口援建青川县工作中，全体援建人员把灾区当家乡，把群众当亲人，发扬特别能吃苦、特别能战斗、特别能奉献、特别能协作的“四特”精神，按照“优质高效、科学务实、和谐阳光”的援建要求，忘我工作、无私奉献，抛家舍子、夜以继日，按期完成并整体移交援建项目547个，到位资金87亿元，实现了援建项目全部建成优质或精品工程的要求，使青川灾区发生了脱胎换骨的变化。

（二）对口帮扶南充

十多年来，浙江省委、省政府始终秉承“领导重视，政府组织，企业参与，市场导向，优势互补，共谋发展”的对口帮扶工作原则，义不容辞地挑起了对口帮扶革命老区南充市的重任，先后累计支持帮扶资金1.80亿多元，在帮助解决“六难”方面取得了巨大成就：

一是着力解决群众饮水行路难。累计利用帮扶资金2079万元，发动群众投工投劳，建卫生井4918口、集中供水站2088处，修建蓄水池8569口，塘、堰289处。人畜饮水工程的实施，使6个县（市、区）的96个乡（镇）、579个旱山村、2000多个社的群众直接受益，解决了60多万人、100多万头牲畜的饮用水困难，近万亩高磅望天田得到了灌溉，有效地保障了农业综合生产能力，为农业增效、农民增收夯实了基础。又综合利用帮扶资金2000多万元，修建乡村公路596千米、桥涵34座。仅西充县，10多年来就投入资金1600万元（其中对口扶贫资金980万元），新建整治公路97千米、连户石板路33千米，有效地改善了这些贫困乡村的运输难和群众行路难的问题。贫困地区群众生产生活条件大为改善，为贫困群众脱贫致富创造了有利条件。

二是着力解决增收难。嘉陵区木老乡是南充市的一个特困乡。1999年以来，木老乡以杭州市对口帮扶水果基地项目为契机，大力成片栽植伏季水果，目前已发展为南充市最大的夏季水果基地，农民仅此一项人均增收300元以上。全市利用帮扶资金2300多万元，在一些贫困乡村集中成片地建立了大棚蔬菜、银杏、薄荷、梨枣、冰糖柚、雷竹、水蜜桃、优质葡萄和水产、

浙江省对口帮扶南充市建设的产业园

良种兔、山羊、生猪养殖等不同类型的开发农业示范点96个，建产业基地215个。市场化配置农村产业，较好地解决了群众增收难的问题。

三是着力解决发展难。阆中市借扶贫新村建设的契机，把浙江帮扶资金与扶贫资金集中使用，把基础设施和产业培育结合起来，建设了彭城镇界牌村、五马乡五马桥村等9个“浙川”扶贫新村，推动了阆中市社会主义新农村建设。在浙江帮助援建的扶贫新村中，利用帮扶资金完成“三建五改”（建家、建园、建沼气池，改路、改水、改厨、改厕、改圈）2万多户，改善了帮扶村农户的生产生活条件。特别是自2005年开始，为实施整村推进扶贫战略，浙江加大了新村扶贫力度，利用帮扶资金3060万元建成越温示范村60个、扶贫新村54个、新农村试点村2个。

四是着力解决“造血”难。在帮扶形式上，逐步由“救济式”向“开发式”转变，由“输血式”向“造血式”转变。2010年后，浙江加大农村劳动力转移培训扶持力度，全市先后利用300多万元帮扶资金，举办农村劳动力转移培训95期、2.71万人次，有组织转移输出1.13万人。特别是浙江省金华市2003年6月帮助南充市营山县一次性培训、转移农村劳动力100人以上。

五是着力解决上学难。除利用帮扶资金2600多万元，为6个县（市、区）新建、改建希望小学166所外，帮扶干部还尽力开展助学活动，累计救助贫困学生8987人。浙江省协作办主任姚少平与仪陇县马鞍镇特困学生邓友平结对帮扶，温州挂职干部陈进达、周晓东集资救助近50名辍学儿童，浙江省对口办、钱江晚报社、农夫山泉公司等单位联合开展了浙江省朝阳“1+1”助学活动，298名贫困学生得到了有效帮扶。

六是着力解决就医难。浙江省政府援建的西充多扶之江中心卫生院、仪陇马鞍之江卫生院和浙江省民宗委援建的阆中博树卫生院，金华市援建的营山县清源乡、清水乡、大庙乡、太蓬乡、盐井乡等卫生院，大大改善了当地干部群众就医条件，基本解决了群众就医难的问题。据统计，南充利用帮扶资金900多万元，新建、改建乡村卫生院共43所、总建筑面积达1.80万余平方米。浙江商业集团一次为定水镇医院无偿帮助30万元，为医院购置了一批新型的检测仪器，使该镇群众真正做到小病不出村、大病不出镇。

剑阁县盐店镇五指村村民邓龙江说：浙江对口帮助建设的扶贫新村项目实施后，比实施前人均纯收入增加了500多元，我们非常满意。

三、成都市对口帮扶

按照中共四川省委办公厅、四川省人民政府办公厅《关于进一步做好定点扶贫工作的通知》的要求，2008—2011年，成都市12个区（县）和一个市级部门对口帮扶甘孜州的12个县和南充市仪陇县。四年来，各对口帮扶区（县）、部门共投入各类帮扶资金（含企业投入资金）达到1.66亿元，有力地促进了当地基础设施建设和经济社会事业发展，得到国务院扶贫办、省扶贫办的充分肯定，受到当地党委、政府和农牧民的高度赞扬。

（一）创新完善机制，形成强大合力

在开展对口帮扶工作中，成都市多次进行专题研究，形成了实施对口帮扶的意见，明确了对口帮扶目标任务和工作措施，建立健全了系统配套的对口帮扶工作机制，落实了目标责任，完善了投入保障机制，坚持帮扶区（县）与帮扶地区的融合互动，促进扶贫资源聚合，确保了更多的社会资金投入到对口帮扶工作。为扎实开展好对口帮扶，成都市将对口帮扶工作任务及时分解至相关区（县）及市级部门。有对口帮扶任务的区（县）和市级部门按照市委、市政府要求，主要领导或分管领导先后亲自带队到对口帮扶县进行实地调研，并与当地一道组织力量制定计划、商议项目、落实资金，选派干部挂职帮扶和制定工作方案。如：金牛区对口帮扶石渠县，加强对口帮扶工作协调衔接，形成了双方互动的对口帮扶工作网络，通过《金牛区对口支援甘孜州石渠县工作方案》，确定从教育、旅游文化产业发展、农业产业化、干部培养、民族地区生产生活条件改善等五个方面对口帮扶；高新区以改善教育为主线，以培育特色优势产业为突破口，建立联县帮扶责任制，切实帮助解决好当地群众最关心、最直接、最现实的困难和问题。郫县和道孚县在友好协商的基础上，制定了《郫县人民政府 道孚县人民政府对口帮扶框架协议》，为帮扶工作的展开打下了良好基础。

（二）多方聚合资源，推进帮扶工作

1. 强化对口帮扶工作力度。各帮扶区（县）和市级部门按照全市的统一部署，结合帮扶部门（单位）职能，积极行动、主动作为，确定了帮扶责任单位，落实了具体帮扶人员、工作经费和帮扶项目，建立健全了日常帮扶制度。自2008年全面启动对口帮扶甘孜州的工作后，成都市按照“优势互补、互利互惠、长期合作、共同发展”的原则，以改善民生和促进民族地区经济发展为重点，大力实施对口帮扶与交流合作。建立对口帮扶双方定期互访机制，及时沟通帮扶工作情况和项目实施进展情况。郫县采取镇与镇结对帮扶的方式将红光镇、安德镇分别与道孚县鲜水镇、八美镇缔结了“友好镇”，进一步强化了交流衔接。

2. 强化项目资金支持。2008年，石渠县在遭遇特大冰雪灾害后，金牛区立即通过区红十字

会在全区开展募捐活动，及时为石渠藏族群众送去了共计55.60万元的生活急需品和慰问金，帮助他们渡过难关。高新区积极动员辖区内企业参与对口帮扶，先后动员成都富通集团公司和通威集团公司，分别投资100万元和870万元为理塘县县城主要街区安装路灯、新建太阳能发电站，两个项目已投入使用，极大地方便了当地群众的生产、生活。双流县对仪陇县帮扶四年来，共落实帮扶资金1342万元，帮扶仪陇实施新村建设、产业培育、社会事业等5大类10余个项目，有力助推了仪陇经济社会全面发展。

3. 积极引导企业开展帮扶工作。引进企业投入资金3812万元，帮助对口帮扶地发展产业项目。各帮扶区（县）还投入资金210万元，帮助藏区制定完善产业发展规划，搭建招商引资平台，引进项目，发展旅游业和畜牧业，为藏区经济社会发展增添了活力，促进了产业发展和牧民增收。双流县在帮扶仪陇县的工作中，本着“友好合作、对口支援、互惠互利、共达小康”的指导思想，坚持政策扶持与资金投入相结合、软件帮扶与硬件援助相配套，变救济式扶贫为开发式扶贫，开辟了“城乡一体、联合开发、带动老区、共同发展”的对口帮扶新路子，为仪陇的扶贫开发作出了巨大贡献。

4. 大力开展“扶智”和“扶才”工作。通过“请过来、走进去”等方式，积极帮助受扶地区开阔视野，拓展思路。色达县积极利用成都市1200万元的对口帮扶资金，四年来先后实施了县医院工程、县农牧民培训中心和洛若乡甲修村牧民定居点等项目。龙泉驿区出资接收甘孜县干部教师43人和品学兼优贫困学生193人次在实验中学培训和就读；新都区选派354名优秀骨干教师奔赴康定县35所中小学定期任教，定期组织讲座，并接收康定县中小学生293人到新都就读，两区（县）学生手拉手结对5800余人，帮扶贫困生1883人。同时积极开展藏区医疗、教师和农牧技术人员培训。据统计，成都市共举办各类培训班121期，参加培训人员达到8933人次，帮助6748名贫困学生顺利完成了学业。

5. 宣传发动社会力量参与对口帮扶。四年来，共吸引社会资金（物资）1.30亿元投入对口帮扶工作。其中：锦江区积极引导社会力量参与对口帮扶工作，先后为德格县协调项目资金约1000万元，物资器材设备价值300余万元，争取对口捐赠资金50余万元，有效推动了当地经济社会发展，极大地改善了当地居民的生产生活条件。成华区还设立了“成华爱心助学基金”，每学年为泸定县贫困学生入学提供10万元的资助，接收了200多名民族地区学生到成华区学校就读，共计帮扶贫困学生达2400多人。龙泉驿区对甘孜县小学、初中学生发放“龙泉驿区励志奖学金”40万元，共有1500余名学生获得奖励。武侯区在白玉县二完小创办了3个“武侯实验班”，招收学生120余名，并派出优秀支教干部教师“包班”教学，保障了“实验班”教学的稳定性和延续性，教学质量得到了提高，教学成绩在白玉县首屈一指。

（三）注重帮扶实效，夯实脱贫致富基础

成都市抓住贫困地区的“难”和“困”，从当地群众最关心、最迫切的民生入手，在夯实

基础、提高发展能力上着力，因地制宜、科学规划、统筹实施对口帮扶工作，让贫困地区插上了科学发展、又好又快发展的翅膀。各类财政帮扶资金的投入，各方社会力量的参与，特别是在贫困地区群众的共同努力下，成都市对口帮扶工作取得显著成绩。

1. 一大批基础设施相继建成并投入使用，极大地改善了贫困地区的民生，促进了社会和谐。在对口帮扶的地区，成都市共投入资金3059万元，帮助藏区修建公路、村级道路，完善沟渠，架设饮水管道，建水池等，有效改善了农牧民群众的生产生活条件；投入资金6075万元，新建了一批学校、医院、敬老院以及农牧民培训中心，改善了藏区的办学条件、提升了办学质量，改善了落后的医疗条件，缓解了藏区群众看病难的问题，提升了藏区社会服务功能。2008年，色达县积极利用成都市300万元的扶贫援助资金，启动了县医院整体迁建工程，建成后从根本上改善了该县落后的医疗条件，提高了医、防、保的社会服务功能，缓解了农牧民群众看病难、住院难的矛盾，促进卫生事业的健康发展。

四年多来，各帮扶区（县）和市农委为藏区贫困学生和特困群众捐款（捐物折资）达2136万元，通过建立“爱心助学基金”、吸收藏区学生到内地就读等方式，帮助6748名贫困学生顺利完成了学业。如龙泉驿区还在全区中小学中开展送温暖、献爱心宣传活动，发动中小学生为甘孜县学生捐款捐物，捐赠学生校服9270套，价值81.50万元。为甘孜县约4200余名在读学生每人免费提供一双优质保暖鞋，价值14.70万元。双流县结合仪陇县实际，落实帮扶资金1342万元，帮扶仪陇县实施新村建设、产业培育、社会事业等5大类10余个项目，有力助推了仪陇县经济社会发展。成华区投资225万元援建了泸定中学迁建工程项目和学生食堂1座以及在泸定桥小学援建了现代信息技术教育推广示范点，建成了配置50台全新电脑的网络教室和多媒体教室，2010年该校被教育厅授予“现代教育技术示范校”称号。温江区专门投入资金5万元支持藏文化传播活动，不仅在2010年圆满组织现场观众500余人观看受邀来温江表演的色达县优秀民族歌舞剧《格萨尔王》，还邀请色达县党政领导和文艺工作者到温江区参加社区文艺互动活动。

2. 一大批产业化项目相继建设开工，极大地增强了贫困地区的“造血”功能，促进了可持续发展。根据对口帮扶贫困地区的自然资源禀赋，成都市突出造血扶贫，帮助当地科学制定产业发展规划，抓好主导产业发展，增强“造血”功能。在对口帮扶中，成都市各级各部门积极想办法筹集资金，引进项目，帮扶发展农业、旅游、清洁能源等产业项目，为贫困地区注入“造血”机能。2011年，高新区积极引进通威集团帮扶投资870万元，修建理塘县峰值为300千瓦的太阳能光伏电站，已投入使用；2011年双流县在对口帮扶仪陇县中，依托白葛坝农业高科技示范园区，按照“公司+基地+农户”的模式，连片发展商品蔬菜7200余亩，种植黄柏、金银花等药材1300余亩，为贫困地区发展构建了特色鲜明的产业支撑。武侯区针对白玉县卫生事业发展基础薄弱，硬件、软件条件较差的现状，将价值35万元的全自动生化仪赠送给白玉县，并把从民营医院募集到的16万元资金捐赠白玉县，用于购置医疗卫生设施、设备等；还选派具有主治医师职称、临床经验丰富、教学能力较强、热心基层工作的医生，通

甘孜州白玉县卫生局向成都市武侯区三医院赠送锦旗

过专题讲座、咨询服务、案例分析、现场指导、传帮带等手段，为白玉县培养了一支“永不离开”的专业技术队伍。

3. 一大批干部在对口帮扶中受到了教育、锻炼成长。成都市把对口帮扶工作与锻炼教育机关干部紧密结合，通过一系列实实在在的帮扶活动，各帮扶单位干部深入贫困村调查研究，融入贫困村群众之中，积极为群众脱贫致富出谋划策，使干部受到了教育、群众得了实惠。在对口帮扶中，成都市选派了26名优秀中青年干部到帮扶地区挂职锻炼，帮助藏区制定发展规划，搭建招商引资平台，引进产业项目，推进两地共同发展。对口帮扶挂职干部发扬艰苦奋斗的优良作风，吃苦耐劳，积极主动，脚踏实地，其综合协调能力得到全面锻炼，综合素质得到极大提升。据不完全统计，四年来全市共派出对口帮扶干部885人次，其中选派了大量的优秀教师、医生和农牧业科技干部到民族地区开展帮扶工作，取得了显著的经济效益和长远的社会效益。

成都市三医院积极帮扶德格县人民医院成功开展电视腹腔镜胆囊切除手术。在该院做完手术的牧民泽仁翁姆说：“这次在县医院用腹腔镜做手术，将困扰我多年的结石清除了，现在感觉到一下子轻松了，这对我这样的老百姓来说，太好了，又省钱又方便，同时减轻了家庭的负担!”

四、宜宾市定点扶贫

新世纪初特别是2008年以来，宜宾市大力开展党政机关定点扶贫。密切了党群关系，贫困居民得到了实惠。工作中创造的党政重视、落实责任、科学规划、强化考核的成功做法，给人以新的启迪。

（一）主要成效

2008年以来，宜宾市组织130个市直党政机关、企事业单位深入10个县（区）开展定点扶贫，帮扶建卡贫困户1.42万户，到贫困村、贫困户开展工作1.64万人次，支持帮扶村和贫困户资金物资（折价）1927万元，为贫困村引进协调资金5537.10万元，扶持贫困家庭学生8726人，举办各类培训班964期，培训农民群众7.20万人次，建水果专业协会、蔬菜协会、养殖协会等98个。各县（区）817个机关企事业单位为贫困村、贫困户送去捐赠资金物资（折款）2587万元，协调落实项目资金9485万元，帮扶贫困学生2.46万人次，帮助5.14万户贫困户解决了生产生活困难。

1. 贫困地区基础设施建设进一步加强。贫困地区的水利设施建设、通乡通村公路建设和农村中小学教学条件得到很大改善，共修建水渠1600多千米，整治修建村道1500多千米，建沼气池近9000口，改厨、改厕达5000平方米，捐资修建校舍3000多平方米，切实解决了贫困地区和贫困群众生产生活等问题。

2. 贫困农户增收渠道进一步拓宽。各级各部门因地制宜，帮助贫困村、贫困户发展种植养殖业。大力发展椪柑等优质水果7000多亩，发展茶叶近5000亩、蔬菜5500多亩，发展猪、兔及山地乌骨鸡等养殖业，人均收入达3800元，拓宽了贫困农户增收渠道。

3. 群众发展意识进一步增强。通过帮扶和培训，群众求发展、思致富的意识不断增强，涌现出一大批勤劳致富、艰苦创业的带头人，成立了水果、蔬菜、茶叶等协会98个，注册45个商标品牌，带动了贫困户发展致富。

4. 贫困群众脱贫步伐进一步加快。通过帮扶，脱贫速度明显加快，四年来，解决了15.20万贫困人口的温饱问题并改善了他们的生产生活条件，贫困地区农民人均纯收入有了较大幅度的增长。

5. 公共服务进一步完善。新建活动室 78个，配套建设了会议室和农家书屋；建卫生室68个，建群众健身活动场55个、配套了篮球场和乒乓球台；建便民超市31个，方便了村民治病、购物和文化体育活动开展，公共服务功能进一步增强。

（二）主要做法

1. 瞄准贫困，实行扶贫“首扶制度”。定点帮扶10个县（区）的市级单位，坚持扶贫“首扶制度”，重点帮扶贫困对象，做到“三个倾斜”，即在项目资金上对贫困户倾斜，在劳务输出、解决子女入学困难方面向贫困户倾斜，在贫困户入协会免交入会费、优先销售农副产品上对贫困户倾斜，做到了“扶真贫，真扶贫”。

2. 加强领导，实行牵头单位负责制。定点扶贫单位实行牵头单位负责制，对所在县（区）的其他定点帮扶单位进行指导、协调、督促、考核等，市委每年拿出20万元用于奖励定点扶贫先进单位，推动了定点扶贫工作。

3. 整合资源，捆绑各类资金项目。市级各牵头单位积极探索定点扶贫的新机制。从2006年起，市委办、市委组织部、市扶贫移民局等牵头单位发挥定点扶贫单位的资源优势，集中整合54家定点帮扶屏山县市属单位资金2600多万元，按照统一规划、统一实施、统一验收的方式，在柏杨村等贫困村建移民接收安置村、扶贫新村和社会主义新农村，促进了贫困村经济社会事业发展。

4. 建“明白卡”,签订“双向责任书”。帮扶单位与贫困户签订以帮扶内容、时间等为主的责任书，贫困户与帮扶单位签订在帮扶单位的帮扶下通过自力更生脱贫致富为内容的责任书，简称“扶贫双向责任书”，并将帮扶单位落实的资金、项目和物资等“明白卡”张贴在贫困户房屋墙壁上，接受群众监督。

5. 落实责任，实行“双重考核”。市、县（区）将定点扶贫工作纳入了市、县（区）委政府年度目标考核，市、县（区）扶贫开发领导小组按照定点扶贫工作考核办法对各单位进行考核，实行“双重考核”制度。市扶贫移民局定期不定期编发定点扶贫工作动态，通报定点扶贫情况，对开展定点扶贫工作较好的单位进行表彰奖励，对工作差的单位提出批评，并追究“一把手”的责任。

6. 村企联姻，共建和谐新农村。组织动员企业与贫困村接对子，共建和谐。珙县巡场镇芙蓉村开展“村企共建社会主义新农村”活动，企业出资85万元帮助修村道、连户路等；长宁县硐底镇发动本镇21户私营企业主，本着自愿原则，有钱出钱、有力出力，在扶贫新村建设中为特困户出水泥、沙石等建材，改建房屋，修建道路，为患病家庭捐钱治病；硐底镇的君富养殖业、六鑫养殖场等龙头企业，利用其丰富的种母猪资源，在县内贫困农户中选择有养殖劳动力和技术的农户，本着自愿互利的原则签订寄养协议书，发展养殖业。

7. 成立协会，发展优势特色产业。市委组织部、市委农工办、市供销社、市城管局、市地税局、市扶贫移民局、市交警支队等单位先后帮助贫困村组建了种养业、扶贫理财等扶贫协会98个；市审计局发动干部职工捐款4万元，帮助屏山县新发乡柑拗村建立扶贫发展基金，对贫困户发展项目实行小额借款；交警支队实行“以羊还羊”、“以猪还猪”开展定点扶贫工作；市临港开发区管委会（原市南岸开发区管委会）、市投资集团还为定点帮扶村提供15万元的无息和贴息贷款，帮助贫困村农户发展生产。

（三）有益启示

1. 党政重视是做好定点扶贫工作的基础。2008年，市委、市政府先后印发了《关于市直党政机关、企事业单位开展定点扶贫工作的意见》《关于加强扶贫开发工作的若干意见》，要求

宜宾市扶贫办在定点扶贫的屏山县富荣镇青华村开展春节送温暖活动现场

各级党政机关、企事业单位进一步加大力度，切实开展好定点扶贫工作，党员、干部实行“一帮一”扶贫机制。同时，广泛动员社会各界积极开展扶贫济困活动。

2. 责任到位是做好定点扶贫工作的关键。2008年，市委、市政府进一步明确了责任，对30多名市级领导继续实行扶贫联系到县、帮扶到村的扶贫责任制，对市级党政机关、企事业单位继续实行定点扶贫工作“一把手”负责制。市级党政机关、企事业单位全部帮扶到省定重点村，副县级以上领导帮扶1～2户贫困户，普通干部职工至少帮扶1户贫困户。县（区）实行县级领导扶贫联系到乡（镇）帮扶到贫困户的扶贫责任制，县（区）党政机关、企事业单位帮扶到省定重点村，干部职工帮扶到户，不脱贫，不脱钩。一些社会团体也自愿联系到村帮扶到户。

3. 科学规划是做好定点扶贫工作的前提。一是帮助理清发展思路。深入县、乡、村调查研究，积极为当地谋思路、出点子、想办法。二是帮助增强发展内动力。积极为帮扶的贫困村协调项目、落实资金、培训人才，提高了贫困地区发展和贫困群众增收致富的能力。三是心系群众改善民生。着力解决贫困群众最关心、最直接、最现实的问题，积极开展捐资捐物等扶贫济困活动，为贫困群众送去种子、化肥、农药等生产资料，在元旦、春节大力开展“送温暖献爱心”活动，为富民惠民改善民生作出了积极的贡献。

4. 强化考核是做好定点扶贫工作的保证。市、县（区）督查目标办、扶贫部门、牵头单位共同对各级各部门的定点扶贫工作进行督查督办，并实行“双重考核”，坚持把定点扶贫工作业绩同单位年度目标考核挂钩，每年开展定点扶贫工作的总结表彰活动，对工作开展好的单位给予表扬，对工作差的单位给予批评，并追究“一把手”责任。

珙县底洞镇盐井村一位村民激动地说：“现在吃水太方便了，一打开水龙头就来了，不像以前还走几公里山路去挑，太感谢安监局了！”

五、资阳市干部驻村扶贫

中共资阳市委、市人民政府高度重视扶贫开发工作，提出并实施以“领导联村、部门帮村、干部驻村”为载体的干部驻村扶贫行动，推进贫困村加快发展、脱贫致富。

（一）把群众利益高高举过头顶，干部驻村扶贫在领导关注、群众期盼中启动

2009年5月23日，刚到资阳市任职不久的市委书记李佳从网上了解到雁江区清水乡鲤鱼村困难群众现状后，立即深入该村调研。当看到贫困户禹兴付一家的艰难生活时，她动情地说：“民生的事是天大的事，老百姓的事无小事！我们一定要想办法帮助困难群众过上更好的生活，对于自身无力脱贫的特殊人群，我们要给予特别的关爱和帮助！”次月，市委启动实施了“农村扶贫解困行动计划”，决定用三年的时间帮助97个重点贫困村脱贫致富。由此，在广袤的资阳大地，一项以干部驻村扶贫为主线，彻底改善贫困村生活水平、生产条件、居家出行、健康状况、致富能力为目标的“三村行动”率先拉开了序幕。2009年7月以来，36名市级领导、70个市级部门、600余名县级干部和920名驻村干部，带着党员干部肩负的责任与使命奔赴全市贫困村，扎根到群众中去！市委组织部、市扶贫移民局等相关职能部门全力跟进，从贫困村群众最急最盼最怨的事出发，精心设计行动方案，明确帮扶部门职责，认真选择驻村干部，激发和调动帮扶部门和驻村干部的工作激情，形成了市、县、乡、村四级联动，领导带动、部门驱动、干部行动、合力驻村扶贫帮困的新格局。

（二）把改善民生办到群众心坎上，干部驻村扶贫在部门联动、干群互动中推进

从解决群众最急最盼的现实问题着手，坚持“四个突出”，全力破解制约扶贫村发展的关键性、瓶颈性问题，着力增强扶贫村自我发展能力，实现生活水平、生产条件、居家出行、健康状况、致富能力“五个明显改观”。

1. 突出制度设计，激发驻村扶贫热情。把干部驻村扶贫作为全市重点工作来推进，做到资源向扶贫村倾斜、力量向扶贫村下沉、干部在磨炼中成长。出台了《资阳市“领导联村、部门帮村、干部驻村”实施方案》《驻村干部管理考核办法》《部门帮村工作考核办法》，分别为97个扶贫村确定了1名县级以上领导干部联系、1个市或县级部门帮扶、1名机关干部驻村。将部门帮扶任务细化为6大项11小项，制定了百分制量化考核表，明确要求部门帮扶工作挂联到底，不完成目标任务帮扶不脱钩；严格驻村干部管理，要求驻村时间每月不少于20天，对工作表现不好、群众反映差的实行“召回”制。组织、纪检等部门定期不定期开展明察暗访，查看项目进展，倾听群众呼声，掌握工作情况。严密的制度设计，鲜明的用人标准，强烈的政策导向，严格的督促检查，让部门感受到了前所未有的压力，让干部体验到了前所未有的动力。上至临近退休的50多

岁老同志，下至20多岁年轻人，近200名干部踊跃报名驻村。联系领导和帮扶部门深入97个贫困村指导调研工作381次，投入各类项目资金1.20亿元，送去价值1455万余元的农用物资、科技书籍，帮扶工作做到了“人到、心到、手到”。接受单位主动作为，积极为帮扶部门和驻村干部提供便利服务，创造良好条件。雁江区推行优先接待驻村干部、优先办理驻村事宜、优先答复驻村干部疑惑“三优先”制度，为驻村干部开展工作开辟“绿色通道”。在领导、部门、驻村干部和接受单位共同努力下，干部驻村扶贫始终有力有序有效推进。

2. 突出帮扶重点，做强驻村扶贫发展支撑。把夯实发展基础、增强发展内力作为行动重点，通过发动群众、整合资源、捆绑项目，加快扶贫村道路、水利、农房建设和特色产业发展。市委李佳书记在得知所联系的简阳市石盘镇卫星村尚有30余万元建设资金缺口时，利用国庆假期为该村联系成都一家企业捐款30万元；市交通运输局一次性给予雁江区小院镇农田村帮扶资金40万元，彻底解决困扰该村多年的断头路问题；市委组织部下派干部安亮，动员群众筹资20余万元，驻村扶贫仅两个月时间就完成3.80千米泥结碎石路和3.30千米水泥路建设。同时，根据扶贫村气候、土壤等各种条件，大力发展水果、蔬菜、中药材、生猪等产业。下派安岳县八庙乡卧佛村的龙升兵，引导群众因地制宜发展柠檬种植、水产养殖，全村新植柠檬200亩、橘乐蜜柑125亩，推动全村农业生产向规模化、集约化、标准化迈进。乐至县石湍镇八角村下派干部杨建，积极帮助回乡创业人员领办柠檬种植园，带动全村新发展柠檬400余亩。截至2011年，全市对97个扶贫村累计投入建设资金4.31亿元，修建公路735.36千米；打卫生井1314口，修建蓄水池1242口，解决了2.80万人和4.53万头牲畜的饮水困难；调整产业结构4.48万亩、建立养殖业基地（家园）390处，扶贫村逐步实现“绿起来、富起来、靓起来”。

3. 突出群众主体，撬动驻村扶贫效应。为使有限的帮扶资金撬动更大的帮扶效应，驻村干部积极调动群众参与热情，共建美好新家园。用好用活50万财政扶贫资金，运用“一事一议”机制，组织动员群众筹资投劳，解决资金缺口。市纪委派驻雁江区中和镇金马村干部汪自友，大会小会都向群众讲愚公移山，讲灾区群众自强不息的精神，鼓励群众不等不靠先干起来。群众集资投劳、自建自管的热情高涨，驻村扶贫4个月时间修通了3.80千米水泥路。市扶贫移民局下派干部邓时光，一个月之内发动群众筹资60多万元，完成村道硬化5.10千米。他还积极推行“六步”工作法，凝聚和激发群众建设热情，全体村民都积极投身通村公路建设。实施干部驻村扶贫以来，97个扶贫村通过扶贫资金牵引，撬动部门扶持、社会捐助、群众筹资筹劳（折资）4500多万元，起到了“四两拨千斤”的放大作用。同时，积极发动群众严格监督建设质量，使每一个环节、每一道工序都置于群众监督之下。在驻村干部程晓东的带动下，简阳市周家乡付家村干部群众每人都随身带一把卷尺，随时测量6.40千米水泥路建设标高。简阳市老君井乡水口村硬化通村水泥路，多次因村民质量监管小组“吹毛求疵”而“叫停”，承包方不得不多次返工。仅3个月后，一条乡村标美路蜿蜒青山绿水之间，托起山区群众的致富梦想。

4. 突出党的建设，夯实驻村扶贫基础。驻村干部积极协助村“两委”加强基层党建工作，形成集党建、经济和扶贫开发于一体的农村党建工作新格局。积极指导第三批学习实践科学发展观活动深入开展，引导扶贫村干部群众凝心聚力加快发展。97个贫困村先后完成村级组织阵地建设，配套推进村级文化活动场所、农村现代远程教育站点等项目建设，村级组织活动阵地功能更加完善。争取爱德基金会项目资金，开展为期一年的97个扶贫村干部素质拓展提升培训。对贫困村2万多名农村党员实施技能化培训，实现“扶智换脑”。市委组织部下派干部安亮，一到村后就注重抓好村“两委”班子和党员队伍建设，坚持每周组织村“两委”班子定期学习，先后多次组织全村党员和致富能手外出参观学习，开阔视野，拓宽思路，提高党员素质。干部下沉，公共资源下移，城市党建资源向农村倾斜流动。通过驻村干部的沟通与协调，各帮扶部门与扶贫村建立党组织共建对子117对，下派党员干部与农村党员、回乡青年结成联系对子242对，培养入党积极分子1830人，发展农村党员502名，农村党员队伍结构进一步优化，农村基层党组织的凝聚力、战斗力和创造力明显增强。

（三）干部驻村扶贫搭起了领导与群众、部门与基层的连心桥，让群众得到实惠、干部得到锻炼

实施干部驻村扶贫是党建工作深度介入、真正融入资阳加快发展大局的重要载体和生动实践，是推动公共资源向农村下沉，实现党建富民的重要抓手和有效举措。随着行动的深入推进，其在整合城乡资源、密切党群关系、锻炼提升干部、加强基层组织等方面的价值与意义日益凸显。

1. 实施干部驻村扶贫，有效统筹整合了城乡资源，实现贫困村面貌迅速改变。帮扶部门和驻村干部充分发挥熟悉政策、联系广泛、综合协调的优势，积极为所驻村争取最盼望最急需的项目和资金。充分发挥有限财政扶贫资金的放大效应，捆绑各类项目投入，撬动更多的资金向扶贫村投放。同时，广泛动员组织群众更新观念，自力更生，群策群力，整体推进扶贫村基础设施建设和产业发展，扶贫村呈现蒸蒸日上的良好景况。

2. 实施干部驻村扶贫，有利于增进基层群众对党的感情，密切党群干群关系。市级领导带头深入扶贫村，与群众共商脱贫致富办法；市级部门履行帮扶职责，给项目、给资金、给技术、给信息；驻村干部与群众朝夕相处、同甘共苦，带着感情、带着责任，为群众解决各种现实问题。领导、部门和驻村干部的一枝一叶、一言一行，使扶贫村老百姓真切感受到了干部作风的明显转变，增进了对党对干部的认同感和信任感。很多基层群众用发自肺腑的质朴语言，表达了对帮扶部门和驻村干部的高度赞赏。老君井乡菜园村村民胡超美在说到驻村干部邓时光时，满含热泪哽咽着说：“邓书记为我们村要项目、要资金受尽了委屈，把修路钱交给他，放心！”派驻安岳县建华乡长岭村的陈崇诺第一个在全乡实行村干部坐班与走访制度，并在新浪网开办了“长岭村公仆”博客，把长岭村党务村务在网上向社会公开，搭建起与外界沟通交流的互动平台。市旅游局下派干部陈兴忠算是驻村干部中走得“最快”的一个，下村3个月，他挨家挨户走访座谈了全村400户人家中的300多户，村里人都亲切地称他“我们村里的陈书记”。

资阳市农业局驻村干部指导贫困户种植蔬菜

3. 实施干部驻村扶贫，为干部实践锻炼搭建了平台，使一大批干部综合素质明显提升。驻村干部走出机关、走进农村，与扶贫村干部群众一起战天斗地。他们亲身感受了贫困村群众的生活艰辛、脱贫致富的强烈愿望，在感情上与群众更加贴近，宗旨意识更加牢固。同时，积极协调项目、争取资金、发动群众、解决纠纷，在农村这个大舞台磨炼自我、提升自我，综合素质明显增强。驻村干部纷纷表示，农村工作实在，干一件事就有一份收获、一份成就，能增长见识、锻炼才干。驻村干部安亮深有感触地说："机关工作相对单一，到了农村才知道干一件事情有多难，逼着自己去提高，农村确实锻炼人！"

4. 实施干部驻村扶贫，增强了基层党组织的凝聚力和战斗力，夯实了党的执政基础。亲身感受贫困村群众的生活艰辛，耳濡目染贫困村干部群众脱贫致富的强烈愿望，驻村干部在感情上与群众更加贴近，在机关养成的一些不良习气没有了，为贫困群众实实在在做一点事的意识更加牢固，提升了党在群众心目中的形象，激励和感召一大批扶贫村青年主动申请入党，农村党员队伍结构进一步优化；发现和培养了一大批年富力强的同志，成为村领导班子成员，村级班子更具活力，成为带动群众脱贫致富的"永久牌"队伍；示范带动村"两委"一班人拧成一股绳、劲往一处使，全力以赴投身扶贫村建设，赢得群众广泛支持和真心信任，党组织的凝聚力、战斗力和创造力明显增强。扶贫村的村民在谈到现在的党支部时，都认为作风比以前更实了，工作主动性比以前更强了，看到了希望，群众打心眼里服气了。资阳市实施干部驻村扶贫，将党和政府的温暖传递给了广大人民群众，推动了资阳贫困村大发展，让困难群众共享幸福资阳的建设成果。

老君井乡水口村党支部书记胡桂玉说："驻村扶贫让我们村山也绿了，路也好了，村民房屋也靓了！"

六、省扶贫移民局包村扶贫

2010年以来，遵照省委、省政府的统一安排，省扶贫移民局在苍溪县五福村开展“挂包帮”活动。按照“一年打基础、两年上台阶、三年大变样”的思路，科学规划、分步实施、快速推进，成效明显。该村已从一个封闭、落后的村变成基础配套、产业发展、村容整洁、和谐文明的移民新村。

（一）主要做法

1. 切实加强组织领导。省扶贫移民局领导班子认真贯彻省委、省政府决策，高度重视、严密组织开展“挂包帮”活动。一是加强调查研究。局党组每年都要多次研究“挂包帮”工作，何大清局长及党组成员先后多次深入实地调查研究，及时掌握了解情况，解决实施工作的具体问题和困难，扎实推进对五福村的帮扶工作。二是健全组织机构。局党组研究成立了“挂包帮”活动领导小组并设立了办公室，各处室负责人密切配合，加强各项工作的协调和指导，并下派了青年干部吴勇到五福村挂职开展工作。同时协调县级部门和乡（镇），明确了各自的责任，真正做到了从省局到县、到帮扶乡村领导重视、职责明确、人员落实。三是加强督促指导。局“挂包帮”领导小组成员和办公室同志每年都到苍溪县检查指导帮扶工作，确保帮扶活动扎实开展。

2. 科学编制帮扶规划。紧紧围绕 “挂包帮”工作“四个明显”的总体目标和“一年打基础、两年上台阶、三年大变样”的基本思路，以抓规划为关键，省扶贫移民局组织编制了《五福村三年帮扶规划》。按照“部门包村”的要求，组织县扶贫移民局和乡村反复研究，制定了包括基础设施、增收产业、能力建设、农房改造、公共服务等在内的帮扶规划，规划总投入2221万元（其中省扶贫移民局落实帮扶资金890万元），建设一个扶贫和移民工作相结合的社会主义新农村。同时，省扶贫移民局组织编制了群众自我发展的《能力建设培训三年规划》，并组织实施，重点针对五福村的农民能力进行培训，解决提高群众自我发展能力的“瓶颈”问题，打牢可持续发展的基础。

3. 采取四项保障措施。为确保“村道建设、整修水利、发展养殖业、发展优质水果和蔬菜、改善住房环境、能力建设”等六大惠民工程落到实处，省扶贫移民局党组研究，采取四项保障措施：一是组织保障。由局“挂包帮”工作领导小组牵头，机关党委具体承办，相关处室密切配合，迅速启动“挂包帮”项目，开展帮扶活动。二是经费保障。所需建设经费从机关工作经费中节支，相关业务经费中倾斜，争取省直相关部门支持以及联系相关企业投入等方面筹措落实。三是制度保障。建立完善资金使用管理制度、省直帮扶部门协调联系制度、帮扶工作检查与考核等制度，确保“挂包帮”工作落到实处。四是人员保障。除局机关下派一名干部到村挂职帮扶外，省、县、乡三级明确“挂包帮”专门工作人员，与挂职干部一道，负责帮扶规划建设项目的启动和落实，做到所有建设项目建设前有规划、建设中有监督、建设后有检查验收。

4. 狠抓帮扶项目实施。省扶贫移民局把项目实施作为帮扶工作的重中之重，按照三年帮扶规划，针对五福村群众晴通雨阻行路最难、原住户和47户移民的土地四年后才能复耕增收最难、25户因病因灾等导致的特困群众生活最难、14口山平塘渗漏和1座提灌站因亭子口水利枢纽工程施工被毁生产生活用水最难、农民能力建设提升最难等“五大困难”，重点抓好五福村各项帮扶项目落实。截至2011年底，落实到位资金888万元，同时充分调动村民自我建设、自我管理、自我投入的积极性，村民投工投劳折资达1500余万元，有力推进了帮扶项目顺利实施。通过两年的项目实施，五福村以黄岭坝和车家坝为核心，猕猴桃、大棚蔬菜产业园粗具规模，道路通畅，农房改善，山平塘标改，生活环境美化，生产生活条件明显改善，社会主义新农村形象初显。

5. 认真开展结对帮扶工作。省扶贫移民局领导班子成员和17个党支部140余名党员与五福村25户贫困户结成对子，实施“一帮一”活动。落实了干部帮户“七个一”：局领导和支部每半年至少深入帮扶村一次开展帮扶工作，帮助贫困家庭编制一个发展规划，帮助贫困家庭落实一个发展项目，帮助贫困家庭培训一项农村实用技术，帮助贫困家庭培训并转移一名劳动力，资助一名贫困家庭学生，每年开展一次“送温暖、献爱心”活动。截至2011年底，局党组先后20余人次、局机关17个支部的干部党员先后200余人次深入五福村，对结对帮扶户进行亲切慰问，捐助现金6万余元，解决帮扶户的生活困难，实地研究具体帮扶措施。按照帮扶户的意愿，确定实施了改善居住环境25户，建庭院经济园29个，建设黄金梨和蘑芋套作33亩，建蔬菜生产大棚26个，发展鸭、鱼养殖户5户，组织28人参加厨师、养殖、种植等技能培训，资助14户帮扶户适龄儿童上学，协调解决小额贷款发展生产等五项具体帮扶项目，在物资、精神和技术上给予支持和帮助，接受帮扶群众深受鼓舞，真情感谢党和政府的关怀。

四川省扶贫移民局通过包村扶贫帮助广元市苍溪县亭子乡五福村整改后的堰塘

（二）主要成效

1. 民生问题较好解决。省扶贫移民局始终把民生问题放在帮扶工作的首位，集中解决了群众最急、最盼和最突出的问题，重点办了六件实事。一是硬化整治村社道路，形成了畅达的村组户交通网络。2011年，对2至9社7千米村道进行了硬化，彻底结束了该村不通水泥路的历史。同时，结合新村建设，新建、整治机耕道3.80千米，硬化入户道路3.10千米、生产性便道2.80千米。二是彻底改善水利条件，确保了群众安全用水和农业用水的需要。已改建山平塘12口，新建大型防旱池3口（容积500立方米以上），新建配套渠系4.60千米，新建集中供水站1处，使全村240户890人用上了安全卫生的自来水。在以移民为主的4组新建1口山平塘5000立方米，解决200多移民群众的生产用水问题；在5组、10组整改1个堰塘4万立方米，解决300多人的生产用水问题。三是完善村公共事业、活动阵地，解决了设施不配套的问题。主要对村卫生室、小学和村级组织活动阵地进行了全面改造，添加了必要的设施设备，方便了孩子就近上学、群众就医和开展各项活动。四是建标准化兔圈2000孔，发展肉兔4000只，解决移民集中安置区20户100多人无土地、缺生产门路的问题。建蔬菜大棚100个，发展优质蔬菜和蘑菇，解决50户200多人的增收问题。五是改造危房和改善居住环境，解决部分困难户居住条件差、生活困难的问题。在2、3、4、5、9、10组由局领导和机关干部结对帮扶25户贫困户，改造危房和改善居住环境，培育增收骨干项目。六是组织开展生产和就业能力培训100户，解决有项目无技能的问题。分别就肉兔养殖、蔬菜种植及劳动力转移等，采取送出去培训和聘请相关专家、技术人员到该村开展现场技能培训。

2. 骨干产业基本形成。以车家坝为中心，建成蔬菜大棚100个、无公害蔬菜种植基地250亩，以黄梁坝为中心，新建红心猕猴桃园区300亩，2011年已有部分苗木试花结果，2012年再新建200亩后，该村猕猴桃总面积达到500亩，即可基本形成特色产业。根据产业发展需要，已完成了大棚蔬菜、猕猴桃园的路、水、渠等基础配套，为产业发展提供了保障。为了使蔬菜和猕猴桃真正成为群众的增收致富产业，引导成立了五福村蔬菜、猕猴桃专业合作社，从产销等各环节入手，加强过程管理，并加大培训和宣传力度；定期开展实用技术培训，组织群众外出参观学习，解放思想，开阔视野，进一步提高了群众自我发展的能力。

3. 农民收入稳步提高。五福村长期以来属于“粮猪型”经济，没有特色产业，群众收入主要依靠外出务工，渠道单一，收入较低。帮扶工作把群众增收作为主要目标，坚持用“两条腿”走路，双管齐下，一方面大力发展特色产业，实现产业增收，形成稳定的收入渠道；另一方面加强劳动技能培训，通过有组织输出剩余劳动力，实现非农增收。通过两年来的蔬菜和猕猴桃产业发展，大棚蔬菜效益从2010年已开始显现，年人均增收达700元，猕猴桃产业可在2013年正式投产。同时，农民外出务工和就近在亭子口工程打短工挣钱，收入也较为稳定。2010年，该村农民人均纯收入3480元，人均增收660元；2011年农民人均纯收入4260元，人均增收780元。

4. 群众主体作用充分发挥。通过两年的宣传引导、教育培训，该村群众从思想到行动都发生了积极变化，抢抓帮扶机遇、感恩奋进、自力更生、艰苦创业的意识和精神不断增强。主要表现在三个方面：一是主体发展的愿望强。省扶贫移民局领导的亲切关怀和慰问，项目实施对基础条件的改善和产业的培育，激发了该村群众发展的热情，坚定了发展的信心。二是主动参与的意识强。积极参与帮扶项目的实施管理和监督工作；积极参与技术的培训和学习，共组织干部群众培训850人次，外出学习5次，提高了群众的劳动技能；积极参与新村建设和村容村貌整治，完成"三建五改" 181户、环境绿化美化3500平方米；积极参与公共事务管理，为该村的发展建言献策。三是自我投入的积极性高。帮扶项目起到了"四两拨千斤"的作用，两年来，省扶贫移民局的帮扶投入带动该村群众在村组道路建设、风貌打造、产业发展方面累计投劳投资达1500多万元。

5. 村"两委"班子得到加强。2010年，结合县乡村换届选举，按照建设"五好"村党支部的要求，协助选配了村"两委"班子，通过民主选举产生了年轻有为、工作能力强、甘于奉献的党支部书记和村委会主任，新选党支部委员3人，新发展党员3人，培养入党积极分子2人，"两委"新班子加强学习，建章立制，注重团结，任劳任怨，带领村民脱贫致富奔小康的能力明显增强。

五福村五组村民车先金感动地说："感谢党的好政策，感谢省城'亲戚'们的关怀！"

七、省老促会助推老区脱贫致富

四川省有81个革命老县（区），总面积25.43万平方千米，占全省面积的52.40%；人口4170.80万人，占全省人口的46.30%。2008年以来，在省委、省政府的坚强领导下，四川老区发生了很大的变化。2010年，81个老县（区）GDP总量达5001亿元，人均GDP达1.44万元，农民人均纯收入达4949元。在加快老区建设和发展、助推老区脱贫致富中，全省各级老区建设促进会（以下简称老促会）作了不懈努力。

（一）研究制定四川省"十二五"革命老区发展，把老区建设和发展纳入政府的中长期发展规划

根据各老县（区）的经济社会发展现状，分为三种类型：一是扶持发展类，有38个县；二是示范发展类，有15个县；三是加快发展类，有28个县。要求通过加大扶贫开发力度，加快交通、水利等基础设施建设，大力发展特色优势产业，加强资源开发和保护，推进公共服务均等化，加强生态建设和环境保护等措施，加快老区经济社会的发展。今后5年，四川省革命老区

四川省老促会理事单位四川康丹矿业有限责任公司捐资120万元援建达州市宣汉县东乡镇第四小学奠基仪式现场

经济社会发展的主要目标是：贫困人口明显减少。城镇居民人均可支配收入和农民人均纯收入年均增速高于全省平均水平，老区经济发展速度明显高于全省平均水平，同全省的发展差距明显缩小。这个规划，已经省政府同意，印发各部门、省直属机构贯彻执行。

（二）积极争取将四川革命老区列入国家10年扶贫规划和扶贫连片开发规划

从2008年以来，省老促会积极争取国家对四川省革命老区加大扶持力度。向国务院扶贫办公室和回良玉副总理报送了《川陕革命老区亟待加快开发和建设》的调查报告，并得到回良玉副总理的批示；又向国务院扶贫办报送了将四川省川陕苏区和乌蒙山区列入国家扶贫连片开发的报告；同四川省决策咨询委员会合作，向省委、省政府报送了《加快四川秦巴山区革命老区发展的几点建议》的报告；同四川省社会科学院合作，向国务院报送了原川陕苏区的巴中、达州、广元三市加快发展的研究报告。在广元、达州先后召开了两次川陕苏区联席会议，四川、陕西和重庆市的有关市、县领导参加了会议，共商老区建设和发展。2010年，由宜宾市老促会牵头，在兴文县召开了川滇黔边区革命老区加快发展研讨会。经过省老促会等的连续努力争取，党中央、国务院在《中国农村扶贫开发纲要（2011—2020年）》中，已将秦巴山区、乌蒙山区和四川藏区列入国家连片扶贫开发片区。四川省列入国家规划的秦巴山区有15个革命老县（区）、乌蒙山区有2个革命老县（区）、藏区有20个革命老县（区），共37个革命老县（区）。同时，省委、省政府确定扶持的秦巴山区有15个革命老县（区）、乌蒙山区有5个革命老县（区）。这样，全省81个革命老县（区）中，有57个县（区）列入国家和省连片扶贫开发地区，必将有力地推进这些地区脱贫致富、加快发展。

（三）加大对革命老区的宣传力度，动员全社会关心老区、帮助老区

2009年，省老促会在蓬溪县举办了第三次老区论坛，省直有关部门和市、州、县老促会的同志参加了论坛。到会同志就如何加快老区建设和发展发表了意见，大家献计献策，互相交流经验，取得了较好的效果。会后将会议资料编印成册，发送有关单位，扩大老区的宣传和影响。2011年11月，省委宣传部转发了省老促会起草的《关于进一步加大革命老区宣传力度的意见》，发至各市（州）党委宣传部和省直宣传文化系统各单位，对加强老区宣传工作有十分积极的作用。四川日报社、四川电视台等新闻媒体采用多种形式宣传革命老区。为了宣传四川省革命老区的历史贡献和革命精神，省老促会组织写作班子，编写《四川红色经典》（川陕苏区卷）一书，同时编写一本资料性质的书，介绍全省81个老县（区）的概况。这两本书，正抓紧工作，2012年就可出版，这对宣传四川省老区有积极意义。创办内部刊物——《四川老区》，对老区的情况进行定期宣传报道。

（四）全力以赴投入抗震救灾和灾后重建工作

2008年“5·12”汶川特大地震发生后，全省50个重灾县中，有29个县是革命老区县，受灾最严重的汶川、北川、青川3县都是革命老区，人民生命财产遭受了巨大损失。地震发生后，省老促会立即行动起来，开展抗震救灾。省老促会会长冯元蔚在第一时间发出指示，要求秘书处立即通知市、县老促会及理事单位，紧急行动起来，积极投身到抗震救灾中去。又召开省老促会会长会议，研究部署老区抗震救灾工作。各会员单位纷纷解囊，捐款捐物。据不完全统计，省老促会会员单位通过各种渠道捐款达8000多万元。天津市老促会通过民政部门、红十字会捐款239万元，还通过四川省老促会向广元市青川县捐赠药品250箱，价值32万元，捐款22万元。黑龙江省老促会和甘肃省老促会各捐款1万元，广东省汕头市老促会捐款1.05万元，福建省宁化县老促会捐款1000元。之后，按照省委、省政府的灾后重建方针和要求，省老促会和有关市、州、县老促会积极参与了灾后恢复重建工作。

（五）加强调查研究，如实反映老区建设中的问题和意见，帮助老区加快发展

调查研究是老促会的“永恒的主题”。特别是2011年，配合中国老促会调研组，对四川省革命老区进行了较为全面系统的调研。从7月13日至23日，历时11天，先后到了广元市、巴中市、雅安市和营山县、安岳县、邛崃市。调研组听汇报、召开座谈会和进行实地考察，还到了一些较偏远的山村。在调研过程中，大家受到了革命精神的深刻教育。同时，也看到一些边远老区人民的生活还很贫穷。如旺苍县天星乡6803人，人均纯收入只有3137元，贫困人口有2585人，占全乡人口的38%。营山县安化乡是老红军王定国的家乡，农民人均纯收入只有2450元，不足全省平均水平的一半。通过调研，省老促会写成综合报告《四川革命老区的历史贡献、发展现状和加快发

展的建议》。结合调研活动，对老县（区）的建设和发展也提出一些合理的意见和建议。如对剑阁县灾后重建和发展旅游业提出建议，对长宁县的新农村建设和发展乡村旅游进行咨询，帮助蓬溪县、南江县制定新农村示范片规划等。在达州市老促会重庆分会调研时，发现该市根据紧靠重庆直辖市、经济交往密切的特点，依托市政府驻重庆办事处，组建市老促会重庆分会，广泛联系在重庆的达州籍企业家和社会人士，支持家乡老区发展，为家乡老区服务，做了不少有益的工作，促进了达州和重庆市的交流与合作。这种做法，具有创新精神，受到社会各界的好评。

省老促会还为老区发展办了一些力所能及的实事。如帮助兴文县发展猕猴桃和山地养鸡，帮助高县争取南广河流域扶贫开发项目，帮助巴州区发展川明参，为荥经县争取了2个总投资近5000万元的水利项目，对南江县老红军孙洪道将军家乡从水利、林业等项目上进行扶持等。省老促会常务理事黎自荣同志，2010年对荥经县遭受水灾的17户老区农民每户捐赠3000元，共5.10万元，帮助受灾户渡过难关。2011年，黎自荣同志又对南江县38户贫困户每户捐赠2000元，共7.60万元。

（六）牵线搭桥，吸引社会资金，在贫困老区修建学校

省老促会通过工作，引进资金，在平武县、宣汉县各建一所学校，帮助当地改善办学条件。另外，联系成都长城集团公司帮助西昌市修建一所月华小学。

> 四川省委、省政府决策咨询委员会副主任赵文欣：新中国成立60多年来，四川革命老区同全国一样，建设和发展取得了巨大的成就，经济社会有了很大的进步，人民生活明显改善，老区面貌发生了深刻变化。

八、省扶贫基金会“栋梁工程”助学扶贫

2001年7月，四川省扶贫基金会联合有关单位面向全国发起了以品学兼优、家境贫寒的高校学生为援助和培养对象的“栋梁工程”。2008年以来，四川省“栋梁工程”助学扶贫不断发展壮大。这不仅较好地解决了经济困难家庭子女上学难问题，而且促进了扶贫开发，助推了社会和谐。

（一）各界关怀

四川省一批老领导率先行动起来，一方面广泛动员社会力量，为经济困难家庭子女奉献爱心，筹措资金；另一方面积极探索建立扶贫助学长效机制，于2001年8月28日发起创立了“栋梁工程——人才扶贫项目”。四川省“栋梁工程”自成立以来，得到了省委、四川省人民代表

大会常务委员会（以下简称“省人大”）、省政府和中国人民政治协商会议四川省委员会（以下简称“省政协”）的关怀，各级领导的肯定和勉励，省直各部门、各市（州）党委政府的帮助以及企业和各界人士的支持。10年间，省委、省人大、省政府、省政协领导多次对“栋梁工程”作出重要批示，鼓励其发展。

在“栋梁工程”捐助者名单中，既有各级党政机关和企事业单位，也有年近90高龄的老党员和年仅几岁的儿童；既有社会成功人士，也有退休老人和收入平平的工薪阶层。10年来，为“栋梁工程”捐款、捐物的各级领导和机关干部职工超过1万人次，海内外捐赠企业超过1000家，各界捐赠人士超过10万人次。他们共同凝聚成了爱的大山，汇聚成了爱的海洋。在众多的捐助者中，既是“栋梁工程”领导者又是捐助者的冯振伍同志，每年都从退休金中拿钱资助2～5名学子，累计捐款7万元，结对资助28名困难家庭学生。四川圣象公司定点援建“安县红光圣象栋梁小学”的事迹更是得到了国务院扶贫办范小建主任的充分肯定，该公司总经理朱玲英女士既是捐赠者，也是志愿者，为“栋梁工程”的发展作出了积极贡献。还有许许多多爱心企业和爱心人士，为“栋梁工程”作出了无私的贡献。

四川省“栋梁工程”从无到有的10年发展历程，产生了许多感人肺腑的爱心故事，正是这些赤诚的关怀和无私的爱，共同托起了明日栋梁的希望和梦想！

（二）主要成效

四川省“栋梁工程”自成立特别是2008年以来，坚持为党和政府分忧、为困难群众解难的宗旨，社会各界普遍认为该项目不仅较好地解决了经济困难家庭子女上学难的现实问题，而且也助推了四川经济社会的发展。

“栋梁工程”以“栋梁工程项目地区推广机制”、“栋梁工程项目目标高校制度”等方式，逐步将该项目推广到四川21个市（州）及全国近300所高校，成功吸引、带动兄弟省市及省内社会团体启动了关注“贫困大学生”的活动或项目。同时，“栋梁工程”将帮扶范围扩大到贫困地区中小学生、基层教育设施改善、为企业定向培养人才、定向执行公益项目等方面，均取得了明显成效。实践证明，“栋梁工程”这一教育扶贫、人才扶贫公益事业，在进一步树立全社会重视教育、关爱莘莘学子成长成才等良好的社会氛围方面发挥了积极的作用。

“栋梁工程”项目，通过“栋梁工程”奖学金、“栋梁工程”无息助学借贷、勤工俭学三种方式，扶持和培养贫困家庭子女。作为一项有特殊定位的公益事业，“栋梁工程”一开始就对受益对象、申报程序、资助方式、管理监督机制作出了明确的界定，并通过各类媒体进行广泛宣传，接受社会各界的监督。

10年来，“栋梁工程”没有辜负社会各界的希望，累计募集扶贫资金超过2.50亿元，资助经济困难家庭学生6万余人次；在全国高校中评选出130名特别优秀的“栋梁之星”；在全省选送123名特优特困初中毕业生全免费就读广东国华纪念中学；在“5·12”汶川特大地震灾后重建方面，援建了6所地震灾区和革命老区损毁学校，并为部分学校配套了教学设施等。同时，“栋梁工程”还开展国际交流与合作，先后与家乐福国际基金会合作在绵阳地震灾区实施“家乐福——地震灾区农民技能培训及创业贷款扶持项目”，与沃尔玛公司合作在绵阳等地震灾区共同援建50个国家标准的村级医疗卫生站。

在社会公益实践中，“栋梁工程”开创性地开展了一系列社会公益活动。以社会公众募集为主的“栋梁工程”扶贫助学“一日捐”活动，于2005年向社会隆重推出。该活动已举办7届，对推广和发展“栋梁工程”事业、建立扶贫助学长效机制产生了有力的推动作用。“栋梁工程”“携手同行，明天更美好——‘5·12’汶川特大地震周年纪念晚会”，在广州市成功举办，晚会上，省人大副主任郭永祥慷慨激昂的演讲，深深打动了数万名观众，引起各方强烈共鸣。“栋梁工程——‘5·12’澳川育苗行动”，是在澳门特区政府的大力支持下，由澳门基金会作为支持牵头单位，“栋梁工程”联合澳门中华总商会、澳门中华学生联合总会、澳门中华新青年协会共同发起，旨在广泛动员澳门地区爱心企业和爱心人士对四川地震灾区和贫困地区困难学生实施“一对一”结对帮扶，对不同学龄段学生进行全程持续资助。该活动于2009年6月28日正式启动，已募集资金700余万元。该活动做到了公开、公正、透明，澳门的爱心企业、爱心人士纷纷表示愿意来川看望和继续关爱受助的学生们。在此基础上，2010年7月，“栋梁工程”组织了近百名2009年“澳川育苗行动”受助学生，组成“澳川同根——访澳交流团”前往澳门，与澳门各界、资助人、澳门学生见面和交流。这些活动的开展，有力地推动了“栋梁工程”的发展，发挥了社会募集和宣传的双重作用。

托起明日栋梁——“栋梁工程”10周年新闻发布会暨大型公益活动启动仪式。

四川省“栋梁工程”在不同的发展阶段，先后举办了 3 次“栋梁工程”发展研讨会，通过借助各界专家、学者的智慧，借鉴海内外成功公益项目的管理和运作经验，逐步丰富和完善了其核心理念、项目设计、项目规划、项目管理等，并结合自身的实践和探索，与时俱进地摸索出了一套具有前瞻性和创新性的“栋梁工程”模式。主要包括：今日“栋梁”结对帮扶明日“栋梁”的“双栋梁”模式；社会“慈善需求”与企业“人才需求”相结合模式；倡导受助学子参加工作后，在能力范围内帮扶贫困学子，感恩社会、感恩家庭的“爱心大接力”模式；为国家培养各类高端人才，在全国高校范围内选拔并跟踪培养的“栋梁之星”模式等。

（三）社会影响

在2011年栋梁工程10周年时，四川大学来信祝福道：“10年的希望与梦想，10年的奋进与激昂，栋梁工程作为国家‘人才强国’战略的探索者与践行者，在过去的10年里，帮助无数品学兼优而又家境贫寒的优秀学子实现了他们的梦想。”类似这样来自社会各界的声音，传递着这样一个事实：“栋梁工程”这项事业，不仅是一项扶贫工程、人才工程，更是一项实实在在的民生工程，它值得长远传承。“栋梁工程”这10年，它的每一个创新、每一个成绩，都昭示着它的巨大发展潜力和发展空间，其社会意义重大，社会价值无限。在“十二五”规划的开局之年，“栋梁工程”也迈上了第二个10年之路，“栋梁工程”的服务对象仍将在较长时期内存在，通过社会帮扶困难家庭学子完成学业、成长成才，仍然具有非常重要的现实意义。

四川省社会科学院研究员、社会发展与公共政策研究中心秘书长郭虹：四川“栋梁工程把公信力视为生命线，以公开、透明的阳光运作模式赢得社会和市场的认可，为四川省的公益事业树立了一个标杆”。

九、省扶贫协会组织企业参与扶贫

“募集扶贫资金，实施扶贫项目”是四川省扶贫开发协会（以下简称“省扶贫协会”）工作的主要任务。省扶贫协会积极发挥桥梁作用，引导社会各行业参与全省新村扶贫、扶贫助学、农村信息化扶贫、灾区扶贫、家电下乡、照明节能等扶贫解困工程，促进贫困地区、贫困人口脱贫致富。

（一）亚德客集团倾情四川：建村、助学、送温暖

“企业的使命是追求最大的经济效益，同时也要尽心承担社会责任。作为一名企业家，不

但要学习‘取’的本领，更要拥有 ‘舍’的胸襟。”这是亚德客企业集团董事长王世忠对企业的理解。亚德客企业集团是全球知名的专业生产各类气动元件的大型集团，销售和服务网络遍及中国的大陆、台湾、 香港和东南亚、欧美等国家和地区。自2007年来，亚德客集团与省扶贫协会合作，连续四年在四川贫困地区实施扶贫项目。先后开展了凉山州喜德县马洛村新村扶贫项目、南充潆溪职业高级中学“亚德客助学班”项目和寒冬送温暖活动，投资达500多万元。2012年亚德客集团拟在喜德县再投入400万元，帮助完善喜德县北山乡、沙马拉达乡、洛莫乡、依洛乡、巴久乡等乡（镇）的基础设施建设。

2007年12月，经过多次的走访和实地考察，亚德客集团选定凉山州喜德县的贫困村——洛莫乡马洛村，作为首期帮扶项目实施村。该项目共投入190万元，有效解决了马洛村饮水、房屋改造、校舍修缮、修路等问题。其中，投入70万元，建设村道7千米，解决了长期困扰3个村的农产品输出问题，对全乡经济发展起到重要促进作用。投入120万元，实施住房、饮水等项目，使全村200户1000余人住上了砖瓦房，喝上了自来水。2009年，亚德客集团在喜德县洛莫乡瓦古村、达底村实施第二轮新村扶贫，总投入170多万元，极大地改善了当地村民的生产生活条件，促进了喜德贫困乡村经济加快发展。

2008年，在省扶贫协会的推荐下，亚德客集团通过考察，在省扶贫协会“蓝色助学工程”基地学校——南充市潆溪高级职业中学设立“亚德客助学班”，为贫困学生提供在校三年期间的基本生活费用，每人每年3000元，资助贫困家庭子女完成中专学业。至2011年，“亚德客助学班”已经在南充市潆溪高级职业中学连续开展四届助学活动。四年来，集团共投入助学资金90万元。目前，“亚德客助学班”已有多名学生进入亚德客集团工作，为贫困学生家庭脱贫致富创造了条件。当亚德客集团第一次走进大凉山深处的喜德县，走进交通闭塞、信息不通的

亚德客企业集团援助凉山州喜德县洛莫乡马洛村房屋改造后的新貌

彝家村寨，就被那群生活在墙不挡风、瓦不避雨、穿不御寒、食不果腹的彝族同胞深深地震撼了。从2007年开始，除了修房、铺路、盖学校外，亚德客集团连续 4 年在喜德县马洛村、瓦古村、自哈村、自都村、自日莫村、达的村、尔库村等村开展“寒冬送温暖”活动，为当地贫困群众发放化肥、大米、衣服、棉被、毛巾等生产生活物资及现金，总价值近100万元，受惠彝族群众总计达900户4000余人，受到当地贫困群众的欢迎和好评。

（二）岸宝纸业集团：扶贫助学，成就栋梁

成都岸宝纸业集团有限公司是一家专业从事纸质食品包装、容器制造销售、纸张贸易、纸制品应用研发等的企业集团。集团在成都、上海、重庆及泰国曼谷等地均有生产基地，是中国唯一参与国家纸容器标准制定的企业。从2006年8月开始，省扶贫协会与该集团共同开展“爱宝助学工程”。工程由该集团捐资100万元，共资助50名品学兼优的贫困学生完成大学四年学业。

“爱宝助学工程”对资助对象的选定规范而严格。受资助的学生要求在校表现良好，遵纪守法，取得“一本”录取通知书，为四川省建卡贫困户或年人均收入在1000元以下的贫困户子女。经过摸底调查、实地走访、报纸网站公示等过程，并由《成都商报》全程跟踪报道，确保了“公开、公平、公正”。

“爱宝助学工程”实施的四年，省扶贫协会本着对捐助企业负责、对学生负责的原则，认真细致开展工作，积极发挥协调、监督、配合作用，帮助受资助的50名学生顺利完成了大学学业。四年后，这些学生有的取得了国外大学全额奖学金，出国继续深造；有的因为成绩优秀被学校保送到更好的大学学习；有的考上了自己理想的学校，攻读研究生；还有的找到了一份满意的工作，成为社会有用之才。

在“爱宝助学工程”的带动下，近年来，省扶贫协会还接受社会各界捐资助学资金达300万元，形成了社会各界捐资助学的良好氛围。

（三）省扶贫协会会员打主力，各行各业情系“5·12”灾情

2008年，“5·12”汶川特大地震发生后，省扶贫协会紧急向省内外兄弟协会、大中型企业、600多家会员单位、社会各界发出倡议，呼吁支持抗震救灾，得到了他们的积极响应。

四川通丰科技有限公司董事长、省扶贫协会副会长韩中文第一时间响应，组织公司员工为灾区群众捐款捐物，其中捐赠了10吨大米。为帮助灾区人民开展生产自救、重建家园，该公司还向都江堰、丹陵、汉源、什邡四个灾区县（市）捐赠了5.96万袋养分平衡剂，折合人民币22.65万元。蓝雁集团组织职工加班加点生产灾区人民急需的食品，该集团总裁、省扶贫协会副会长刘伟亲自带队，将25吨冻猪分割肉、30吨何郎挂面、4万吨脱水蔬菜、2万件矿泉水，价值100多万元的食品，历经3天，运达广元市青川县重灾区，有力地支援了当地的抗震救灾工作。据不完全统计，省扶贫协会会员单位为“5·12”汶川特大地震捐赠的资金物资折款达2.32亿元。

为支持灾区重建，天津市奥腾环境工程有限公司主动向四川灾区伸出援助之手，由省扶贫协会与受灾较重、水质较差的乡（镇）联系，该公司向这些乡（镇）捐赠净水设备。第一批4台设备捐赠给汶川县漩口镇、汶川县绵池镇、剑阁县公兴镇、剑阁县国光乡4个受灾乡（镇）。每套净水设备价值22万元人民币，可每天生产净水40吨，解决1万人的饮水问题。

“5·12”汶川特大地震使灾区许多孩子心灵受到伤害，为让社会各界都来关注灾区的孩子，省扶贫协会联合《成都商报》，开展了“新年圆梦”行动，帮助灾区1500名孩子实现新年愿望。一是向汶川县、北川县、绵竹市等10个极重灾区扶贫办发函，请各扶贫办积极协调学校，收集孩子们的心愿，得到各地积极响应。二是《成都商报》通过省扶贫协会联系的灾区孩子，并不辞辛劳，实地采访，通过专题连载的形式，从不同角度向社会大众报道孩子们的心愿，激起了广大市民的深切同情，纷纷捐款捐物，帮助孩子们实现心愿。通过半个月的努力，活动募集到物品共计3000多件，满足了孩子们的愿望。

养老院建设是灾后重建的重点内容之一。2011年5月，省扶贫协会募集到成都金河谷置业有限公司捐赠资金50万元，用于都江堰灾区建设养老院及发展老年事业。

（四）美菱长虹扶贫惠农，家电下乡农家乐

2010年7月，省扶贫协会联合合肥美菱股份有限公司，实施了“美菱冰箱扶贫惠农工程”。通过工程的实施，实现家电下乡销售收入总计2.50亿元。贫困群众购买美菱公司家电下乡中标产品，在享受国家财政补贴13%的基础上，再享受400元/台的补贴，实现补贴贫困户资金总额达到5000万元，惠及全省12.50万贫困农户。为切实搞好这一惠农工程，省扶贫协会制定《四川省美菱冰箱扶贫惠农工程实施方案》，规范工作流程，对扶贫惠农补贴发放对象严格把关，切实帮助有购买需求但经济能力受限的贫困家庭。省扶贫协会专门发函给各市、州扶贫办，请予积极配合工程实施，协助该公司在四川省的各代表机构，确定扶贫惠农专项补贴分配额度、推进时间进度，审核、发放扶贫惠农卡，并对工程实施的过程进行严格监督。符合条件的贫困家庭，凭个人身份证、户口本到村委会填写申请表，经村委会初审、乡（镇）政府审核，再由县扶贫办核实后下发扶贫惠农卡。持卡人到各家电下乡指定销售网点，购买美菱冰箱家电下乡中标产品，即可享受补贴。该工程已于2010年10月顺利结束，使群众得到了实实在在的利益，受到了广大贫困农户的普遍欢迎和好评，进一步拓宽了家电下乡的受益人群，帮助贫困家庭提升了生活品质。

2010年11月，省扶贫协会又与四川长虹电器集团合作实施长虹电器扶贫惠农工程。贫困群众购买长虹家电下乡中标产品，在享受国家财政补贴13%的基础上，购买长虹电视可再享受300元/台的补贴，购买长虹空调将可再享受200元/台的补贴，实现补贴贫困户资金总额达到6000万元，惠及全省的23.32万贫困农户，得到了贫困群众和基层干部的普遍欢迎。

（五）心系贫困群众，省扶贫协会会员显真情

剑阁县木马镇魁陵村五组村民王在海一家是当地典型的贫困户，他属二级残废，不能从事体力劳动，其子从2005年患精神病至今未愈，家庭经济特别困难，生活主要依靠政府给予低保金维持。尽管各级政府对这个家庭一直给予特殊照顾，但因为没有足够资金，不能彻底解决王在海一家的住房及脱贫致富问题。2011年9月，省扶贫协会副会长、资阳市环宇实业有限公司董事长孙素清在得知这一情况后，立即表示扶持这个贫困家庭捐赠资金10万元，给予定向帮扶。

到2011年底，省扶贫协会拥有像资阳市环宇实业有限公司这样具有爱心的会员单位600多家，他们积极响应省扶贫协会服务贫困地区、贫困群众的号召，力所能及地进行扶贫解困或慷慨解囊主动承担社会责任，或资助开展一些扶贫项目。这些企业会员每年捐赠扶贫资金、物资折款均在1.50亿元人民币，2008年以来共捐赠扶贫资金和物资折款6亿多元。

2008年以来，省扶贫协会社会扶贫工作成效显著，共募集扶贫资金、物资折款达10亿多元用于扶贫开发事业。积极为贫困地区牵线搭桥，引进扶贫项目40多个，引进扶贫项目资金15亿多元。

在得到成都岸宝纸业集团助学帮助后，安岳县忠义乡贫困大学生申聪感激地说：“我在大学会努力，将来报答所有曾经关心和帮助我的好心人。”

十、省开发中心志愿者参与扶贫

“5·12”汶川特大地震发生后，通过四川省扶贫开发中心（以下简称“省开发中心”）的努力争取，中国扶贫发展中心及时调整了“扶贫志愿者行动计划”方案，将四川汶川地震灾区作为2008年扶贫志愿者行动重点服务地区，项目资金由中国扶贫发展中心统一筹措，省开发中心具体负责项目实施。四年来，“扶贫志愿者行动计划”在广元市朝天区、南江县、南部县、万源市开展，取得明显成效。

（一）广元市朝天区蚕桑产业化项目

“5·12”汶川地震后，为加快产业重建，中国扶贫发展中心决定在全国选择两个省实施扶贫志愿者行动计划试点。重点县——广元市朝天区成为试点县区之一。主要内容是通过志愿者对农户的蚕桑技术进行培训和指导，实现助农增收。该区选定了朝天镇朱家村和文安乡马家湾村作为试点的主要对象，招募了51名能吃苦耐劳、乐于奉献、有较好的栽桑养蚕科技知识和实践技能的志愿者。通过实施“蚕桑科技培训和桑树嫁接”两大内容，累计培训蚕农521户2084人次，完成桑树嫁接任务82万株。

志愿者到项目村工作，逐家逐户走访摸底调查，了解蚕业发展基础情况，及时掌握农民对志愿者服务的意愿，结合志愿者行动工作总体任务安排，根据村、组、农户的实际情况，切实制定服务计划，采取倒排工期的办法，定时间、定任务、定进度、定奖惩。以智力扶持为主，采取召开院子会、联组联户现场培训会、现场示范讲解技术等办法，狠抓蚕桑科技培训工作，确保户均达到一个技术“明白人”。通过项目实施，提高了两个村蚕农的科技知识水平和蚕业科技含量。两个村增养蚕1200张，产茧4.80万公斤，户均增加蚕桑收入2000余元，经济效益十分可观。同时，通过智力扶持，对全区科技兴蚕也起到了积极的试点示范作用，具有较好的社会影响力。

该项目的实施证明，“扶贫志愿者行动计划” 项目是一个变“输血”功能为“造血”功能的智力扶持项目。项目的实施不仅使贫困农民得到了“鱼”的实惠，更重要的是获得了“渔”的技能。朝天区“扶贫志愿者行动计划”试点，探索了社会扶贫新路子，经验在全国得到推广。

（二）南江县金银花产业项目

这个项目是由省开发中心主办、南江县政府承办的一个技术扶贫项目，项目总投资35万元，其中，中国扶贫发展中心25万元，地方配套10万元。在南江县赤溪乡活水村，兴马乡木罗村、鸡公嘴村实施。招募专家型志愿者 5 人、技术型志愿者40人（每村民小组派 3 人，综合协调 4 人）。由专家对技术型志愿者进行岗前集中培训，志愿者持证上岗。志愿者先后在南江县赤溪乡活水村，兴马乡木罗村、鸡公嘴村等共开展培训28场次，主要培训金银花科学栽植管护、修剪、加工等技术。发放实用技术资料手册2500份，技术年历2000张，培养专业大户98户和骨干农户270户。新增金银花栽植面积1800亩，建育苗基地3处185亩，圆满地完成项目实施任务。

为确保项目顺利实施，建立了专业协会常规培训制度、技术培训与产业发展结合的跟踪服务制度、志愿者“一对一”和“大户带小户”的技术帮扶制度，初步形成一个比较完善的农民金银花技术培训体系，使项目区农民技术培训工作逐步走上常规化、科学化轨道，为农民技术培训搭建起良好的平台，培养了一批懂技术、善经营的技术骨干。兴马乡木罗村村民王兴军认真学习金银花栽培技术，利用空闲土地选育出南江金银花优质品种，并采用嫁接方式进行育苗，种苗价格也由原来的0.50元/株增长到5元/株，仅此一项就新增收入1.80万元。同时他还积极向群众传授金银花嫁接育苗技术，在他的带动下，全村已有24户成为金银花生产大户，该村95%的金银花得到了科学管护。

随着项目的实施，金银花产业得到巩固，面积增加，单产提高，优化了项目村的农业产业结构，社会效益和经济效益显著增加，金银花育苗、栽培、管理、加工和销售配套，初步形成了苗圃、生产基地和加工企业一条龙模式，金银花产业化粗具规模。项目村的种植户采用分级采摘、集中加工、分级销售的方式，每亩净增效益480元。

强化协会职能，促进产品流通。在对金银花种植户的培训过程中，以金银花种植大户为核心、骨干农户为基础，吸纳大部分种植户成立了木罗村和活水村2个金银花专业协会。通过协会开展规模生产、技术培训，组织产品的加工和流通，将其培植成为培训中心、信息中心和流通中心。目前，2个金银花协会共销售茶用金银花6万公斤、药用金银花20万公斤，协会会员人均增加收入2617元，协会的职能得到充分发挥，影响力和凝聚力也明显增强，为金银花产业的健康发展打下了坚实的基础。

（三）南部县食用菌产业项目

该项目是由省开发中心主办、南部县政府承办、南充市扶贫办协办的一个科技扶贫项目。总投资18.80万元，在南部县升钟镇高山村与大王镇宝灵山村实施。招募专家型志愿者21人、技术型志愿者60人，培训食用菌产业种植户的制种、栽培、管护、采摘、加工和包装技术。按照项目实施方案，共培训农民800余人次，发放实用技术资料手册600份、技术资料光碟200张，培养专业大户32户和骨干农户122户；新增食用菌栽植面积200亩，建制种基地65亩。该项目的实施对项目村109个贫困户实行了全覆盖，收到良好的经济效益、社会效益和生态效益。

（四）万源市旧院黑鸡养殖产业项目

此项目共投入20万元，由四川省扶贫移民局主办，省开发中心、达州市扶贫移民局承办，四川省科教兴川促进会、万源市政府共同组织实施。搭建起一个技术培训平台、培养出一批技术骨干、帮扶出一片致富农民的“三个一”的扶贫志愿者行动路线，采取“一对一、大带小”的技术帮扶方法，对养鸡贫困农户进行黑鸡发展技术、圈舍建设技术、养殖防疫技术、养殖技术、孵化技术培训，全面提升农户的旧院黑鸡养殖技术，增强自我发展能力，提高优质旧院黑鸡的出圈率，增强市场竞争力，大幅增加养鸡经济收益。通过“万源市旧院黑鸡养殖产业项目”的实施，扶贫志愿者共投入人力50人次，发放培训资料1500份，举办培训班 5 次，培训养鸡贫困农民252人次，其中主要技术骨干21人，“一对一”与贫困农户结对帮扶400户，帮扶修建年出栏、万只鸡养殖大户 2 户、2万只鸡养殖大户 1 户，实现户均年增收5000余元，并带动周边乡村旧院黑鸡特色产业快速发展。

2009年6月14日，南江县兴马乡木罗村金银花种植大户曾兵元说：“去年夏季，我没有完全按照技术要领做，采回家的金银花没有及时加工，一部分出现变色，损失不小。这几天，几位志愿者专家挨家挨户指导我们将刚采摘的鲜花摊放在熏笼内，再晒干或烘干，这一招果然灵验，加工出来的金银花就像黄灿灿的金子。”

十一、南充市嘉陵区自主型扶贫

南充市嘉陵区实施的自主型扶贫项目，不仅取得了明显的成效，而且丰富和拓宽了贫困居民参与扶贫开发的内容和途径。其成功的做法，对面上扶贫开发具有借鉴意义。

（一）项目执行情况

2006年，国务院扶贫办和世界银行合作，在广西靖西县、陕西白水县、内蒙古翁牛特旗和四川嘉陵区共 4 个重点县开展社区主导型发展试点项目（简称“CDD项目”）。嘉陵区CDD项目从2006年12月正式启动，2009年6月30日全面竣工。经过近 3 年时间的实施，基本实现了项目预期目标，共完成项目投资 990.50万元，其中：完成小型基础设施和公共服务子项目投资854.50万元、社区发展基金子项目投资64万元、自然资源管理与环境改善子项目投资72万元。

（二）主要做法

1. 资金控制权直接交给社区。CDD项目是嘉陵区第一个将资金控制权直接交给社区的扶贫项目。一是由村民自己讨论制定资金管理办法，民主选举管理人员。二是成立专门的社区监督小组，随时检查资金使用情况。三是在自然村或村民小组由社区自己开设银行账户管理项目资金。四是在社区资金申请符合规定的情况下，区项目办必须无条件地一次性将资金拨付到社区账户上。五是账户印鉴、存折及存折密码由三人分别掌握，取款须三人共同完成，以保证资金安全。六是账户资金使用情况必须及时向社区公示，接受社区的监督。通过这些具体的项目设计和规定，从制度上保证将资金控制权真正交给社区。

2. 将项目决策权交给社区。CDD项目是嘉陵区第一个完全由社区自我决策的扶贫项目。做什么、怎么做、谁来做，都由社区自主决定。为保证社区决策权的落实。一是在自然村通过民主选举成立自然村项目实施小组，具体负责项目的申报，中选项目的组织、实施、管理和后续维护等；并选举成立项目监测小组，负责监测评价实施小组的工作。二是在行政村成立由村“两委”主要成员和各自然村代表组成的项目管理委员会，具体负责项目的评选和决策。三是社区制定相关制度，规定重大事项必须经全体村民讨论决定，体现大多数群众的意愿。

3. 动员社区受益群体广泛参与。CDD项目是该区受益群体参与程度最高的扶贫项目。在项目准备阶段，通过召开村民大会、不同群体座谈会（党员、妇女、贫困户、权威人士代表）、入户宣传、广播宣传、办宣传专刊、张贴宣传标语、印发宣传资料等形式将CDD项目的有关信息传播到社区，做到家喻户晓，村民知晓率达到95%以上。

4. 建立竞争立项机制。嘉陵区按照社区操作手册要求，将项目资金计划下达到行政村；由自然村实施小组组织召开村民会讨论社区存在的问题，分析贫困的原因，提出解决贫困问题的办法，列出项目清单，编制项目建议书，报行政村项目管理委员会参与评选竞争；行政村项目管理委员会组织召开管委会成员会议，讨论制定项目评选标准，并评选出建设项目。

5. 建立社区项目管理运行机制。项目管理组织运行机制是社区主导发展项目实施的组织保障。在项目管理组织建设过程中，严格按照操作手册的要求，由自然村召开村民大会，民主选举产生项目实施小组、监测小组、自然村参加行政村项目管理委员会成员；注重妇女参与，自然村实施小组、监测小组和行政村项目管理委员会等项目管理组织必须有三分之一以上的妇女为成员；社区项目管理组织成员分工，也由项目管理组织成员共同讨论决定，分工合作，相互配合，相互制约。

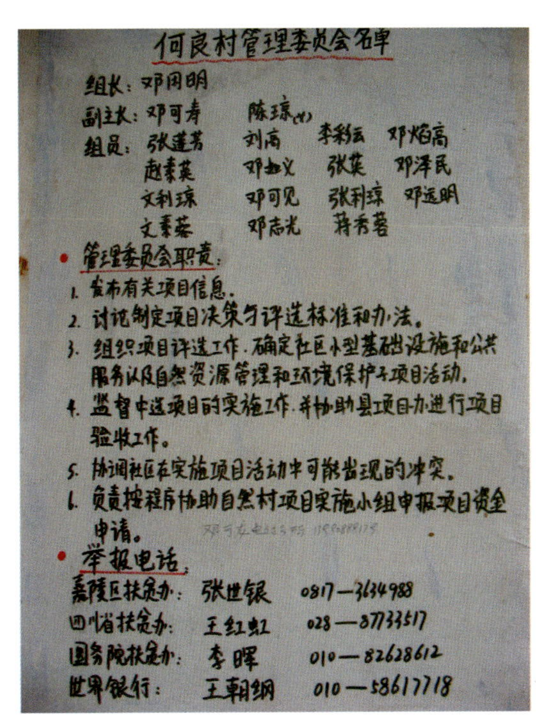

南充市嘉陵区金凤镇何良村管理委员会名单、职责、投诉电话公示情况。

6. 建立公开透明的公示制度和投诉机制。试点项目将公示制度贯穿项目组织实施的全过程，做到了“应示尽示”。项目规定资金使用情况和重大决策必须进行公示，确保社区村民的知情权和决策权。通过公示，增加项目操作的公开性和透明度，发挥社区内部的自我监督作用，以公开、透明保证公平、公正。

试点项目建立了专门的投诉机制，这是该区第一个建立完备投诉机制的扶贫项目。通过投诉，将矛盾和问题消除在萌芽状态，防止违规操作，预防腐败。世界银行、国家项目办、省项目办和县项目办都指定专人负责处理投诉，将联系地址、电话、传真等信息通过多种形式告知社区，畅通投诉渠道，做到人人皆知；并制定投诉处理程序和规定，保护投诉人的正当权益，投诉处理意见必须向投诉当事人及时反馈。

7. 建立健全社区支持服务体系。项目建立健全了旨在提高社区能力的支持服务体系。具体做法是：一是为每个行政村配备一名协助员，负责将项目有关规定和信息向社区全体村民进行传播，并负责为项目开展提供协助。二是区项目办发挥服务、协调、指导和监督职能，负责对协助员的工作进行考核和评估。三是在区、乡建立由政府有关业务部门组成的项目支持小组，负责为社区提供技术支持和指导。

8. 探索通过过程提高能力新机制。在能力建设方面，试点项目除了继续开展培训、考察等常规能力建设内容外，针对能力建设具有循序渐进的特点，积极探索通过过程提高能力的新机制。一是在小型基础设施和公共服务以及社区环境改善与自然资源管理两个子项目中开展2～3轮的活动，目的在于通过不断重复的项目申报、评选、实施、管理、监督等过程逐步提高社区的能力。二是建立由社区自己管理的社区发展基金，由社区自己决定管理办法、利率、贷款周期等，通过不断发放、回收贷款及发展生产的过程，提高农民和社区自我组织和发展能力。三是在选举产生自然村项目实施小组和行政村项目管理委员会后，在社区协助员的指导下，逐步由这两个社区组织自己主持召开村民会议，讨论问题，做出决策等，在不断积累经验的过程中逐步提高自我组织和自我管理的能力。

（三）主要成效

1. 基础设施条件得到改善。通过小型基础设施和公共服务子项目的实施，使15个项目村村村通公路；89个不通公路的自然村实现了社社通公路，有效地改善了社区的交通状况，解决了社区交通闭塞，村民行路难的问题；8个行政村19个自然村生产用水基本得到缓解，3000多亩耕地缺水灌溉的望天田（地）变成了旱涝保收的基本良田，增强了项目区抗御自然灾害的能力；基本解决了6个项目村9个自然村1109人的饮水困难问题。新建了文化站3处、卫生站2处，极大地丰富了项目村社区村民的文化生活，解决了社区缺医少药和看病难的问题。

2. 人居环境有所变化。通过自然资源管理和环境改善子项目的实施，社区环境明显改善，人居环境得到优化。一是增加林地面积 707亩，森林覆盖率有所提高，涵养了水源，减少了水土流失，改善了环境质量；二是480户使用上了清洁、卫生的厨房和厕所；三是380户用上了洁净、卫生的农村新型能源，解决了农村燃料紧缺问题、保护了生态，改善了生活环境。

3. 社区可持续发展初显成效。通过社区发展基金的运作，建立社区可持续发展机制，有效地解决了项目村农户发展产业资金紧缺、贷款困难的问题。2008年，全区15个项目村57个社区发展基金组织，充分利用社区发展基金贷款，支持789户农户发展种、养殖业，新增收入751.11万元，新增纯收入123.05万元，人均纯收入增加410元。

4. 主人翁责任感明显增强。项目启动后，社区农户积极主动参与项目的实施，改变过去“要我做项目”为“我要做项目”，有钱的出钱，无钱的出力，部分群众还积极参加项目义务劳动，如平整路基、铺筑片石、改房改厨、植树造林等技术性较低的体力活都抢着干。有的村民还主动参与项目质量跟踪监督，发现质量问题，督促承包商及时整改。村民的参与权受到尊重后，参与项目实施的积极性大大提高，主人翁意识明显增强。

5. 促进了社区和谐。由社区主导项目实施，为村民提供了交流和沟通的平台，促进了村民之间的团结互助，减少了邻里纠纷。项目村干部、群众心往一处想、劲往一处使，共同建设自己的社区，干群关系得到了改善，促进了社区和谐。

6. 项目投资成本降低。项目实施小组和村项目管委会在自主决策项目投资单价时，本着用较少的钱办较多的事的原则，坚持实事求是，精打细算，厉行节约，努力降低项目投资成本。由于农户参与程度高，资金拨付环节减少，避免了项目资金的流失，工作效率提高，投资成本降低。

7. 社区凝聚力增强。通过项目的实施，社区项目管理组织成员和村民在理解社区主导发展理念的基础上，共同参与项目决策、实施、管理，社区的凝聚力明显增强，社区和农户的自我组织、自我管理、自我保护、自我发展的能力得到了较大的提高。

8. 社区主导理念全面推广运用。嘉陵区委、区政府在认真总结CDD项目经验的基础上，提出在全区“三农”工作中全面推广运用CDD项目的成功做法。区委组织部在基层组织建设中，全面推行社区主导理念。2009年，嘉陵区委出台的《关于进一步加强和改进农村基层组织建设的意见》（嘉委〔2009〕27号）文件中明确提出：建立以“党委指导、两委引导、群众主导”为主要内容的“群众主导型”工作机制，充分激发群众参与村级重大公益事业建设的积极性和主动性。

2009年3月25日，嘉陵区金宝镇文官沟村村民王大勤说：“以前我们女娃儿说话没人听，更别说采纳我们的意见。可如今，我们不但要讲出自己的想法，只要是对的，村里还会照我们的意愿去办。”同村村民赵素珍说：“是啊！我们其实也有很多金点子嘛！我们现在受人尊重了，脑筋都要转得快些。”

后　记

没有贫困地区的加快发展，就不可能有全省“两个加快”的实现；没有贫困地区的全面小康，就不可能有全省的全面小康。情牵贫困地区，心系困难群众，四川省委、省政府高度重视、倾力推进扶贫开发。早在2007年底，刚刚到任的四川省委书记刘奇葆就提出，四川的城乡、区域、经济社会发展还不平衡，还有一些贫困地区和部分困难群体，因此“关注民生、解除民困是我们的最大责任”。四年多来，刘奇葆书记多次深入甘孜、阿坝、凉山、巴中、达州等地，调研、指导扶贫开发工作，要求当地党委、政府务必把扶贫开发上升到让群众切实分享改革发展成果的高度来认识，集中力量打好扶贫开发攻坚战，让人民群众过上更加幸福美好的生活。“对特困家庭要一户一户地研究。”省委副书记、省长蒋巨峰强调，要使贫困地区在基础设施、人居环境、特色产业、公共服务、社会保障、生态环境等方面实现显著改善，贫困人口生活质量和自我发展能力都要提高。经过四年多来艰苦卓绝的努力，全省扶贫开发实现了新的跨越。

省委宣传部《关于加快推进“两个加快”系列建设实录丛书编纂工作的通知》（川宣电〔2012〕12号），要求省扶贫移民局组织编纂丛书中的《扶贫开发　阳光工程——四川省推进扶贫开发纪实》分册（以下简称“分册”）。省扶贫移民局高度重视分册编纂工作，党组书记、局长何大清作了重要批示，并在全省扶贫移民工作会议上提出了明确要求。3月6日，省扶贫移民局成立了分册编纂委员会及办公室，下发了关于开展“两个加快”丛书分册编撰工作的紧急通知（川扶贫移民发〔2012〕71号）、撰稿提纲及责任分工、编写出版体例规范要求，召开了编纂工作专题会议。编纂办公室的同志，倒排工期、迅速行动，订立方案、设计篇目，收集资料、撰写稿件；指导撰稿、催收稿件，对稿件进行修改润色；撰写章节小概述，组织专家群众评述等。王思铁同志对分册进行了统稿、总纂和审定。

分册以“扶贫开发实现新跨越”为主题，采用“记录+评述”的方式，集中展示了省第九次党代会特别是省委九届四次全会以来，全省深入推进扶贫开发的发展轨迹、主要成就和巨大变化，既有鲜明的时代特征，又有历史的纵深感。本分册约35万字、图片80余幅，由前言、重大决策部署、扶贫巨大成就、扶贫开发亮点和后记组成。前言概述了四年多来，全省扶贫开发取得的巨大成就和典型亮点。第一章概要介绍了省委、省政府关于扶贫开发工作的重大决策部署，以及省的新10年扶贫纲要、省委书记刘奇葆等领导同志在省委扶贫开发工作会议上的重要讲话。第二章着重展示了扶贫开发巨大成就，介绍了新村扶贫、产业扶贫等6大扶贫工程，连片扶贫开发、贫困村互助资金等8项扶贫试点，扶贫“首扶制度”、新村“竞争入围”等6个机制创新。第三章着重展示了扶贫开发典型亮点，介绍了升钟库区扶贫开发、大竹县华山村新村建设等11个专项扶贫亮点，绵阳市科技扶贫、叙永县林业扶贫等5个行业扶贫亮点，交通运输部定点扶贫、企业参与扶贫等11个社会扶贫亮点。后记重点概述了分册的编纂情况。分册从整体构架到单篇文章，布局合理、详略得当、重点突出，既展示了发展脉络和主要成就，又避免了记流水账似的面面俱到、堆砌数据似的工作报告和经验总结似的写法，写出了扶贫开发的决策、成就、特色和亮点；独具匠心地把扶贫开发成就变成广大读者能够实实在在感受到的东西，增强了可读性；注重突出领导、专家或群众的评议，增强了成就、亮点的实在性；各章节目随文所配图片，具有较强的代表性，做到了图文并茂、生动活泼。

各撰稿单位（部门）高度重视，落实专人，明确进度，积极撰稿，按时完成了第二、三章的47篇稿件。其中，省老促会、省扶贫基金会、省扶贫协会，省扶贫移民局办公室、政策法规处、扶贫计划项目处、扶贫开发指导处、国际合作与社会扶贫处、机关党委，省开发中心、“阿坝试点”办公室、“凉山试点”办公室，成都市、攀枝花市、泸州市、绵阳市、广元市、遂宁市、乐山市、宜宾市、广安市、达州市、巴中市、资阳市、凉山州扶贫移民局（办），叙永县、旺苍县、南部县、西充县、南充市嘉陵区扶贫移民局（办）等30个部门单位各自提供了1篇稿件和多幅图片，阿坝州、邛崃市、巴中市巴州区扶贫移民局（办）、《四川扶贫与移民》杂志提供了相关图片；省扶贫外资项目管理中心撰写其余17篇稿件并提供大量图片。四川人民出版社王定宇同志以高度的敬业精神，花了大量的时间和精力，为本分册核对各种引文、资料，作文字润色；她和她的同事们对分册的出版给予了大力支持和热情帮助，付出了艰辛的劳动。省扶贫外资项目管理中心的冯克努、王红虹、杨德群、郑持平、江志伟、李欣、张凤英、康琳、吴丹等同志，承担了分册的打印、校对等工作。编纂办公室还借鉴、吸收或采用了个别报刊的资料。在此，一并表示衷心的感谢！

本书编纂时间短、内容多、任务重，更由于编者的水平所限，书中难免有疏漏、不妥甚至错误之处，恳请领导、同行和读者不吝指正。

《扶贫开发 阳光工程——四川省推进扶贫开发纪实》编纂委员会办公室

2012年5月

图书在版编目（CIP）数据

扶贫开发　阳光工程：四川省推进扶贫开发纪实 / 总编辑侯雄飞．—成都：四川人民出版社，2012.5

（加快建设灾后美好新家园加快建设西部经济发展高地系列建设实录丛书）

ISBN 978-7-220-08591-8

Ⅰ.①扶…　Ⅱ.①侯…　Ⅲ.①扶贫—概况—四川省　Ⅳ.①F127.71

中国版本图书馆CIP数据核字（2012）第083847号

加快建设灾后美好新家园
加快建设西部经济发展高地 系列建设实录丛书

总编辑　侯雄飞

扶贫开发　阳光工程

四川省推进扶贫开发纪实

FUPINKAIFA　YANGGUANG GONGCHENG

SICHUAN SHENG TUIJIN FUPINKAIFA JISHI

责任编辑　王定宇
封面设计　廖　铁　戴雨虹
版式设计　戴雨虹
责任校对　袁晓红
责任印制　祝　健
出版发行　四川出版集团
　　　　　四川人民出版社（成都槐树街2号）
网　　址　http://www.scpph.com
　　　　　http://www.booksss.com.cn
　　　　　E-mail:scrmcbsf@mail.sc.cninfo.net
防盗版举报电话　(028) 86259524
制　　作　四川胜翔数码印务设计有限公司
印　　刷　四川联翔印务有限公司
成品尺寸　210mm×285mm
印　　张　18
字　　数　390千字
版　　次　2012年5月第1版
印　　次　2012年5月第1次印刷
书　　号　ISBN 978-7-220-08591-8
定　　价　68.00元